パウル・ティリッヒ研究2

Paul Tillich

組織神学研究所 編

編者まえがき

深井智朗

1

パウル・ティリッヒはまさに組織（体系）神学者（Systematic Theologian）であった。その著作や論文はそれぞれに独立したものでありながら、彼の体系の中にそれぞれ場所を持ち、また逆にそれぞれの論文は彼の体系の光を通して見る時にその意味を正しく理解することができる。彼は『組織神学』のはじめに次のように述べている。「私にとって体系的な仕方による以外には神学的に考えることは不可能であった。どんなに小さな問題にしても、それが真面目に徹底的に考えられる場合には、私を他の全ての諸問題との連関へと向かわせ、その諸問題の解決の場が見出されるはずの全体の予想、すなわち体系へと向かわせたのであった」(1)。

その体系はティリッヒが彼の時代と次世紀のために残してくれた学問的遺産であり(2)、同時に彼の実存的な苦悩の跡でもあったように思う。それはあまりにも思弁的、哲学的であるという大方の印象とは裏腹に、神学者としてのティリッヒが救済の問題、何よりも自らの救済の問題との取り組みの中で生み出した、その意味ではきわめて個人的な神学であるようにも思える(3)。

ティリッヒの伝記を書いたヴィルヘルム・パウクは「彼にとって組織神学の体系は、その五〇年以上にもわたる学問的発展の諸段階を通じて、何よりも彼を駆り立てる情熱であり、『ダモクレスの剣』であり、彼の肩にのしかかった『はかり知れない巨大な岩』であり、彼がその深みを測るべき大洋であった」[4]と記している。「その体系はトマス・アクィナスの『神学大全』式のものでもなければ、カール・バルト風の『教会教義学』でもなかった」[5]。シュライエルマッハー以来何百もの神学の体系がドイツ語圏で生まれたのであるが、彼もまたシュライエルマッハーとヘーゲルという二大体系の崩壊後、彼自身の方法と視点に基づいた体系を試みたのである。[6]彼はこの種の「体系」へのあこがれをその生涯の終わりに至るまで持ちつづけた。彼がどれほど体系的に考えることに熱情をもっていたかは、また、「体系的を構築すること」また「体系的に考えること」にこだわり続けたかは、妻に向かって、この体系以外のことならば一切を君のために放棄しようとさえ言い、同僚たちが彼が自らをその体系と同一視してさえいると感じていたことからも明らかである。「首尾一貫性への彼の異常な程の要求と、神学を全体として考えたいとする願望、象徴や概念の関連を見出したいという学問的な熱情が、彼を体系へと駆り立てたのであり、彼は体系的に考えることに愛着を感じていた」[7]と先のパウクは書いている。この情熱がティリッヒに体系を完成させるための力を与えたのであり、彼は死の二年前にその体系の全容をわれわれの前に提示してくれたのであった。

このティリッヒの体系はしばしばバルトのそれと比較される。一般にはバルトは「新正統主義」などと呼ばれるように、宗教改革以来の正統的な伝統を守った神学者であり、ティリッヒのそれは斬新な議論を展開していると言われる。確かにそれは一面あたっているが、ひとがティリッヒの『組織神学』を読み進める中で感じることは、ティリッヒは意外にも伝統的な議論に忠実であるということではないだろうか。バルトが二重予定論を刷新したり、ラディカルなサクラメント論を展開していることを思い起こすならば、ティリッヒの議論はむしろ伝統的というべきではないだろうか。彼はひとびとが、また彼自身がそう考える以上にルター派的であり、その伝統に規定されている。カール・バルトが、大木英夫氏が指摘したように「コルプス・クリスチアーヌム（西欧キリスト教世界）の終焉に立つ思想」であり、[8]それを最終的な破壊するようなものであったとしたら、ティリッヒのそれはこの破壊されつつある世界に、あるいは破壊後の世界に今一度キリスト教的な伝統の可能性を弁証しようとした神学であったのではないだろうか。そのことは彼の方法論に良く表われ出ている。彼は「相関の方法」と自ら名づけた方法をこの体系で用いたが、それは彼の言葉によれば近代の産物ではなく、それはキリスト教信仰と共に古いものである。彼はこの方法によって二つの課題と取り組んだと言ってよい。すなわちひとつは「キリスト教の教えに含まれた真理を叙述すること」であり、彼自身は、世俗化や多元化の現実を認識しつつも、この教えが「全人類にとって中心的な重要性を持っているということを確信していた」。もうひとつはその真理を個々の時代において、新しく解釈することであり、「神学者はこの二つの極の間に立つのだ」と彼は考えていた。[9]それ故に彼は聖書や伝統的な教義を大方の印象に反して重んじている。この点で誤解があるかもしれないし、ティリッヒ自身この体系における聖書の影響は直接的であるよりは、潜在的であると述べているが、彼の方法は確かに聖書的である（彼独自の聖書主義の性格は彼が生涯自分がマルティン・ケーラーの弟子であること考えていたことからも理解できるであろう）。[10]彼はこれらのものの妥当性を現代の世俗化や多元化という文脈をふまえて、弁証しようとしたのである。

しかし彼はこれまでの伝統的な神学体系によって認識されてきたキリスト教の象徴の意味が今日次第にわかりにくくなってきたと考えるようになっていた。そのために彼は「文化にとって受け入れがたくなった信仰と、信仰にとって受け入れがたくなってきた（と彼が考えるようになった）文化との間の分裂を容認することができずに、さまざまな信仰箇条の意味を文化的な表現を通して解釈するようにと努力した」のであった。[11]それがこの体系に他ならない。それは現代人への、あるいは非キリスト教的な世界への護教論的神学（Apologetic Theology）であっただけではなく、実は何よりも現代キリスト教世界に生きる者たちへの神学であったのである。

2

ところでこのような神学的な作業はティリッヒをもって終わったのではない。彼自身が最後までこの体系を、さらに書き改めようとしていたように、時代は新たに『組織神学』が書かれることを求めている。われわれの研究は、単にティリッヒの思想の研究に終わるのではない。われわれはティリッヒの重層な体系と鋭い方法とに学びつつ、またそれを主体的に用いて、現代の宗教的諸問題との取り組みを日本においてなすという課題を持っている。本書のみならず、本研究所の一連の研究活動はそのためのひとつの準備作業であり、また共同の思考であり、研鑽であると考えている。

一九九八年度と一九九九年度の聖学院大学組織神学研究所の共同研究のテーマは「パウル・ティリッヒ研究」であった。本書は昨年出版した『パウル・ティリッヒ研究』に続いて、『パウル・ティリッヒ研究2』として、主として一九九九年度の研究成果をまとめたものである。

収録論文の中にL・ギルキー教授の二つの講演が含まれている。ギルキー教授を迎えての国際シンポジウムを一九九九年十月に開催する予定でいたが、教授は東海村の原子力関係施設の事故をアメリカで聞き、急遽来日をキャンセルしてきた。そのため、予定されていたシンポジウムや日本キリスト教学会での講演、また東北学院大学や国際基督教大学、そして聖学院大学での講義等はすべてキャンセルせざるを得ない事態となった。本書には教授が行う予定であった講演や講義のうちティリッヒ研究に関するものを二編と、教授のティリッヒ研究の集大成であるGilkey on Tillichの中から「新しい存在」(New Being)についての論文とを訳し出し収録した(このテクストをもとにギルキー教授と演習をする予定であった)。ギルキー教授との討論を期待しておられた方々には申し訳けのない事態になってしまったが、このような仕方で予定の講演原稿を公にすることによって、教授の研究の一端をいくらかでも紹介できればと願っている。

最後になったが、この共同研究のために日本基督教団滝野川教会後継者養成資金(Ohki Scholarship)より二年間にわたって助成をいただいた(既にその研究成果を公にしている『ユルゲン・モルトマン研究』から数えれば三年になる)。そのことを記して、大木英夫先生と滝野川教会へのわれわれの謝意を表したいと思う。

注

(1)Paul Tillich, Systematic Theology, Vol.1 Chicago 1951, i
(2)芦名定道「ティリッヒ　二十一世紀へのメッセージ」『福音と世界』四月号(二〇〇〇年)十八頁以下
(3)Vgl. Gerhard Wehr, Paul Tillich zur Einführung, Hamburg 1998, 25ff.
(4)Wilhelm and Marion Pauck, Paul Tillich. His Life and Thought, Vol.1 : Life, New York 1976, 324
(5)aaO.
(6)この点についてはPaul Tillich, A History of Christian Thought. From Its Judaic and Hellenistic Origins to Existentialism, ed by Carl E. Braaten に現れ出た彼の思想史の見方を参照のこと。
(7)Pauck, aaO.

（8）大木英夫『バルト』（人類の知的遺産シリーズ）講談社　一七頁

（9）Paul Tillich, Systematic Theology, Vol.1 Chicago 1951, 7

（10）この点についてはGunther Wenz, Die reformatorische Perspektive. Der Einflüß Martin Kählers auf Tillich, in : Hermann Fischer (hrsg.), Paul Tillich. Studien zu einer Theologie der Moderne, Frankfurt a.M. 1989を参照のこと。

（11）Paul Tillich, Systematic Theology, Vol.1 Chicago 1951, 12

目次

Ⅲ　ティリッヒ神学の根本問題と諸問題

I 神学史におけるティリッヒ

パウル・ティリッヒと新正統主義

ラングドン・ギルキー（西谷幸介訳）

よく知られておりますように、ティリッヒはその生涯にわたって、弁証法神学者たち、あるいは私たち第二世代の呼び方ですが、新正統主義神学者たちと、継続して議論しました。私たちはティリッヒもそれら神学者たちの一人と見なしておりました。彼らはすべて自由主義的な進歩主義を拒否しましたし、私たち戦争世代も同様だったわけです。しかし、私たちはティリッヒと他の神学者たちとの間に重要な差異があることも知っておりました。ラインホールド・ニーバーもまたティリッヒと同様に私たちの先生で、彼らは互いに信頼し合った親友どうしでしたが、神学に関してはしばしば議論したわけでありまして、そのことだけではありませんが、たとえばそういう面からも違いがわかったわけであります。ここで私は、「神の言葉の神学者」たち、あるいは彼らの言い方ですが「聖書的な神学者」たちとティリッヒとの間の重要な神学的相違点を列挙し、論じてみたいと思っております。ちなみに、彼らの間に政治的なずれというようなものはなかったということはご承知のとおりです。バルトはもちろん神の言葉の神学者たちのなかで中心的人物ですが、私は彼を取り上げるというよりは、むしろ今世紀前半の神学を席巻した神学上の諸論点を論じたいと思っております。ティリッヒは私の先生でありまた友人でした。ニーバーももちろんそうでしたが。それで、私はこれから述べる諸論点に関してティリッヒの立場を説明し、また弁護したいと思います。神学の中心的論点を取り扱う際に、自分自身は中立で、どこにも立場を設定しないということは、きわめて難しいことであります。

私はまずティリッヒについて二つのエピソードをご紹介したいと思います。彼の観点をよく伝えてくれる話だと思います。最初はバルトに関連するものです。ティリッヒは彼のアパートに特別に何人かの学生を招いて静かな神学的対話をするのが好きでした。彼はそれを私的な課外講義と呼んでいました。これにはすばらしいモーゼル・ワインのおまけもついておりました。あるとき、私たちはバルトについて彼に尋ねました。彼はグラスを置いて、きわめて真面目に次のように言いました。

「あなたがたが文化のすべてを支配する独裁者と対決するときには、バルトに横にいてもらって、味方してほしいと思うでしょう。バルトは立脚すべき基盤を示してくれます。しかし、私は神学とその相関の方法については正しかったのです。どんな神学も、それはバルトの神学も例外ではないのですが、その文化を反映しています。ですから、あなたがたはそのことについて神学的に考えたほうがよいのです。それからまた、私は正しい理由でドイツを去りました。つまり、ユダヤ人迫害に対して抵抗するためです。私はルター派教会の講壇を守ったわけではないのです。第三に、バルトは故郷に戻って行きましたが、私は故郷から出てきました。私のほうが少し早い列車に乗ったのですが」。

こう言うと、ティリッヒはまたグラスをもち上げ、笑いました。それで、私たちは会話をさらに続けました。

次のエピソードはラインホールド・ニーバーとの対話の場面です。ある部屋での集会で、学生たちはこの二人の先生の足元に座っておりました。そこでニーバーは、ティリッヒにたいして、存在論と聖書的な言語や神話とを混同しないほうがいい、と意見を述べたのです。そうしないと、創造と堕罪を無意識に同一視してしまう、というのです。これを誤謬として、聖書的な神学者たちはずっとティリッヒを批判し続けていたわけです。ニーバーもティリッヒもユーモアにたっぷりとあふれた人たちでした。ティリッヒはため息をつくと、ついに椅子から立ち上がり、上着の袖をまくり上げると、腕時計を見ました。ニーバーも私たちもわけがわからないまま、ティリッヒのほうを見つめました。そこで、ティリッヒは次のように言ったのです。

「ライニー、その創造というのはいつのことだったのでしょう。そして、それは堕罪に至るまでどれくらい続いたのでしょう。正午から夕食の時間まででしょうか。それとも、十二時三十分まででしょうか。十二時十五分まででしょうか。ライニー、もしそこにいかなる時間もないとしたら、これは単純な神話ではないのです。もし創造と堕罪の間にいかなる時間もないとすれば、それらを何らかの仕方で同一視するしかないのです。この二つの理由で、存在論が必要なのです。つまり、原初的な神話がそこではもはや意味をなさない、空間と時間と世界についての一つの理解としての存在論が必要なのです」。

ライニーは自分が負けたときはよく知っていました。それで、彼はその禿げ頭をかきながら、その素直な人柄を表わす笑いをたたえておりました。

この二つの楽しい、また興味深いエピソードは、神学の方法をめぐる聖書的神学者たちとのティリッヒの対論の核心をつくものです。ここでティリッヒが示していますように、バルトを含めたすべての新正統主義者たちは、自然にたいする近代科学の理解と、歴史にたいする近代歴史学の理解とを、受容しておりました。彼らは、創世記の物語はその文字通りの真理を示しているのだと考え、したがって宇宙はわずか六千年から一万年の年齢でしかないとする、ファンダメンタリストや創造主義者ではなかったのです。聖書的神学者たちがそうしたかったか否かは別として、彼らはすべて聖書的な諸カテゴリー、たとえば創造や堕罪を、世界に関する近代的な理解に、すなわち空間と時間と自然にたいする近代的な見解に、結びつけたのです。ですから、ティリッヒは、彼らは、自分が好むと好まざるとにかかわらず、そのような新しい世界観が彼らの神学の一部であると理解したほうがよい、そしてそのことを神学的に理解したほうがよい、と言ったのです。存在論は、ファンダメンタリスト的な神学でない神学ならば、その神学の一部——たとえ一部であったとしても、その一部——なのです。聖書的な象徴と私たちの文化的・歴史的な自己理解との相依相関性をとらえる視点というのは、それゆえ、すべての神学においてきわめて不可避的なことであるのです。ティリッヒは、バルトも含めてすべての神学者は、彼らがこのことについて何と言おうと、彼らの歴史的・文化的な文脈に影響されていると、確信していました。つまり、彼らの近代科学による創造の理解においても、近代歴史学の諸前提による歴史の理解においても、近代心理学や近代社会学による人間の理解においても、そしてまた、第一次世界大戦という悲惨な経験による歴史の意味の理解においても、そのことは当てはまるのです。それゆえ、相関ということは神学において不可避的に継続していくのです。したがって、それが実際に存在するということを明らかにし、弁明し、そしてそのようにしてそれを統御することができるようになることのほうが、それを無視し、それが存在しないようなふりをすることよりは、より良いわけです。

私は、以上のティリッヒの二つの議論の両方に賛成しております。

さて、ティリッヒは、存在論を神学の重要な一側面として弁明しますが、その場合彼は自分の神学的自己理解にとっていわば急所となった二点を強調しました。第一は、私たちの生活のあらゆる重大な局面にたいして宗教はきわめて深い関わりをもつ、ということであります。ティリッヒは、道徳的なものの重大性ということ、すなわち道徳的な悪の重大性、したがってまた罪責の重大性ということを、よく知っておりました。罪の意識、それゆえにまた、赦しの意識は——それは「私たちは神には受け入れがたい者であるにもかかわらず、受け入れられた」という意識ですが——、罪による不安や、したがってまた贖罪と同様に、彼のキリスト教的自己理解の中心でした。そうではありますが、ティリッヒにとっては道徳的不安とはもう一つ別種の深い不安の形態がありました。人生ははかなく、けっきょくは死に至るという不安があります。自分の場所も時間ももっていないという不安があります。非現実性の不安すなわち私たちの存在の喪失、死によるその究極的喪失の不安があります。これらもまた私たちの生を悩まします。そして、それらの不安が解決されないならば、それによって私たちは傲慢としての罪や、あるいは絶望へと駆り立てられてしまうのです。これらの事柄はティリッヒにとっては宗教的な問題、つまり究極的関心の事柄でありました。罪責という問題と同様に、死と無意味性の問題が宗教的生活を支配してきたのです。これらの不安の形態を理解するために、私たちは最も深いところで私たちの肉体的・心理的・精神的な健康を理解しなければなりません。そして、そのために、私たちは私たちの存在の構造を、すなわちその根本的な性質とその歪みを理解しなければならないのです。そして、そのことがティリッヒにとっては存在論の中心的問題でありました。

ティリッヒの理解する存在論は、精神すなわち霊の問題に適合しないような、一般的な世界観を生み出すものではありません。存在論とは、この世界と共同体における私たち自身の自己としての存在の理解なのです。そして、それがもつ神学的な目的は、私たちの生活を支配しており、それにたいして救い（すなわち健康）のメッセージが解答となるところの、さまざまな問題・二律背反・不安・意図しない行動の内省による、思弁ではなく、把握ということなのです。そして、ティリッヒは私たちの存在を存在論的に「有限な自由」とか「非存在に限界づけられた存在」というふうに定義しました。それは、私たちの実存の疎外状況――すなわち罪――を適切に把握するためでしたし、私たちが信仰において受け取る「新しい存在」における私たちの存在の救済の意味を把握するためでした。ソクラテスやその後アウグスティヌスも言いましたように、人は病気であると感じるために病気とは何かということを理解する必要はありません。しかし、私たちの肉体をしっかりと癒すためには、人は私たちの肉体の構造を理解する必要があります。同様のことは、私たちの霊的な健康についても言うことができます。ティリッヒは存在論を思弁的な理由のために用いたのではありません。そうではなくて、宗教的・神学的な理由のために用いたのです。つまり、私たちの存在を救うために、私たちの存在とその病理を理解する、というのがティリッヒの意図だったのです。

ティリッヒにとって、キリスト教の使信に中心的に関わる第二の存在論的問題は、私たちを含むすべての存在の源泉と根拠と力としての神の位置と資格の問題でした。神は何よりもまず存在それ自体であって、諸々の存在のなかの一存在ではありません。これは、もちろん、彼が健全な神学にとって決定的に重要だと考えた、一つの存在論的判断です。興味深いのは、彼がこの存在論的判断にたいして与えた理由は宗教的で、それゆえ神学的なものであって、哲学的なものではなかったということです。ここでもまた、そのことは、彼にとって、存在論と神学との親密な関係と相互の独立ということが重要であったことを示しています。なるほど、彼は、神は存在それ自体であるという命題のために思弁的・哲学的な論拠を示すこともできたはずですが、しかし、実際に彼が引いてきたのは宗教的な理由でありました。

神の究極性に関するこれら宗教的な論拠のなかに二つのことがあります。第一は、もし神が私たちに相対する一存在であるとすれば、そのとき神はティリッヒにとっては他律的な他者、すなわち私の存在と私の自律に敵対する全能者すなわち全権力を掌握した支配者となり、ニーチェや多くの仏教者たちが指摘してきたように、私の自由と尊厳にたいする持続的で不可避的な脅威となるのです。ロマン主義者たちと同様に、ティリッヒにとってそのような怪獣のような神的存在は我慢のならないものでありました。これはティリッヒが多くの仏教者たちと深く共有した一つの感情です。神はそのようなものとは異なり、私たちを含むすべての存在の根拠であり力なのです。神は創造の源泉なのであり、各個の存在の自律への敵対者なのではありません。神は、それゆえ、文化の創造性全体がそこから出現してくる深い泉なのです。私たちの究極的関心とはすなわち神のことですが、それはかくして私たちの宗教的な信仰や救済の源泉であるにとどまらず、各人や各文化の「世俗的」な創造性の根拠でもあるのです。ティリッヒにとって、私たちの神との関係は神律的であり、他律的ではありません。したがって、神において宗教と文化は一つです。究極的関心としての宗教、すなわち私たちが行なうことすべてにおける究極的意味としての宗教は、文化を支える実質であり、文化はこの宗教を表現している形態なのです。私は西谷氏や田辺氏がこの存在それ自体の意味を理解しているのかどうか定かではありません。彼らにとって、存在は癒しがたく有限であり、したがって他律的であり、究極的ではなく、したがって神律的ではありません。

神が存在それ自体であり一個の存在ではないということについての、もう一つの宗教的理由は、もし神が諸々の存在のなかの一存在であり、したがって有限なものであるとすれば、神は私たちと共に非存在からの脅威やあらゆる二律背反、不安や有限性といった解決しがたい諸問題を共有することになってしまうということです。神が純粋に時間的な存在であったら、そのような神は、私たちと同様に、存在の一時性すなわち死ななければならないということからくる不安に悩むことでしょう。神が純粋に空間的な存在であったら、そのような神はいつしか自身の空間を喪失し、消滅することもありえます。神が究極以前の存在であったら、そのような神は、すべての有限な事物と同様に、結局最後には自身の存在を喪失し、現実的ではなくなり、非存在によって消滅させられうるのです。もし神が私たちを非現実性から救い、罪からと同様に消滅からも救うのであれば――そして、このことが福音の使信なのだとティリッヒはいつも私たちに思い起こさせたのですが――、そのとき、神は一個の存在ではないのです。これが、ティリッヒが、たとえばエミール・ブルンナーの場合にそうであったように、「我と汝」という象徴を非象徴的に用いることにうんざりしていた理由なのです。もちろん、ティリッヒはマルティン・ブーバーとは親友でしたが。ティリッヒにとって、人格的対面における他者としての「汝」は神に関する有効な一つの象徴でしたし、類比でした。しかし、神が有限性に悩むことなく、むしろそこからの救済者となるための、もっと直接的な言説の方法が、神を存在それ自体として語るということであったのです。

私は、これらの議論は印象的だと思っておりますし、哲学的ではなく宗教的な議論だと思っております。しかしながら、これらの議論のゆえに、多くの人々がティリッヒの神学は、聖書的な神学者たちの神学と比べた場合、人格的なものを欠いた、つまり、人格としての神にたいする強調が、また人格的・倫理的な存在としての人間にたいする強調が、欠如した神学であると考えました。それは理解しがたいことではありません。ティリッヒが神を存在それ自体であると強調する理由が哲学的というより宗教的であるとしても、しかし、そのことは、哲学的なものを好むゆえに人格的なものを否定してしまう、一つの神学的思惟運動であると、したがって、非キリスト教的な視点を代表しているものであると、多くの新正統主義神学者たちには思われました。つまり、ティリッヒがたとえどんなに深く堕罪の神話や啓示の奇跡を理解したとしても、もし彼がこのようにして人格的なものを否定してしまうならば、ティリッヒの神学はどうして聖書的な、あるいはキリスト教な神学と言えるだろうか、という問いが残るわけです。しかし、私は、このような解釈と論争したいと思っております。これはおそらく新正統主義がティリッヒとの間にもった最も根本的な議論なのです。ティリッヒにしてみれば、宗教的理由からして、人格的な神すなわち絶対的な汝としての神に対して非象徴的で非弁証法的な究極性を帰することは、聖書的宗教の最も重要な主題に矛盾するものと思われたのです。しかし、それでは、ティリッヒ自身は彼の神学において人格的なものにどのような役割を帰したのでしょうか。

ティリッヒにとって人格的なものとは「霊」という言葉で包括されるものです。彼はこのカテゴリーを、認識する者・文化を創造する者・共同体に人格的に参加する者としての人間の唯一無比性を表わすものとして選択しました。霊は中心をもつ自己と共に始まります。そこにおいて、一方では、認識と理解と判断のための能力が現われます。他方、創造的な目的や道徳的な決断のための能力も現われます。こうして、霊とは人間的なものすなわち文化と歴史の創造的源泉の座であり、私たちのなかの道徳的なもの・宗教的なものの根拠であるのです。それは、人格的なものすなわち自由や唯一無比性や親密性の場であるのです。それゆえ、ティリッヒにとって、霊は、人間において、存在する力と意味や目的を理解する能力とを結合するものなのです。かくして、霊とは存在の充満を表わすものです。それは内面性と意図と目的と自身で設定した目標をもつ存在です。したがって、それはまた、自然的・社会的な環境を再形成することにおいて巨大な外面的結果を伴うものでもあります。私たちは、ここで、存在とは霊によって満たされるものであることに留意しましょう。すなわち、存在とは霊において成就されるものなのです。こういうわけで、ティリッヒが、存在それ自体としての神もまた霊であると言うのは、驚くべきことではないのです。彼はその組織神学のなかで、「霊は神の生を表わす最も包括的で、直接的で、無制約的な象徴なのである」(『組織神学』第一巻、二四九頁)と述べています。霊は、ティリッヒにおいて、けっして存在や神を表わす非人格的な概念ではないのです。

最後に申し上げたいことは、道徳的なもの・人格的なものは、人間的なものの座としての霊の展開において、決定的な役割を有している、ということであります。ティリッヒにとって、中心をもつ自己というのは、人格的な他者との関係において、道徳的な行為をとおして、一個の自己として統合性をもつようになるのです。すなわち、自己が一個の人格となるのは道徳的決断においてである、ということです。この一個の人格は、自分が責任的存在であることを自覚しており、自分の自由のための規範を知っており、とりわけ、自分のさまざまな限界すなわち自分は有限な存在であるということを意識している存在なのです。私たちが自分の特殊性と限界とを、すなわち自分の本質的有限性を、心に銘記するのは、世界との対面においてではなく、私たちに相対する他者的自己すなわち汝としての他者との対面においてである、とティリッヒは語ります。このように、人間の自己においては道徳的で人格的な構造というものが存在するのです。つまり、霊はその根底において人格的であり道徳的なのです。したがって、また、もちろん、霊なる神も人格的であり、道徳的なのです。神は存在であり、それ以上に生であり、それ以上に霊である、というのが、ティリッヒにとっての重要性のいわば上昇的秩序なのです。

聖書的な神学者たち、すなわち神の言葉の神学者たちとティリッヒの相違の最後の点は、一見したところの彼のキリストの出来事の中心的意義の否定であります。ティリッヒにとって、もちろん、万物の究極的で創造的な根拠の啓示は普遍的です。そして、全被造物を神との新しい癒しの関係へともたらし、和解を引き起こす新しい存在の把握もまた普遍的なものです。それでは、ティリッヒにとって、キリストの出来事における啓示とはどのような役割を果たすものなのでしょうか。明らかにティリッヒは、バルトのようなキリスト中心的な神学者すなわちその全認識がキリスト教的啓示をとおしてくる神学者ではありません。しかし、ティリッヒはけっしていわゆる自然神学者ではありません。さらに、ティリッヒにとって、キリストの象徴は、新しい存在の、つまりその疎外と救済とにおける人間の実存の決定的な理解を、また教会と文化にとっての真正な形態を、提供するということは明白です。この意味においてティリッヒは「キリスト形態的」（Christomorphic）な神学者であります。すなわち、キリストにおける啓示が、神に関する全認識および神にたいする全関係——これがすべてを包括するわけですが——にたいして、それらの最終的な形態と定義を与えるものなのです。

ティリッヒにとって、すべての事物は、全存在の根拠であり力である神を媒介するものであり、象徴です。したがって、啓示は普遍的です。しかし、神との正しく創造的な関係を反映する真正な象徴は、これもまた被造物でありますが、その神的な根拠との絶えざるつながりを保ちながら、なおそれ自身を越えて指し示し、それ自身を批判し否定し、そのようにしてそれ自身を栄光化せず、ただ自身がそれによって生きている超越的・神的なものにのみ栄光を帰するものです。これが新約聖書におけるキリストとしてのイエスの姿から取られた像ないし範型であることは、明瞭です。この像は、それゆえ、真のキリスト者の生ばかりではなく、教会をも規定します。教会の真正な形態とは、カトリックの本質すなわちサクラメンタルに現臨する神的なものとの内在的一致と、プロテスタント原理すなわち教会の継続的な自己批判と自己を越えた神の秘義への指し示しとを、統合したような形態であります。さらに、これはまた、ティリッヒにとって、文化のための真正な類比的範型です。すなわち、それは文化の諸形態である芸術や経済的・政治的な正義や知識などを育成し勇気づけるのです。しかし、それはまた、自身の文化的達成の最終性を主張する傲慢さを批判するものでもあります。これが、言うまでもありませんが、「神律的」な文化なのです。それは、自身の究極的関心における神的なもののサクラメンタルな現在によって霊感を受け、しかもそれ自身の各部分がもつ真の自律性を注意深く保護する文化なのです。ティリッヒが主張しましたように、もし宗教が文化の実質であるならば、適切な文化的生活とはこのキリスト形態的象徴の原型を反映するものなのです。

私には、ティリッヒほどこのように聖書的な仕方で教会と文化を解釈した神学者はいなかったのではないかと思われます。それはその基本において宗教的であるのみならず、その理念においてキリスト形態的であるような神学の方法であったのです。

ニーバーおよびティリッヒ以後のアメリカの神学

ラングドン・ギルキー（西谷幸介訳）

はじめに

私たちの主題はニーバーとティリッヒ以後の、あるいはもう少し大雑把に言いますと、今世紀後半ないし三分の一世紀におけるアメリカの神学ということであります。告白しなければなりませんが、この二人の神学の巨人たちが世を去って行ったのちは、急激な質の低下が起こりました。私自身が彼らに続く世代の一人でありまして、そのことは肝に銘じているわけです。もちろん、カウフマンとかマクファイとかカッブ、オグデン、それからデイヴィッド・トレーシーといった、多くの有名な神学者たちがいます。これらの神学者たちを取り上げることも面白いと思いますが、それよりも興味深くまた啓発的なのは、アメリカの神学における新しい問題を論じることだと思います。つまり、ニーバーとティリッヒという巨人たちが一九六〇年代の初めに第一線を退いた直後から登場してきた諸問題です。私は三つの問題を取り上げたいと思います。第一は宗教の多元性、第二はエコロジーと自然、第三は原理主義の復活、ということです。申し上げましたように、どの問題もこれら二人の神学者たちの活躍の時代以後に、公的な、したがってまた神学的な意識に昇ってきた問題です。ただし、ティリッヒは、六〇年代初め、これは彼の晩年でしたが、とりわけ仏教との関連において、多元主義の問題の勢いを感じておりました。

しかし、まずはじめに、今世紀後半の状況と思えるものについて一言しておきたいと思います。新正統主義の神学者たち、あるいは弁証法神学者たちは、文化の徹底的な相対性というものを当然視しておりました。すなわち、科学や哲学や宗教というものは皆一様に相対的なものと考えていたのです。二つの世界大戦の経験が彼らにこのことを教えました。そして、私にはそう見えるのですが、彼らはそれぞれ、部分的にはこの歴史的相対主義という堅固な基盤の上に、自分の神学を打ち建てたのです。しかしながら、彼らはまた全員、啓示の客観性にたいする確信というものを共有しておりました。もちろん、啓示に応答する人間の信仰や神学や宗教というものは相対的なものとして留まると考えたのですが。しかし、その後、この啓示の客観性の感覚が雲散霧消してしまったのだと、私には思われます。もちろん、そこにはたくさんの理由があります。一九六〇年から六四年にかけて、いわば空中に閃光を放った、「神は死んだ」という奇妙な現象が起こりました。そして、この現象はそれ以後の半世紀間、部分的にではありますが、また顕著に意識されてきたわけではありませんが、継続しているのです。それ以来、相対主義の感覚は膨張し続け、ポスト・モダニズムが原因ではないとしてもそれによって表現されていますし、これに伴って懐疑主義も増大し続けています。そして、その結果、神学的な意見表明は以前に増して危険な作業になり、神学的構築はますます困難になっているのです。「聖書的視点」を確信に満ちて表現するというのが神の言葉の神学者たちの真骨頂であり、宇宙の理解を体系的に表現するというのがホワイトヘッドの、そしてまた部分的にはティリッヒの、見事な仕事だったわけですが、そういう労作はもはや数十年も前の、というよりは数世紀も前の出来事のように思われてしまうのです。私たちが以下において三つの問題を論じる際にも、以上のような一般的状況を念頭に置いておくほうがよいでしょう。

1

一九四一年から四二年にかけて日本による軍事的拡張政策はアジアのほぼ全域を呑み込みましたが、表明されたこの戦争の目的の一つは、それまで東洋のほとんど万事を支配してきたヨーロッパの諸帝国をアジアから閉め出す、ということでありました。それは、「アジア人のためのアジアを」と、繰り返し言われたとおりです。この目的は、興味深いことですが、完全に達成されました。それらの帝国の全部がこの戦争後まもなく崩壊したわけです。フランス然り、オランダ然り、とりわけイギリス然り、です。そして、これらの支配に代わって、アジア全域に、政治的にも、文化的にも、宗教的にも、自律的な文化が登場してきました。もちろん、西洋の巨大な経済的・政治的な力や大衆文化の力は残りましたが、しかしそれらはもはや従来の直接的な政治的・経済的支配ではありませんでした。何にも増して、西洋の文化的・宗教的な優勢というものが後退していきました。近代西洋の優秀さという誤解は、西洋と東洋の両方にあったのです。その一つの結果として、キリスト教の支配と優勢ということも後退していきました。それは、じつは、神学者たちが理解していた以上に、西洋の経済的・政治的な威力に基づくものであったのです！　このことがアジアの諸宗教のそれぞれの、知的・倫理的・霊的な実力における、再活性化のための余地を造り出しました。そして、その結果、これら諸宗教の間にきわめて新しい、いわば力の均衡状態が出現してきたわけです。今や、効果的な宣教師の活動は、以前とは逆に、東側から西側に流れ出しています。諸宗教間対話ということが一般的になりました。ある種「大まかな類似」ということが、今では多かれ少なかれ、キリスト教の指導者たちの間では当然視されているのです。

この新しい関係の世界から、真正な言葉による知的対話に並んで、予期しなかった、しかもたいへん積極的な、興味深い結果が生まれてきました。西洋において、十九世紀、二十世紀という時代は、聖職者たちの、というより、一般市民たちの道徳的良心やその態度が宗教的意識の中心にありました。その成果として、奴隷制反対運動や社会福音や解放の神学が登場し、自由主義神学と新正統主義神学とを同様に席巻しました。そして、それらは即座にアジアの諸宗教にもバトンタッチされたわけです。しかしながら、自由主義者たちの間にまだ残っていた古い形の敬虔は、私たち新正統主義者たちの間では消滅してしまいました。個人的な信仰深さの形態は保守的な信仰者たちの間ではかろうじて残りましたが、それ以外ではほとんど姿を消したのです。このことがおそらく現在の西洋における神秘主義への新しい、また驚くべき関心を説明するのに役立ってくれるはずです。神秘主義は、自由主義者たちによっては、彼岸的な性格のものであり、政治にも社会にも関心をもたない、一種の自己中心的態度として軽蔑され、新正統主義者たちによっては、「非歴史的」なものとして軽んじられてきました。しかし、現在では、私が思いますには、神秘的なものこそ西洋における宗教的敬虔の優勢な形態です。それはキリスト者たちの間にも、禅やヴェーダンタへの新しい改宗者たちの間にも生きており、さらに、どんな宗教的伝統にも関係をもっていない、世俗的なしかし内面的には宗教的関心に満ちている人々の間にも、息づいています。私は、きわめて多くの人々が、仏教の哲学者たちやキリスト教の神学者たちの議論をとおしてではなく、禅やヨガの実践をとおして、宗教に関心をもつようになったことに、気づいてきました。これは巨大な変化です。

諸宗教間の対話というものは私たちの興奮を誘いますし、挑戦的です。そして、もしその対話の参加者がすべて、この対話を自分の宗教の弁明の作業とは考えず、最も創造的で啓蒙的な対話なのだと見なすならば、それは困難なものではありません。しかしながら、それは実際、重大で、私たちを落ち着かせなくする、神学的な問題を醸し出します。それは、過去数十年間にそのような対話を経験した者全員が不快感をもって気づいていることです。私が申しております問題とはきわめて単純なことです。すなわち、キリスト教信仰とそれをめぐるすべての神学的表現というものは、たとえそれらがどんなに歴史的には相対的なものであったとしても、啓示の出来事の絶対性と唯一無比性に根拠づけられており、私たちの信仰はそれにたいする一つの応答である、ということであります。これは仏教においても同様でありまして、そこではすべての象徴や知的内省は相対的なものなのですが、にもかかわらず、すべてはより高次の意識の絶対性と唯一無比性にかかっているのです。キリスト教、仏教、いずれの場合にも、もしこの地平に他の宗教的立場が入り込んできますと、そして、それは対話の際にはそうなるわけですが、そのときこの絶対的地盤というものは妥協のもとに取り扱われることになるわけです。トーラーもコラーンもキリストの出来事も、もはや妥当する宗教の唯一の中心ではありません。神の唯一絶対の啓示というのも、神的なるものの秘義に至るために存在する多くの道のわずかに一つ、ということになるわけです。そして、仏教が言うより高次の意識というものも、他の意識形態に混じって、有用で啓蒙的なものとして、その場所を得るわけですが、しかし究極的なものとは見なされないわけです。私は、そのような結果に満足だと感じる、どんなキリスト教徒にも仏教徒にも出会ったことはありません。

この板バサミ状態を眼のあたりにした多くの人々——たとえばジョン・ヒックやウィルフレッド・スミスといった人々——は、信仰と神学は一つの宗教的伝統にではなく、普遍的な宗教的基盤に根拠づけられなければならない、と示唆してきました。しかし、そのとき、この新しい基盤は一つの特殊な基盤に変わってしまいます。たとえば、西洋(あるいは東洋)の倫理的有神論であったりして、これなどは仏教よりももっと特殊なものです! このように、私たちにとっては思考や行動において特殊性から逃れる道はまったくないのです。私たちは癒しがたく有限であり、私たちの視野はそれぞれ部分的で一面的なものに留まるのです。そして、おそらくこのことが私たちにとっては問題を解く鍵でありえます。それは「真の象徴」ということですが、ティリッヒはそれについてこのように言っています。すなわち、象徴とは、それがもし一方でその神的根拠と絶えざるつながりを保ちつつ、他方で絶え間なく自己を批判し、否定し、審判し、そのようにして、自己を越えて、神的なものの秘義を指し示すならば、そのときにのみ、真正なまた普遍的な象徴である、と。キリスト教においても仏教においてもその残響が確かめられるこの主題こそ、対話の宗教的・知的な基盤をよく説明してくれるものです。すなわち、自分自身の立脚点にたいする持続的な忠誠と、それにたいする批判と、それを越えた神的なものの指し示しと、そして、対話の相手の妥当性と適合性とにたいする承認がそこになくてはならないのです。こうして、新しいがいまだ解答の提出されていない神学的問題とは、ある特定の宗教的伝統の中心が自己を相対化することができ、そして自己を超越することができるか、ということなのです。この問題を解決するために、仏教とキリスト教の重要な勢力どうしが対面し、対話する場所としては、日本に優る場所はどこにもないでしょう。

2

私たちの第二の問題は自然という主題です。これもまた新しい問題です。今世紀前半の神学は歴史とその意味という主題に集中しました。そして、多かれ少なかれ、自然という主題を無視しましたが、これは西洋文明のほとんどの部分がそうだったのです。これは驚くことではありませんで、その時代は歴史における未曾有の混沌すなわち攻撃的で抑圧的な体制によって入魂された二つの世界大戦に直面していたわけです。そして、この混沌は、十九世紀と二十世紀の文化を支配していた歴史的進歩というものへの信仰に全面的な挑戦状を叩きつけるものでした。しかし、だいたい六〇年代以降になってからですが、私たちのこの時代は、それまでと同様に厳しいけれども、しかし異種の危機に直面しています。つまり、今度は危険にさらされた自然の危機ということです。自然は、近代社会の自然支配の技術によって、今や危機に瀕しているのです。近代社会とは、工業と商業の文明の容赦のない拡張によって、すなわち仏教が言う煩悩によって、キリスト教が言う貪欲によって、駆り立てられてきた社会です。そういうわけで、一九七〇年代以降、どんな神学者もエコロジーと自然神学の問題に関心をもつようになりました。すなわち、私たちの宗教的信仰は自然をどのように見、理解し、評価するか、という問題です。しかしながら、私たちが留意すべきは、今、神学は自然がもつべき地位とその保護に関心を奪われてしまっていますが、しかし自然の問題の根源は歴史のなかに存在するということ、つまり、創造的で知的な、しかしそれだからこそまた危険な、人類が行なう自然の活用と濫用ということのなかに存在する、ということであります。進歩した技術は今や欲望にかられた人類が自然を破壊することを可能にし、さらには人類自身を滅ぼすことも可能にしています。つまり、人間の罪によって性格づけられている歴史が、とうとう自然を破壊する危険な地点にまで到達した、ということなのです。こうして、私たちは、今世紀前半の神学者たちを悩ませた罪の問題に、きわめて新しい文脈において、再度回帰してきたのです。

自然の保護という問題はたいへん複雑な事柄です。それはまず科学的かつ技術的な問題です。しかし、それはまた工業と商業の問題でもあり、大きな経済力が環境問題にぶつかるところでは、巨大な経済的・政治的問題でもあります。したがって、それは最終的には倫理的・宗教的問題でもあるのです。言うまでもありませんが、客観主義的科学と伝統的・神話的宗教の間で繰り広げられてきた従来の相克——じつはこれらは双方ともエコロジーにとっては厄介物なのですが——は、問題解決に貢献してきませんでした。幸いなことに、そうこうするうちに、科学を人間による自然の解釈様式だと見る新しい科学哲学が発展してきました。これは一面では驚くほど適切であり有用です。しかし、それには、いぜんとしてある一つの見方でしかない、イメージとモデルによって構成された見方でしかない、という側面もあります。いずれにせよ、科学は今や、かつてないほど、倫理や哲学や宗教との討論に即応し親和するものになっています。そして、この時代の最良の神学の多くがそのような討論に関わってきました。

自然の神学にたいする第二番目の影響は、神学的構築にたいする進化の思想の増大する重要性ということからきています。偉大な新正統主義の神学者たちのほとんどが科学的思惟を受け入れました。つまり、彼らは、宇宙の年令に関する思想や不断の変化を伴う久しい宇宙の歴史に関する思想や人間存在の進化の起源と発展に関する思想を受容しました。彼らはファンダメンタリストでも創造主義者でもありませんでした。にもかかわらず、彼らのうちの誰一人として以上に指摘したような科学的事柄に目を向けながら自分の神学を展開した者はいなかったのです。彼らは、先に言いましたように、歴史における隣人と神とにたいする人間の行動にのみ目を向けたのです。これとは対照的に、現在のこの私たちの時代においては、宇宙論やとくに人間存在の遺伝子学的・進化論的理解の大いなる影響のもとでその神概念や人間理解を展開していないような、建設的な神学はほとんどありません。次のように言うことができるでしょう。すなわち、これは私自身のことも含めて申し上げるのですが、現在、多くの神学は科学の新しい象徴的・相対的な自己理解、とくにそのモデル使用と、また徹底的な変化を絶え間なくこうむっていくものとしての科学にたいする新しく強化された理解とを取り込んでいる、と。そして、それは、今世紀前半の「聖書的な神学者」たちの神学やティリッヒの神学からさえも、きわめて相違する新しい種類の神学的理解を形成するためなのである、と。

私たちが気づくのは、徹底的な変化とか一時性といったことにたいする新しい強調はプロセス思想によって久しくなされてきたことですが、形而上学や神学における象徴とかモデルとか、したがってまた相対性といったことにたいする現在のはるかに大きな強調は、古典的なプロセス思想とはもはや並存しうるものではない、ということです。言うまでもないことですが、科学と科学哲学と神学とのこの新しい統合から数多くの興味深い、説得力のある「自然の神学」が出てきました。その自然の神学者たち何人かの名前を挙げるとすれば、ポール・デイヴィーズ、アーサー・ピーコック、ロバート・ラッセル、フィリップ・ヘフナーといった人々がおり、そして、私もそれに入るでしょう。

自然の問題は、すでに申しましたように、科学的問題や技術的問題、また経済的問題や政治的問題といったものが絡み合ってきますが、しかしそれは基本的には倫理的・宗教的な問題です。私たちが自然を、そしてそのようにしてまた私たち自身を、救済しようとするなら、私たちは私たち自身の目的のために自然から搾取するという行為を中止しなければならなりません。そして、そのことは次に、私たちが自然の全体性と価値とに敬意を払わなければならないということを意味します。自然が有しているのは、私たちのための価値ではなく、それ自身のための価値だということです。私たちは自然をそれ自身における目的として見なければなりません。私たちの目的や都合のための手段として見るべきではないのです。そして、これは私たちの最も強力な倫理的勇気を要請する倫理的な問題です。これはまた宗教的な問題でもあります。つまり、私たち自身と自然とにたいする私たちの最も深い内面から出てくる態度の問題、究極的関心の問題なのです。人間が他の人間から搾取したり、また他の人間を濫用したりしてきた、その歴史が示していますように、私たちが他の人間を手段としてではなく目的として扱い始めたのは、つい最近のことです。私たちが他人に手段としてでなく目的として接するのは、私たちが最も深い関与のレヴェルにおいて他人を尊重するときのみです。たとえば、人間は近代という時代に入って互いにたいして従来とは異なってより道徳的な接し方をするようになってきたわけですが、それは私たちが互いを神のかたちに造られた者として、無限の価値をもった存在として見始めたからなのです。

こうして、私たちの多くは、自然をもたんに神の被造物としてというだけでなく、神のかたちに造られたものとして、すなわち、私たちを映し出す、一つの鏡、しるし、あるいは象徴として、語り始めたわけです。これはまだ歴史的伝統の一部とはなっていませんが、聖書のなかには良い先例をもっています。とくに直接的な例は詩編とヨブ記のなかにあります。しかし、もっと一般的な意味においても、きわめてはっきりしているのは、私たちの伝統全体にとって、自然は、私たちが神を理解する際の、神を表わす鏡でありしるしであり象徴であるということです。私たちは、私たちを取り巻く、そして私たちのなかにある、自然の無限性・究極性・その威力に関する私たちの経験を通じる以外に、どこで私たちがそれをもって神を連想する無限性や究極的神秘性やあるいは究極的力といったものを感じることができるでしょうか。私たちはまた自然の変化と反復を含めてその継続的で普遍的な秩序を経験しますが、この経験以外のどこから、存在するものすべての心臓部分にある統括的な秩序すなわち究極的な神的ロゴスというものにたいする私たちの感覚が生まれてくるでしょうか。そしてまた、神は私たちにとって究極的な力と秩序であるばかりではなく生でもあり、生きとし生けるものに霊を注ぐ生きた力であるゆえに、この生ける神としての特徴はたしかに自然における私たちの生から出てくるのです。聖書的・キリスト教的な神はなるほどまず第一に人間の歴史と共同体と個人の主であります。にもかかわらず、神の力とか秩序とか生といった最も根本的カテゴリーすなわち神に関する私たちの概念の根拠と基盤は、それらが歴史の紆余曲折・栄枯盛衰において見られる以前に、自然において反映されているのです。自然は神のかたちなのです。したがって、私たち人間と同様に、自然は手段ではなくそれ自身における目的として、私たちが敬意と注意を払うに十分に値するものなのです。私が思いますには、このことが日本という国ほど深く感じられ、また信じられている国はこの地球上にないはずです。そして、神道ほどこのことがはっきりと経験され、表現されている宗教はほかにないはずです。

3

私は、最後の主題すなわち原理主義の抬頭については簡単に述べたいと思います。しかし、この問題は私たちの現在の宗教的状況にとって看過できない重要な問題です。これもまた今世紀前半には問題とはされませんでした。当時の神学者たちを悩ましたのはファシズムとか共産主義とかナショナリズムとか資本主義といった問題で、宗教的熱狂主義はそうでもありませんでした。そしてまた、彼らは——私たちもそうでしたが——技術文明は徐々に文化全体を貫いて自然的現実にたいするいかなる宗教的・神話的な見方も根こそぎしていくだろう、というブルトマンの見解に同意していたのです。彼が言ったのは、私たちはラジオで天気予報を聞いており、もはや雨が神の命令によるものだなどとは考えていない、ということでした。しかし、この点で、私たちはまったく判断を誤っていたことがはっきりしました。宗教的原理主義が世界中のほとんど至るところで成長してきたのは、今世紀末のこの技術文明が成熟しきった時期においてであるわけです。たとえば、まったく科学的な技術の上に成立しているアメリカ文化のなかで、自然はつい一万年ほど前に創造されたのだという創造主義者たちの理解が人気を博しています。さらに、以前の原理主義者たちは神政政治主義者ではありませんでした。彼らは自分たち自身の宗教的な規律や教義に沿って市民社会を掌握し、統治することに一生懸命だったのです。しかし、今や、一つの宗教的伝統が優勢であるような、イスラム地域やイスラエルや、あるいはインドも含めたほうがよいかも知れませんが、そういう地域で、さらに加えて、アメリカのようなキリスト教的同盟を長期的目標としているような地域で、一つの強力な、私たちに脅威を感じさせる、神政政治主義運動が蔓延してきたのです。

このような動きを、宗教を支持しつつなおその恐怖をも学び知ってきた私たちは、どのように理解すべきなのでしょうか。新正統主義者たちもまたすべて教義的独断主義を恐れました。すなわち、過去の熱狂主義的な宗教が行使することができた非寛容さ・徹底した残酷さを拒否しました。そして、彼らのうち誰一人として、近代文化をもつ現代の先進地域においてこのような動きが実際の脅威となるだろうなどと予感した者はいなかったのです。しかし、私たちは今、それを感じています。近代文化の発展が、その一つの主要な帰結として、宗教的確信とそれに随伴する絶対的な道徳的規律の漸次的な溶解を招いてきたことは、明らかです。この解体のプロセスが最初に起こったのは、古代からの宗教的・道徳的な構造をいぜんとして保持していた新興諸国のなかに近代文化が浸透していったときでした。しかしながら、驚くのは、同じことは科学的・技術的文化が発生した当の地域でも起こったということです。そのような文化的諸国においても、伝統的な宗教的・道徳的確信は、完全に脇へ追いやられたわけではないにせよ、脅威にさらされてきたのです。このプロセスが私たちにとって創造的な側面をもっていたことも事実です。古めかしい偏見や、人種差別と性差別の支配と不正の諸形態や、教条主義的な非寛容さなどが、後退していきました。しかし、私たちは、ティリッヒが想起させてくれますように、自律の成長に伴う諸々の危険性というものに気づかねばなりません。神聖な確信の消滅は巨大な真空を生じさせます。そして、この解体過程があまりに強烈すぎるとき、神聖なものが回帰してくるのですが、それは今度は地響きを立てるほどの権威と不寛容さを携えてやってくるのです。抑圧に満ちた宗教的体制が——それがイスラム教の名においてであろうと、ユダヤ教の名においてであろうと、神聖なヒンドゥー教の名においてであろうと、あるいはキリスト教的ファンダメンタリズムの名においてであろうと——登場しうるのです。驚くべきことですが、しかしまたはっきりと、多くの人々がこの神聖なものの回帰を歓迎し、支援し、彼らが恐れている自律というものを懸命に追放しようとしています。彼らにとって近代文化における宗教的信仰と道徳的規範の喪失は人生の意味と安定の欠如をもたらすもの以外の何ものでもないのです。私たちのこの現在の歴史が示してくれているとおり、より自由な、より寛容な、そしてより道徳的な世界への移行というのは、古い秩序の擁護者たちによる怒りの復活という危険と、隣り合わせなのです。私は、日本もある種同じような形の問題を経験してきたのではないかと思っております。皆さんにたいして証言しておきたいと思いますが、楽観主義的なアメリカもまた自身がこの疫病にかかっていたことを発見しました。そして、びっくりしたのです。

このことについて二つのことを言うことができます。一つは、人々の慣習や法律や社会的活動といったものは究極的なものにたいする宗教的感覚によって根拠づけられなければならない、ということです。世俗的領域の自律は、芸術・文学・科学・哲学、また経済的・政治的・社会的活動といった自律的領域が神律的な深み、言い換えれば、宗教的な理解と参与を保持しない限り、かならず自己溶解してきます。こうして、宗教の働きは、この世界において、またこの世界にたいして、生死を決めるほどのものなのです。しかし、宗教の働きとは、神政政治主義者たちが信じるように、社会の存在にたいする審判者・規制者・支配者としての働きではありません。深遠な宗教は文化的自律を下から支えるものです。宗教は文化を上から支配しません。この世界において、宗教のための究極的基準は自由と正義であり、権威への黙従ではありません。さらに、宗教は自己と社会との双方にたいして批判的でなければなりません。それは、宗教が、自身が対峙する世俗社会よりも、もっと悪魔的にならないようにするためです。

最後に、第二の点を、少なくとも私たちの国アメリカで妥当することとして申し上げますが、それは、もし何かが私たちを救ってくれるとしたら、それは私たちの巨大な多様性、すなわち多数の異なる伝統や宗教的意見の自律と自由とによる多様性である、ということです。神政政治を不可能にするのは、私たちの美徳でもなければ賢明さでもありません。それは人々の態度と意見の多元性ということです。私たちが神政政治を免れるためには、それしかないのです。このことは日本におけるキリスト教的共同体の皆さんもまた心に銘記しようと願っておられることであろうと思います。すなわち、皆さんは、この偉大な文化を息づかせている、他の多くの少数派の声に対立するのではなく、それらと連帯することを願っておられるはずだと思うのです。

ティリッヒとその弁証的神学

古屋安雄

私がパウル・ティリッヒの著作を初めて読んだのは、一九五一年の秋学期、初めての留学先のサンフランシスコ神学大学のコースのテキストとしてであった。それは出版されたばかりの、『組織神学』(Systematic Theology)第一巻である。(1)

東京の神学校では、ティリッヒの名前は「カイロス」や「デモーニッシュ」との関連で聞いていたが、ティリッヒについての講義は一つもなかった。当時、組織神学を教えていたのは、桑田秀延、熊野義孝、北森嘉蔵の三教授であったが、ティリッヒの『組織神学』が未出版ということもあって、誰も彼を取り上げて論じなかった。宗教哲学を教えていた宮本武之助教授も、当時はまだティリッヒに関心をもっていなかった。

私自身、神学についてなにも知らないときから、神学校の専任講師でもあった山本和牧師の鷺宮家の教会に通い、バルト神学のみが神学である、と教え込まれていた。私のバルト絶対主義がはじめてすこし揺らいだのは、一九五〇年、来日したユニオンのジョン・ベネットが現代神学の中心はティリッヒ、最左翼はブルトマン、最右翼はバルトであると、バルトを相対化して見せたときである。(2)

しかし、ティリッヒの『組織神学』で最も興味をもったのは、その最初に出てくる、バルトの「宣教的神学」(Kerygmatic Theology)にたいして、ティリッヒは「弁証的神学」(Apologetic Theology)を樹立しようとしている、と言っているところであった。しかし、私自身が「弁証的神学」を主張するようになるまでには、紆余曲折があったのであって、その道はけっして真直ではなかった。

この小論では、その私自身の紆余曲折をたどりながら、ティリッヒとその「弁証的神学」とは何であるか、さらに日本におけるその意義は何であるか、明らかにしたいと思う。

I

私がアメリカに留学した、一九五一年から一九五九年、即ち五〇年代は、まさにティリッヒの全盛期であった。一九三三年に四七歳で、ナチスに追われてアメリカに亡命してから二〇年のうちに、アメリカ第一の神学者・哲学者とみなされるようになったからである。私は彼が教えていたユニオンではなく、プリンストン神学大学の Th.D コースにいたのでユニオンで彼から直接学んだことはない。

当時のプリンストンにはティリッヒにむしろ批判的な、ジョージ・ヘンドリーやポール・レーマンなどのバルト神学に近い教授がいたので、私はもとの東京の神学校ほどではなかったが、基本的にはバルティアンであり続けていた。しかし、その危険性を感じたのか、指導教授のレーマンが、プリンストン大学の大学院でウォルター・カフマン教授の哲学のセミナーにでることを勧めてくれたのである。カフマンはニーチェ学者であり、キリスト教にたいしては非常に批判的な人であった。ヘーゲルのセミナーで、バルトのヘーゲル論に基づいたレポートを書いたときに、ヘーゲル自身の著作自体に基づくべきことを指摘したのはカフマンであったし、それに賛成したのはレーマンだった。

したがって、私はカフマンはバルトよりもティリッヒに好感をもっているると思っていたのである。ところがあるとき、私の質問に対して、カフマン自身が自分のような哲学者にとっては、バルトのようにキリスト教は哲学とは関係はない、といっている方が、ティリッヒのようにキリスト教と哲学がいかに関係するか、をいう方よりも興味がある、と答えたのである。(3)けれども、その頃矢継早に出版されるティリッヒの書物はみな丹念に読んで、考えさせられていた。特に『聖書宗教と究極的実在の探究』(Biblical Religion and the Search for Ultimate Reality, 1955)の最後の言葉は心に残った。「パスカルに反対して、私は言う、アブラハムの神、イサクの神、ヤコブの神と哲学者たちの神とは同じである」(4)。

それは、それ以前に時々ニューヨークにいって訪ねた弟やその友人たちから聞くティリッヒの話やその反応に興味をもっていたからである。弟が言うには、自分は東京でバルトのいう「あれか/これか」(either/or)を学んだ。ニューヨークに来てティリッヒから「あれとこれ」(this and that)を学んだ。しかし英語には〝and/or〟という、バルトとティリッヒを統合して一言で言う表現がある。初めからそのことを知っていれば、混乱しないですんだ筈だ。ティリッヒはバルトの「宣教的神学」を「分離の神学」(Theology of Diastasis)と呼び、自分の「弁証的神学」を「総合の神学」(Theology of Synthesis)と呼んでいるが、ティリッヒ自身がこの二つの神学を「あれか/これか」ではなく「あれとこれ」、即ち統合さるべきものと考えていることは言うまでもない、と(5)。

弟の友人の一人に、大谷光紹氏がいた。彼はのちに東本願寺派法主になった仏教徒である。京都大学を卒業したあと、ハーバードに留学、さらにコロンビアでティリッヒに学ぶために、ティリッヒのユニオン内のアパートメントに寝泊りしていた。時々、ティリッヒから仏教について聞かれるといっていたが、ティリッヒの仏教に対する関心が既にこの頃からあったことを示す事実である(6)。

ところで、私が「バルティアン」から自由になり始めたのは、バーゼルでバルトのコロキウムに参加し、彼と出会い、直接にその謦咳に接した経験をもってからであった。

プリンストンでの博士課程を終えた私は、キリスト教の絶対性に関する学位論文のために、一九五五年ドイツのチュービンゲン大学に赴いた。宣教学と宗教学の教授であった、ゲルハルト・ローゼンクランツに一年間師事するのが目的であった。二年目にはバーゼルのバルトのもとで研究したいと思っていた。ところが、一緒にチュービンゲンで学んでいたアメリカの二人の学生が、隔週の水曜日の夕方に行なわれていた、バルトの英語のコロキウムに出席するためにバーゼルにドライブしていることを知り、バルトから直々の許可を得て、私も参加するようになった。

そのコロキウムのことは私が翻訳した『バルトとの対話』(John D. Godsey, ed., Karl Barth's Table Talk, 1963)、に詳しく記録されているが、私がそこで最も学んだことは、その「あとがき」にも書いたように、バルトが「自由な人」である、ということだった。(7) あるときドイツの学生が、今先生が言われたことは、『教会教義学』のどこそこに書いておられることと違います、と指摘したときである。バルトは頭を振りながら、あれは二五年前に書いたものだ。四半世紀の間に成長変化する権利は私にはないのだろうか、と言ったのである。そして「私は『バルティアン』でないことを最も幸いだと思っている」と付け加えたのであった。

もっともバルトは、ティリッヒは優れた哲学者ではあるが、神学者としては問題だと最後まで言っていた。それでも私が参加したコロキウムの数年後には、ゼミでティリッヒの弁証的神学の方法である相関方法を取り上げて、次のように述懐している。「成功した仕事ではなかったが、私は絶えず彼（ティリッヒ）を最高度に好意的に解釈しようとしたし、猟犬のように彼に噛みつこうとする、学生たちから彼を守ろうとした」[8]。

また私はつぎのように個人的に直接聞いたことがある。「『教会教義学』が完成したら何について書くつもりですか」。それに対する答えは「『教会教義学』の視点からみた世界宗教史について書きたい」であった[9]。バルトの孫弟子に当たるエベルハルト・ユンゲルも、晩年のバルトが「宗教の神学」を自分の神学的視点から展開したいと言っていたことを伝えている[10]。

もちろんバルトは『教会教義学』を完成しなかったし、『世界宗教史』も書かなかった。もし後者を書いていたとしたら、それはティリッヒの『キリスト教と世界宗教との出会い』(Christianity and the Encounter of the World Religions, 1963) から『宗教の未来』(The Future of Religions, 1966) にいたる「宗教史の神学」とはかなり異なったものとなっていたであろう[11]。もし書いたとしたら、きわめて興味深いバルトとティリッヒのそれぞれの宗教の神学の比較研究ができたであろうにと、残念である。

それは別として、「バルテイアン」を卒業したと思った私は、初め予定していたように、二年目をバーゼルで過ごすことを切り上げて、一年間のドイツ留学を終えてアメリカに戻った[12]。

Ⅲ

一九五六年末にプリンストンに戻った私は、博士課程終了試験を受ける準備をしながら、学位論文の作成に取りかかった。論文の初稿ができあがった頃だったと思うが、一九五九年の一月にプリンストン神学大学の「コイノニア」という教授と大学院生の研究討論会で「弁証的神学か、宣教的神学か?」というペーパーの発表を行なった。当時ティリッヒはユニオンを一九五五年に退任して、ハーバードに「全学教授」(University Professor)という名誉ある地位に招かれ、それこそパウク夫妻がその伝記で言う「成功の絶頂」に達していた。五〇年代末というのは、多くの神学校や大学の宗教学部のコースでティリッヒが取り上げられ、彼の神学思想についての学位論文が書かれるようになった時代であった。[13]

プリンストン神学大学が発行している Theology Today 誌が一九五八年の春にティリッヒ神学の特集を行なっている所以である。しかし同誌の論説は次のような問題提起をしていた。「現代のために福音を再表現しました翻訳すると言いつつ、ティリッヒは実際に古い真理に新しい意味を付与しているのか、それともキリスト教に本質的なものをただ歪曲することに成功しているに過ぎないのかどうか[14]」。

この論説を書いたのは、編集長のヒュー・カー(Hugh T. Kerr)である。彼は組織神学の教授であるが、人柄もその神学もきわめて温和なバランスの取れた人物である。私がドイツに留学した年に、ティリッヒとともにハーバードに招かれたポール・レーマンに代わって、私の指導教授となり、さらに学位論文の主査になった教授であった。

このカーが「コイノニア」での私のペーパーをぜひ『今日の神学』誌に載せたいといって、翌年の一月号に掲載したのである。これがのちにわが国で問題になった、私の初めての論文、しかも英語で書いた "Apologetic or Kerygmatic Theology?" である。[15] どうして問題になったかは後に述べるが、その論文の内容はつぎのようなものであった。

まず私の問題設定は、ティリッヒの弁証的神学が福音を正しく理解しているかどうかは別として、はたして現代人に福音を宣教するのに有効かどうか、という関心からのものであった。例えば、ティリッヒは宣教的神学は、哲学が提出する問にたいして、答えをだすのがその神学である、といっているが、はたして哲学者はこのような神学に関心をもつであろうか。

前述のカウフマンの例をあげて、私は疑問を出しながら、その疑問を支持してくれるものとして、日本の哲学者や仏教思想家たちの、ティリッヒ、ブルンナーおよびバルトのそれぞれの神学に対する反応についての情報を提供したのであった。

それは「パルティアン」でなくとも、日本においてティリッヒとブルンナーではなくバルトがキリスト者によって受容されているだけではなく、哲学者や仏教者たちにも関心を持たれていることは、当時では周知の事実だったからである。

さてティリッヒであるが、『組織神学』第一巻をはじめとして、主要な著作が邦訳されているに関わらず、今迄のところキリスト者の間においても、ましてそれ以外の哲学者や仏教者の間にも深い関心をひきおこしていない、と述べた。そしてそれは、日本を離れて久しい私の独断でないことを示すために、一九五八年当時の日本の神学者たちとの文通にに基づいた情報を提供した。

「京都の…神学教授」というのは土居真俊氏のことである。彼とは彼がハートフオードでティリッヒについての学位論文を書いていたときからの知己であるが、その彼はティリッヒの影響は「遅々としてはいるが徐々に広がりつつある」とは書いてきた。しかし彼の『ティリッヒ』(一九六〇年)という日本で初めてのティリッヒ研究の単行本が出たのはティリッヒの訪日後であって、その二年以上も後のことである。したがって彼が「孤軍奮闘しているという感じ」であったし、確か彼もそのような表現を用いていた。
「大部分の日本の神学者と牧師たち……の一人」というのは山本和氏のことである。彼の反応は典型的な「バルティアン」のそれであって、ティリッヒは興味ある宗教哲学であっても、日本の宣教に必要なものは提供していない、というものであったからである。[16]
したがって私は「将来のことについて断定的なことを言うのは時期尚早であろう」と 言いながら「ティリッヒの弁証的神学が日本の仏教徒や哲学者の注目を浴びるほどに、彼らに挑戦し、彼らが『実存的』興味と関心をもってそれを研究するようになるであろうかということになると私はきわめて疑わしく思う」と書いたのであった。[17]
そしてなぜそのように悲観的なのかを説明するために、既に日本には一九二三年以来知られているブルンナーとバルトに対する反応の違いを述べた。つまりブルンナーが弁証的な関心を示すにつれて、ますます教会の内外で人々の興味は薄れてしまった。したがってブルンナーがＩＣＵの教授として来日したにかかわらず、その影響は限られ、特に非キリスト者との対話はおこらなかった。他方バルトは教会内では支配的な神学として読まれているのみならず、哲学者や仏教者たちの間でも広く読まれている。
ここできわめて興味ある、一つの皮肉な問いを提起せざるをえなくなる。なぜ非信者を念頭に考えているという宣教師的なブルンナーではなくて、信者にだけ目を向けているといわれる教義学者的なバルトのほうが宣教においてもかく有効なのか。
この問に対して私は一つの神学的答えをだした。「一言でいうならば、ブルンナーとバルトに対する日本人の反応の違いは第一義的には、バルトの用語で言えば、『意図した弁証学』と『意図しない弁証学』という根本的な違いに帰せられると私は信ずるものである」[18]。

なぜなら「意図した弁証学」とは、非信者を批判するのに忙しく、自分の問題を棚上げがちであるが、「意図しない弁証学」は非信者と信者の区別なく、人間に対する神の裁きと恵みを証言するだけで、キリスト教の優越性を語る意図は全くないからである。

それゆえに、ブルンナーよりももっと組織的に意図された「ティリッヒの弁証的神学にたいして、日本の非キリスト者たちが多大の反応を示すとは期待してなかったし、また今なを私は期待していないのである」と述べたのであった。[19]

そしてこの日本における反応に照らし合わせてみて「いわゆるキリスト教国においても、はたしてティリッヒの弁証的神学の方が、バルトの宣教的神学よりも、教会外の人々との対話において効果的かどうか、私には疑問である」と結んだのである。[20]

Ⅳ

私がＩＣＵに着任したのは、一九五九年の一一月末であったから、この論文が出版されたのは私が日本に帰国したあとであるが、この論文に対する国内の反応がでてきたのは数年後のことである。それまでは外国における反応が主であった。

先ずバルト自身から興味深く読んだこと、そしてジュネーブにある世界教会協議会（ＷＣＣ）の伝道局のワーキング・ペーパーとして直ちに独訳され、ボッセーにあるエキュメニカル・インスティテュートなどでも討論されたことが付言されてあった。当時の所長はヘンドリク・クレーマーというオランダの宗教学者で、ティリッヒには批判的で、むしろバルトに心情的に近い人であったので、喜んで取り上げたのであろう。[21] その年の秋に彼が来日したとき、私がその講演の通訳をしたおりに、彼自身がそのことに言及していた。もっともクレーマーは日本の「バルティアン」にたいしてはきわめて批判的であった。

アメリカでこの論文を喜んだのは、レーマンである。ハーバードでティリッヒとは同僚でもあったので、彼が日本に招かれていることをすでに知っており、行くまえにこの論文をぜひ読むようにと勧めておいた、と書いてきた。

ティリッヒがハンナ夫人とともに約二カ月間の講演旅行で来日したのは、一九六〇年の五月であった。これは高木八尺氏や長清子氏を中心とする国際文化会館知的交流日本委員会が招いたものであったが、双方にとって大成功であった。東京と京都の諸大学での講演は、現在の大学や学生からは想像もできないが、何処も熱心な学生で満員であった。窓の外で傘をさしながら聞いている学生さえ居た。さらにティリッヒは講演のほかに、仏教の寺院や神道の神社などを訪ね、仏教徒や神道者たちとの対話を重ねている。

それらの講演と対話、そしてティリッヒが帰国後に書いた「一九六〇年夏の日本講演旅行についての非公式なレポート」は、二年後に出版された『文化と宗教』にまとめられている。[22]

このレポートは限られた人々にだけ配布されたものであるが、当時全く無名の私にも送られてきた。それは前述のように、レーマンから私の論文を読むことを勧められ、また六月中旬に開かれた、日本の神学者たち約二〇人とのセミナーに招かれたからであった。[23] しかしセミナーは大方の講演が終った頃であったので、このレポートのなかにある次のこととは無関係であろう。講義のために入念な準備が必要だった理由をあげたところである。「というのは、私は最初の数日で、根本的に書き改めることなくしては、私のアメリカにおける諸講義のどんなものも、そのまま使用することができないということを悟ったからであります。そしてそれは日本の文化的、宗教的、政治的状況によって必要とされた事柄でありまして、そのことは日本人の聴衆にとっても満足を与えたのであります[24]。

この時、私の論文を思い出したかどうかは、分からない。けれども後で、神学者とのセミナーで紹介されたときには、「君のあの論文は良い忠告だった」と感謝された。このセミナーは四時間に及ぶ興味深い議論になったが、ティリッヒが次のように私に向かっていったことは覚えている。「君の発想と発言は、神学者も含むほかの日本人の発想と発言とは随分違う」。ほめられたのか、けなされたのか、分からなかったからである。

しかし、私のあの論文、あるいは発言が影響を及ぼしたのではないか、と推測しているのは、この「レポート」のなかで日本のキリスト教の問題を考察している部分である。それが「複雑で真剣の問題である」といったあと、次のような観察を述べている。この国の宣教の主要な対象が宗教に無関心な大衆である、といったあと「そういう事情であるからこそ……キリスト教は、自らを、諸宗教と並ぶ一宗教として提示すべきではなくて、そのあるがままの真実の姿において、いいかえればキリスト教をも含めてあらゆる宗教にたいして向けられた一使信として提示さるべきなのです[25]」。

これはバルトの宣教的神学の主張と同じではないだろうか。そして次のように付言しているのである。「この点において、東西におけるキリスト教の問題は同一であります[26]」。

しかし以下の考察がつづく。「このことは、いかなる神学的根底に立って、そういった種類の説教が可能であるか、という問いに導きます」。そして東京神学大学と同志社神学部の神学および東京大学と京都大学の哲学についての興味ある観察をしている。「東京で幅をきかせている神学は『バルト的』（バルトのではなく）神学でありますが、そのことは、哲学において分析哲学が幅をきかせているという事実と符合するものであります。京都では、哲学においては形而上学、神学においては、穏健な自由主義が力をもっています[27]」。

そして日本の状況にとっては、次の二つの問が重要であると要約している。「その一つは、神学というものが、果して『キリスト教的出来事』とキリスト教という宗教においてそれを宗教的に受け容れるということの区別にたいして根拠づけを与え得るかどうか、という問いであり、もう一つは、神学というものが、果して、日本のような高度の文化をもった民族によって、その固有の言語によって受容され得るような諸概念を用いて、キリスト教の出来事を表現しうるかどうか、という問いであります[28]」。

第一の問題は「宗教の神学」、しかもバルト（バルティアンではない）の宣教的神学が取り組んだ問題であり、第二の問題は、まさにティリッヒの弁証的神学の問題ではなかろうか。

いずれにせよ、ティリッヒはその日本訪問によって、私が「弁証的神学か、宣教的神学か?」という論文で提起した、疑問を克服する方向に進んだように私には思われるのである。そのことは訪日のあとに出版された『キリスト教と世界諸宗教との出会い』（一九六二年）および『組織神学』第三巻（一九六三年）における「諸宗教における霊の臨在と新しい存在の先取り」の議論にも明らかである。拙著『宗教の神学』において、「アルトハウスとバルトを総合した、より弁証法的な宗教観」が見出されるのはティリッヒであろう、と述べた所以である[29]。

V

しかし、私の論文が我が国で問題になったのは、ティリッヒの訪日二年後のことであった。しかも親友と思っていた大木英夫氏によって批判された。彼の『ブルンナー』（一九六二年）のなかで、この論文が次のように言われたのである。「この論文は非常に問題であり、これが書かれたことは不幸だったと思う。彼は長く日本を離れた留学先で、非常に主観的にブルンナーの神学を、日本との関係において評価し、バルトよりも弁証的効果をあげていないと極論した。……バルトがより弁証的効果をもつという例証は全然恣意的なものであって、根拠にならない。この論文はあたかもブルンナーの日本伝道が失敗であり無意味であるような印象を、アメリカ・ヨーロッパに与えてしまった[30]』。

確かに不幸だったとは思う。ブルンナーの心を非常に痛めつけたというし、その日本伝道が無意味であったような印象を与えた、というからである。たしかにブルンナーが宣教的な情熱を注いだそのICUには、私が着任した四年後にはまだその影響は残っていた。しかしながらICUと彼が世界に紹介した無教会以外にどれだけの影響があっただろうか。殊にバルテイアンによって支配されていた東京神学大学を初めとする、教会への影響が限られていたのは大木氏が嘆くとうりである。しかもバルトの容共的な態度を批判していたブルンナーの反共的な立場は、当時のバルテイアンと知識階級には不評だった。

東京神学大学の卒業後、ICUでブルンナーの助手として彼に師事した大木氏がこれらの状況を歯がゆく感じたことは分かる。ブルンナーの再評価が世界的にも始まったのは、やっとベルリンの壁が崩壊した一九八九年になってである。我が国で『ブルンナー著作集』（教文館）が刊行され始めたのは、なんと一九九六年である。したがって、今なお私はあの論文でのブルンナー評価は、不幸ではあるが、あの当時の状況のものとしては、根拠のない恣意的なものとは今でも思ってはいない。

けれども皮肉なことに、かってブルンナーが心血を注いだ、ICUを中心とする教育と伝道に従事している間に、私自身がますます弁証的神学の方向に進むようになっていった。もちろんそれは、宣教的神学を否定しての弁証的神学ではないが、我が国の現状では、教義学だけではなく弁証学の発展展開が必要だ、という状況認識からである。

拙著『宗教の神学』（一九八五年）はその初めの著作である。諸宗教があるのに「なぜキリスト教か」という問に答える宗教の神学の「序説」を書いた。それはまず我が国の「バルテイアン」に対して宗教の神学を弁証せねばならなかったからである。

次に、大木氏と共著で『日本の神学』（一九八九年）を出版した。これも日本と日本人に「なぜキリスト教か」の弁証の書である[31]。

さらに私は、中川秀恭先生八五歳記念論文集『なぜキリスト教か』（一九九三年）を編集し、私自身も「なぜキリスト教か――弁証と倫理」という論文を書いた[32]。そしてその論文を以下の文章で結んだ。「したがって『なぜキリスト教か』の問いにたいして、われわれは弁証と倫理、理論と実践の両方において答えねばならないのである。いいかえると『なぜキリスト教か』は『どのようにキリスト教を』ということと不可分である。しかし『なぜ』と『どのように』という問いと密接不可分なのは、言うまでもなく『なに』の問いである。そしてその『なに』とは、イエスの『神の国』の福音であり、それは『宣教の愚かさ』によってしか宣教できず、また信じられないものである。しかしそれゆえにこそ『なぜ』と『どうして』の問いに答えることが、ますます必要となるのである。このように、キリスト教が生きた宗教である限り、この三つの問いは常に問いつづけられ、そして答える努力がつづけられるであろう[33]」。

伝統的に組織神学のなかに、教義学、弁証学、キリスト教倫理学の三部門があったように、「なに」と「なぜ」と「どのように」の三つの問は、三一論的に不可分なのであり、我が国の教会と神学の健全な発展のためには、弁証学が盛んにならねばならないのである。バルト自身が弁証学を否定しないこと、それは次の彼自身の言葉に明らかである。「神が御自身を信仰の証しに委託されたときに生ずる意図しない弁証学（意図することは不可能！　ただ付随的！）より以上に、不信仰に対する有効な信仰の弁証学や論争はいまだかつてなかった」[34]。

したがって、「弁証的神学か、宣教的神学か？」でいわばデビューした私が、そしてティリッヒにも批判的な大木氏の両人が、その後に『ティリッヒ著作集』全一〇巻・別巻三巻をともに企画し刊行したのは、日本神学史の一つのアイロニーではなかろうか[35]。少なくとも私自身はそう感じている。そして、最近若い世代の神学者の中から「アポロゲティーク」（弁証学）と題する書物が出版されたことに、この国の神学の将来に希望を抱かせられているのである[36]。

注

(1) 私は敗戦の翌年、一九四六年に日本基督教神学専門学校（東京神学大学の前身）に入学、五年後の一九五一年の春に卒業し、牧会経験もなく、異例のことであったが、その秋に留学して、当時のＢＤコース（神学士）の三年に編入させられたのである。これは、アメリカの学制では、神学大学を卒業するものは、中高の六年と大学の四年を終えたものが、さらに三年間、計一三年間学ぶことになっているが、私は七年の中高と五年の神学校、計一二年しか日本で学んでおらず、一年間不足と見られたからであった。

しかし私などはまだ良いほうで、私の二年前にドルーに行った野呂芳男氏は一年に入学させられ、三年間学んでいる。しかしこれらの初期の留学生の実績のゆえに、一九五二年にユニオンに留学した私の実弟、山上善忠などは直ちにＴｈＭコース（神学修士）に入学をゆるされ、その後は東京神学大学の卒業生はどこでも修士コースに入れるようになった。

(2) 古屋安雄「宗教改革とプロテスタンティズム――ドイツとアメリカの比較教会論」『東北学院大学、キリスト教文化研究所紀要』第17号（一九九九年）参照。したがって、当時の私はまだ「バルティアン」ではあったが、ティリッヒから学ぼうという気持はあった。それに宗教哲学の教授がサージット・シンというインド人のティリッヒアンであって、広く哲学を学ぶことも教えてくれたからである。

(3)拙著『キリスト教の現代的展開』(新教出版社、一九六九年)八〇頁、参照。事実、そのあと私がバーゼルでバルトのコロキウムに参加していた或る日、たまたまフライブルクのハイデッガーのところに来ていたカフマンが現われ、バルトと一緒の写真を所望したのである。

(4)土居真俊訳『神の存在論的探究』(一九六一)一一一頁。本書については拙論「現代神学におけるティリッヒの意義」、『神学』XIX、一九六〇年、を参照。

(5)実弟の山上善忠はその後、ドルーの博士課程に入ったが、指導教授のカール・マイケルソンが、それは絶対に終らないから、と反対したにかかわらず、"and/or"で神学のみならず、ほかの分野の問題も説明できるはずだ、との確信で、爾来その研究を四〇年間続けていたが、やっと近く出版するという。

(6)大谷氏の母上は現皇太后の実妹であるので、彼自身は天皇の従兄弟に当たる。ティリッヒ自身が大谷氏について、また京都で歓待されたことについて書いたものは、高木八尺編訳、ティリッヒ博士講演集『文化と宗教』(一九六二年)二二二頁を参照。私の個人的な思い出としては、ニューヨークの日本人教会の地下室で、彼から社交ダンスを習ったことがある。後の仏教の僧侶からキリスト教の牧師が世俗的なことを教えてもらったわけである。大谷氏は一九九九年の年末に七四歳で亡くなった。

(7)『バルトとの対話』、新教出版社、一九六五年、「あとがき」を参照。

(8)Eberhard Busch, Karl Barth, 1976, p.438. 拙著『現代キリスト教と将来』(新地書房、一九八四年)のなかの「バルトとティリッヒ」一七—二二頁を参照。

(9)拙著『宗教の神学』(ヨルダン社、一九八五年)三二九頁。

(10)Eberhard Juengel, Gott als Geheimnis der Welt, 1977. S. 57.

(11)バルトとティリッヒの宗教の神学については、拙著『宗教の神学』を参照。

(12)ヨーロッパ留学を一年で終えた理由のもう一つに、国教会に対する失望がある。私の質問にたいしても、問題は社会制度ではなく神の言葉が語られているか、だと当時のバルトはまだ希望をもっていたが、私は国教会制度に将来はないと思っていた。たまたま本論文を執筆中の一九九九年一二月三一日をもって、スエーデンは国教会制度を廃止した。The Japan Times, December 31, 1999, "Sweden cuts ties with Lutheran Church". 私の国教会論については『日本の神学』三三（一九九四年）に所収の「多元的現代における教会理解」と前掲の「宗教改革とプロテスタンティズム――ドイツとアメリカの比較教会論――」を参照。

(13)ヴィルヘルム＆マリオン・パウク共著『パウル・ティリッヒ１　生涯』、田丸徳善訳、二九三、二九七頁、ヨルダン社。

(14)Theology Today, April 1958, p.10.

(15)Theology Today, January 1960. その邦訳は拙著『キリスト教の現代的展開』に収録されている。

(16)前掲書の邦訳論文、八四頁。

(17)同上書、八五―八六頁

(18)同上書、九一頁。

(19)同上書、九二頁。

(20)同上書、九二頁。

(21)クレーマーが心情的にはバルトには近いが、神学的にはむしろブルンナーに似ていることについては、拙著『宗教の神学』、とくに二九一頁を参照。

(22)高木八尺編訳『文化と宗教』（ティリッヒ博士講演集）、一九六二年。

(23)桑田秀延「ティリッヒ博士に聴く」、『神学』ＸＩＸ（一九六〇年）、を参照。

(24)前掲書、二〇五頁。

(25)同上書、二二四―二二五頁。

(26)同上書、二二五頁。

(27)同上。「バルト的」と邦訳されているのは「バルテイアン」のことである。

(28)同上。

(29)『宗教の神学』、二三三頁。弁証的ということと、弁証法的とは、問いと答え、否定と肯定の相関関係から言っても結び付くのであろう。
(30)大木英夫『ブルンナー』、日本基督教団出版局、二〇一頁。
(31)古屋安雄・大木英夫『日本の神学』、ヨルダン社。第一部の「歴史的考察」を古屋が、第二部の「方法論的考察」を大木氏が書いている。
(32)古屋安雄編『なぜキリスト教か』、創文社。大木氏をふくむ三四人の執筆者による八〇五頁の大冊。
(33)同上書、二一四一頁。拙著『大学の神学』(一九九三年)もやはり弁証的な著作である。大学の存在理由、特にキリスト教大学のそれは、大学において「なぜキリスト教か」、という問いに答えられなければ、あり得ないといわねばならないであろう。
(34)Karl Barth, Die Kirchliche Dogmatik, I/1, 1932, s. 29. それはキリスト教倫理学の場合も同じである。どういう種類の弁証学か、何に基づいたキリスト教倫理学か、を問題にしているのであって、弁証学とキリスト教倫理学そのものの課題を否定して居るのではない。
(35)大木氏はラインホルド・ニーバーの聖書的歴史観の視点からティリッヒの存在論的思弁には批判的である。Reinhold Niebuhr, "Biblical Thought and Ontological Speculation in Tillich's Theology," The Theology of Paul Tillich, ed. by Kegley and Bretall, 1961. を参照のこと。なお『ティリッヒ著作集』は一九七八年から一九八〇年の間に白水社によって刊行された。その再版は一九九九年に刊行されている。最近(二〇〇〇年一月一一日)、『朝日新聞』夕刊の「心の書」という小さな欄に東京大学教授の関根清三氏が、ティリッヒの『信仰の本質と変化』をあげて、次のように書いている。「聖書をすべて神の言葉とするかのようなバルトには付いていけなかった私にとって、ティリッヒとの出会いは鮮烈だった」。同氏は無教会の旧約学者、関根正雄氏の子息であるが、学生時代には仏教に関心をもち、参禅もしたことがあったという。
(36)深井智朗『アポロゲティークと終末論――近代におけるキリスト教批判とその諸問題』(一九九九年)。『形成』一九九九年一〇月号に収録の拙書評を参照。

Ⅱ　新しい存在

新しい存在とキリスト論

ラングドン・ギルキー（相澤一訳）

新しい存在がティリッヒの神学にとっての中心的なカテゴリーあるいは象徴を表したものであるということはほとんど疑問の余地のないことであろう。それゆえ我々は、ティリッヒ神学全体にとっての、すなわち彼のキリスト論理解、キリスト教や、宗教や神や有限性や教会や文化の理解にとっての新しい存在の重要性を一瞥することから議論を始めよう。キリスト教共同体の自己解釈についての学問的な省察として（*ST* I:15,28）、ティリッヒにとって神学は、その共同体にとって建設的であるようなメッセージを知的理解が可能な議論の中へと置くことであり、従ってそれは、彼にとっては、現代における哲学的（存在論的）議論の中へと置くことである。キリスト教共同体の場合、そのメッセージは歴史の中における新しい存在すなわちイエスにおける「事物の新しい状態」、「新しい現実」（reality）の出現のメッセージであり、そのことのゆえにイエスはキリストなのである（*ST* II:97）。かくして、新しい存在とはまず第一にティリッヒのキリスト論解釈の基礎原理であり、彼の組織神学の決定的に「キリスト教的な」様相を表すものである。

つまり、誰かが「キリストは何を表し、行い、またもたらすのか?」と問う時、あるいはそう問う代わりに「もしいやしくも彼が救うというのなら、いかにして救うのか?」と問う時、ティリッヒの答えはこうである、彼にあって新しい存在が歴史的実存の中において出現している。イエスがキリストと呼ばれるのは、彼が新しい存在を「時間と空間」の中にもたらすからである（*ST* Ⅱ:98-99）。ティリッヒにとって、現代人が経験する生の中心的な問題は、疎外された実存の自己破壊と絶望である。それに対応して、彼にとってすべての宗教（キリスト教も含めて）がかすかに、また時として見当はずれな仕方で証ししている中心的な現実、またキリスト教の福音の本当の中心は、癒す現実の出現であり、それは和解と再結合の現実すなわち「そこにおいて我々の自己疎外が克服される」（*ST* Ⅱ:49）現実である。ティリッヒが繰り返し我々に念を押したように、救い（*salvation*）は「癒し」を意味するラテン語であった *salvus* に由来するものである（例えば *ST* Ⅰ:146, Ⅱ,166; Ⅲ:277,282）。すべての宗教は、この癒しを行いあがないをもたらす現実の臨在を前提とする（*ST* Ⅱ:80-86；Ⅲ:138-41, 147）。キリスト教は、一つの人格的な生におけるその明白で決定的な出現の証しに基礎づけられている。それはすなわちイエスにおいてであり、このことのゆえに彼はキリスト、新しい現実の担い手として承認されるのである。かくして、ティリッヒにとって、そのようなものとしてイエスにおいて顕現している新しい存在はすべての宗教にとっての決定的な規範を表すものである（特に *ST* Ⅰ: 137）。「もし、ある啓示が自身を失うことなく自身を否定する力を持つなら、その啓示は究極的である」（*ST* Ⅰ:133. またⅡ:150ff.も参照）。新しい存在は、キリスト教の文書や理論や主題の多様さの只中にあって、今日におけるキリスト教の自己理解すなわち現代的で妥当性のある解釈にとって、その最も根本的なメッセージという視点から見ると、聖書や伝統と同様の「規範」を表すのである（*ST* Ⅰ:47-52）。新しい存在は宗教一般にとって、またキリスト教という諸宗教の中の一宗教にとって創造的な原理であるがゆえに、イエスにおける新しい存在の決定的な顕現――これはキリスト論の課題を描写したものである――は、ティリッヒにとって、宗教とキリスト教を最も根本的に解釈する際の土台を提供するものなのである。

この新しい存在の出現のメッセージは、組織神学全体の中で、いわば「溯源」（backwards）する仕方で働き、ティリッヒの最も根源的な神の概念化に対して、すなわち存在そのもの（being-itself）の本性と目的に対して明確な形を与える。存在そのものは、勇気の臨在を通して起こる非存在に対する存在の勝利を経験することにおいて知られる。さらに、この「克服」は、宗教と同様に文化をも産み出す、創造的で再結合をもたらす、聖霊としての神のわざである。最後に、神的霊は、それ自体新しい存在すなわちすべての宗教における創造的な原理の普遍的な仕方での出現において、そのようなものとして（神的なものとして）知られる。かくして、宗教の普遍的な原理として、新しい存在は聖霊に関する知識への入り口を提供し、そして神の霊を通して、存在そのものに関する知識は到達されるのである。ティリッヒが主張するように、理性が自身の根源を見出すのは宗教においてなのである。

ティリッヒの思想の特色は、積極的なものは常に消極的なものの「克服」において、すなわち何らかの形の「非存在の衝撃」に対する「克服」として経験されるということである。[1] それゆえ、現実性の構築的な原理（存在そのもの）は、現実の中における贖罪の原理（redemptive principle）の中で、またそれを通して経験されるのであり、それは分離、疎外、非存在による脅かしの克服において自身を表すのである。

ティリッヒにとって、存在は常に実存的な仕方で出会われるものである。すなわちそれは、存在が勇気を通して有限性に内在する非存在を克服もしくは勝利することが経験されるという文脈の中で知られ、そして定義される。さらに、新しい存在は、神的な力と意味が実存の特徴的な性格である疎外を克服するものとして経験される時に、実存的に知られるものとなる。さて、有限性と疎外とが我々の経験において分かち難く混合されているように、それらに対する克服の経験、すなわち存在そのものから生じる存在論的勇気の経験と、新しい存在から生じる、救いと結合とをもたらす癒しの経験も分かち難く混合されている。なぜなら、どちらの経験も存在と意味の根源である神の再結合のわざを前提し、また顕示するからである。存在の根底の経験は以下の事柄を前提とする、（1）非存在の衝撃、（2）神の普遍的な再結合のわざを通しての根底との再結合という「宗教的」経験。この神的なものの内における再結合の、それゆえ贖罪の原理は、言うまでもなく聖霊としての神である。それは「神的生の最も包括的で直接的で普遍的な象徴」（*ST* I:249）であり、それゆえ「力と意味との究極的な統一」（*ST* I:250）である。かくして、生物の現実化において、有限な実存において常に起こる勇気の出現、新しい存在において最高度に達した在り方といったあらゆる局面において起こる、有限性と神との結合と再結合とは、神的生の構造的な原理としての聖霊のわざを通してのことなのである。

繰り返して言うが、聖霊というカテゴリーはあがないと癒しの神的力を表す象徴であり（*ST* I:251）、それに対応して、新しい存在というカテゴリーは、神の創造的であがないをもたらすわざが人間の歴史において、すなわち宗教一般、特にキリスト教共同体において経験される仕方（*way*）を表すものである。この意味で、『組織神学』第三巻での霊的現臨に関する長文の詳細な叙述は、新しい存在の途絶えることのない歴史が及ぼす影響を表しているのであり、それは、第二巻におけるティリッヒのキリスト論が、歴史の中における、あがないをもたらす神の霊の決定的な顕現を表しているのと同様である。有限性と存在そのものに関する第一巻の内容も、ティリッヒが言うように、自律的理性を通してではなく「啓示」を通して、すなわち聖霊の再結合と和解をもたらすわざとしての新しい存在の出現を通して知られるのである。

神理解が、聖霊としての神に関する知識（何らかの新しい存在の形式を通して）から存在そのものとしての神に関する知識へ（宗教的経験から哲学的神学へ）と移行するように、有限性を真であり善（true and good）であると理解する、有限性の真の理解が、新しい存在の出現によって、すなわち実存の状況下において本質的な人間性を経験することによって可能となる。ティリッヒは疎外の力を、以下のようなものとして確信している、すなわち、疎外された有限性においては、すべての有限性に内在する非存在が結局はいつでも、やはり有限性に内在している存在を征服し呑み込み解消してしまう。これは、世俗的なヒューマニズムに対して彼がいつでもどこでもなす反論である。神的根底を持たないなら、すべてのものの内に要素として存在している有限性は存在することができず、たとえできたとしても、その存在を非存在に対して保持することは不可能である（*ST* I:192-201; II:66-75）かくして、存在への勇気（courage to be）の普遍的な現臨は、この勇気の超越的な根底としての神による普遍的な再結合と贖いのわざを反映しまた表すものである。それゆえ、この再結合のわざなくしては、有限性は自身を「真であるもの」あるいは「善であるもの」として経験することはないであろう。創造的な有限性の可能性は、否、それどころか創造的な有限性に関する理論の可能性ですら、このようにして新しい存在の現臨に依存しているのである。それなしでは、有限性は絶望の深みにあるものとして、非現実的で空虚な可能性として、「幻想」として、「悪しきもの」として経験されるであろう。それに対応して、ティリッヒにとって汎神論は、神的根底の経験のみを、すなわち自己肯定の勇気を欠き、それゆえ有限性を幻影（*maya*）として経験するような経験を反映するものとして、新しい存在の相対的に不完全な理解を表すものである。それとは対照的に、新しい存在の完全な出現においては、疎外された実存は本質と結合させられる、すなわち本質的人間性が我々の疎外された状況と結合させられるのである。そこにおいて、非存在の破壊的な結果と疎外のしるしとは克服される。新しい存在において、本質的でありしかも現実的なものとしての有限性（現実的でありしかも疎外されていない）が顕現する。かくして、真であり善であるような有限性について語ること（それゆえ、無カラノ創造 *creatio ex nihilo* を肯定すること）が可能となるのである。組織神学的には、創造の象徴が持つ人間論的、宇宙論的な含蓄は、存在そのものとしての神に関する知識がそうであるように、キリストとしてのイエスにおける新しい存在の経験に依拠している。(2) 余談ながら、よく知られているように彼は創造と堕罪とを同一のものとしているのであるが、それにも関わらず汎神論ではないかという非難に対してティリッヒが根本的な自己弁明を行うのはここにおいてである。新しい存在の経験を通して見られた有限性は、本質的に堕落した人間性を表すのでもないし、ヒンズー教の伝統における非現実的な幻影を表すのでもない。また、その現実が神的根底の現実と同一のものとされもしない。それとは反対に、それは究極的には他のものに依存するにせよ、「有限な自由」、真であり善である、可能的に創造的であり自己創造的な有限性なのである。

キリストとしてのイエスにおけるその決定的な出現を通して定義された新しい存在の概念は、さらにティリッヒの宗教的象徴に関する見解、また彼の教会論、彼の文化の解釈にとって中心となる象徴的素材を表す。イエスにおける新しい存在（有限的実存という条件下における本質的人間性）の根本的な性格は、そこにおいて有限な実在が「自身を失うことなく自身を否定する」ことであり、それは、一方において、それが自己批判および究極的には自己犠牲（「ご自身を引き渡すことによって」）によって自身を越えたものを指し示すことであり、さらに、他方において、そうすることにおいて有限な実在が「彼が啓示する神秘に対して完全に透明になる」（*ST* I:133, 147）ことである。そこにおいて、イエスは以下のようなことを表す、（1）無制約的なもの、神的なもの、神の完全な媒介あるいは象徴。それゆえイエスは、それを通して無限的なものが他者に対して完全な仕方で伝達されるような有限な実在として、他のすべての宗教的象徴にとってのパラダイムである。（2）同時に、不信仰、「傲慢《ヒュブリス》」、自己破壊的な情欲といったものの克服。さらに、その結果として、他のすべての個人的な有限的存在にとっての宗教的-倫理的モデル（我々一人一人もまたちょうどそのような「象徴」となるべく呼び出されているのである）。（3）創造的な個人の姿像（picture）の源泉であるのと同様に、創造的な共同体の姿像の源泉。それゆえ、歴史的生における創造的な希望の定義にとっての源泉でもある。

このような仕方で言い表すならば、イエスにおける新しい存在が、ティリッヒの神学体系において、彼のよく知られた、エキュメニカルな仕方で有益な教会論の土台である、ということは明らかである。すなわち、教会はプロテスタント原理（自己批判の、そしてその恩寵と力の源泉を「それ自身を越えて指し示す」原理）とカトリック実体（神的力、神的真理、神的恩寵の、啓示の媒介を通しての、媒介に依存しながらの臨在の原理）の両方を体現している時、「まことの教会」なのである。受肉それ自体のパラダイムにおけるように、これら二つの原理は両極的であり相互に依存し合っている。カトリック実体（言葉、サクラメント、「聖徒」といった教会の象徴における神的なものの現臨）なしにはプロテスタント原理は空虚であり、救われることも救うこともなく、教会は他の異質な「諸霊」に対して虚弱なものとなる。プロテスタント原理なしには、カトリック実体はデーモン的になる可能性がある、すなわち自身の究極性を主張し、その結果文化的生に対して他律的で破壊的な媒介となる可能性がある。それゆえ教会は、（古典的で正統的な言い方を用いて言えば）「受肉を継続する」時、すなわちそれが以下のような時に教会なのである、（1）それがそれ自身を越えて、自身とそれが属する世界に対する裁きのメッセージおよびその世界に対する恩寵のメッセージ、すなわちイエスにおける新しい存在の出現に関するメッセージを指し示す時。また、そのメッセージを通して意味と結合された力としての聖霊としての神を指し示す時。（2）この自己否定を通して、またこの恩寵による肯定を通して、それが神的な創造的力を世界に対して、またあらゆる段階の文化に対して伝達する時。かくして、教会はそれ自身を越えて、根底としての神を、また目標（end）としての神の国を指し示す。たとえ潜在的であっても、本質的にそれは、その主にならった仕方で、神的生を文化に伝達する「象徴」を、また文化の「宗教的実体」にとっての潜在的な中心を表すのである。文化は創造的ではあるがデーモン的ではない文化すなわち神律的文化となり得るのである。

いま言ったこれらのことが指し示しているように、ティリッヒにとって、新しい存在のカテゴリーを通して解釈された教会論は速やかに文化の宗教的理解へと移行していく。彼が記しているように、教会と文化世界とは疎外においてのみ分離されている（彼にとって、二王国説の教理は堕罪から生じた誤りであり、堕罪の克服を照明する真理から生じたものではない）。終末論的には、これら両者は神の国において一つとなることにおいて成就される。「特別な一領域としての宗教の存在は、人間の堕落せる状態の最も明瞭な証明であると人は正当にも言い得る」（*Theology of Culture*, p.42）。より特定して言えば、新しい存在の経験から真であり善であるような有限性（神的根底と結合されており、それ自身の有限な力において、またそれを通して、破壊的であるよりも創造的な有限性）のカテゴリーが生じたように、「神律的文化」の概念も同じくそこに始源を持っている。発展した自律的文化とは、その根底へ参与することから切り離された文化である。それはカトリック実体なき「プロテスタント」教会のようなもので、文化は空虚となり、外部からの異質的で、破壊をもたらす霊に服従することとなる。自律的なものとして、そのような文化は神的根底すなわち無制約的な意味の「象徴」であることをやめてしまっているのであり、従って消滅するであろう。他律的な文化とは、そこにおいて文化に不可欠な無制約的根拠すなわちその「宗教的実体」がそれ自体究極的なものとなり批判をゆるさないものとなってしまっている文化である（プロテスタント原理を欠いた文化的な「カトリック実体」）。換言すれば、他律的文化においては、文化共同体の宗教的実体が「自身を有限的なものとして否定」することを拒否し、また自己犠牲を行い自身を越えたものを指し示すことを拒否してしまっているのである。その結果として、それはその実体を絶対的なものとし、他のすべてのものに対する異質的で無制約的な権威としてしまっているのである。

そのような権威主義的で絶対主義的な、しかし部分的な文化もまた、内的な、あるいは外的な衝突によって究極的には消滅するであろう。有限な諸存在は神的根底なしでは疎外を逃れることはできないし全く存在することもできないがゆえに、諸文化は（それと共に歴史も）デーモン的な傲慢《ヒュブリス》と破壊的な空虚さとの間を動揺し、自律と他律の間を揺れ動いている。結局のところ、すべてのものは「神律」を待望しているのである。それゆえ歴史の「問い」に対する「答え」としての神律は、自律的に創造的でありつつ同時にその無制約的な根底すなわちその宗教的実体に依存しそれを肯定するような文化を表す。「自身の深みと結合した自律的理性」（*ST* I:89）。そこにおいて、ティリッヒが記しているように（*ST* I:147-148）、神的根底に接触しそれを表している文化は、「その合理的創造性のあらゆる形式に対する霊的実体」（*ST* I:147）を持っている。しかし同様に、神律的文化は、「有限な媒介の自己犠牲」を通して、「他律的理性が理性的自律に対して立つことを防ぐ」のである（*ST* I:148）。かくして、カトリック実体とプロテスタント原理として（*qua*）の教会が新しい神律にとっての隠された中心を表すように（*ST* I:148）、その宗教的実体を表しつつ自身の絶対化に対する預言者的自己批判をも表しているような文化は、神律および創造的教会にとって適切な文化的環境を表している。両者は共に歴史の成就および「完全な神律」の象徴である神の国において頂点に達するのである（*ST* I:54）。

このセクションの目的は、ティリッヒ神学の全範囲にとっての新しい存在という概念の中心的性格を示すことであった。我々は、彼の疎外に関する見解およびキリスト論がこのカテゴリーから引き出されているのみならず、彼の存在そのものに関する、それゆえ神に関する概念化の、また有限性に関する、それゆえ人間存在に関する概念の、また宗教一般に関する概念の、そして最後に教会論、文化、歴史、そしてその希望に関する彼の概念の特徴的な形体もまた、それが彼のキリスト論の中で、またキリスト論を通して定義されるという仕方で、このカテゴリーによって形作られているということを示そうと試みてきた。もしこうしたことが正しいなら、いくつかの重要な含蓄がそれに後続する。

第一に、ティリッヒの神学はキリストの形をとった（*christomorphic*）神学である。[3] ティリッヒにとって、神の意識や認識は決してキリストにおける啓示からのみ由来するものではないが（啓示および新しい存在の現臨は普遍的である）、それにも関わらず、彼の神学にとって、キリストにおける神の啓示はあらゆる重要な神学的象徴に対してその究極的な形体と定義とを与えるものである。確かに、終始すべてが哲学的・存在論的カテゴリーの中に置かれてはいる。しかしそれにも関わらず、神に関する知識およびすべての神学的シンボリズムは、ティリッヒが繰り返し主張しているように、啓示を通して到来するのであり、それゆえキリスト教共同体と神学者にとっては、キリストであるイエスにおける新しい存在の決定的な啓示の出現を通して到来するのである。（多くの人が、彼の神学は哲学的神学であり、それゆえに啓示は否定されないにしても強調されてはいないと誤った結論を下してしまっている。）

第二に、疎外に対する答えとして——ここでは「半-神話」（half-way myth）的言語によって表現される疎外——新しい存在は、そのカテゴリーは（疎外と同様）存在論的ではあるが、それ自体は厳密に存在論的な用語よりもむしろ「神話的」用語をもって語られるべきものである。キリスト論は「非逐語化」（deliteralize）されねばならないとティリッヒは言うが、しかしそれにも関わらずそれは「非神話化」（demythologize）されることはできないのである（*ST* II:29, 152）。なぜなら、新しい存在の出現は、通常の実存において経験される存在の普遍的構造から演繹されることができないという点では堕罪と同様だからである。かくして、新しい存在の出現は「逆説的」（すべての憶見に反する）であり、かくしてそれは受容、信仰、信仰による証しの主題であり、かくして我々は（ティリッヒ自身がするのと同じように)、「新しい現実の到来」の「出来事」、「来臨」あるいは「出現」について「神話的に」語るのである(彼がメシア、人の子、仲保者、ロゴスなどの伝統的な「神話的」象徴を用いているのも同様である)。もしこのことが正しいなら、それは、この新しい存在のカテゴリーが持つ体系全体にとっての中心的な重要性と併せて、以下のようなことを含蓄しているということを心にとめておこう、すなわち、ティリッヒにおいては、存在論的・象徴的言語と同時に、通常考えられているよりも多くの神話的言語が存在しているのである。実際のところ、人は、基礎的な神学的象徴(堕罪と新しい存在、疎外と恩寵、現実的啓示の「出来事」)は、言語学的に言うと「半-神話」あるいは「神話的象徴」であり、さらにそれらは存在、有限性、両極性といった認識論的には二義的な存在論のカテゴリーを用いて象徴的に解釈されると論じ得るであろう。結局のところ、ティリッヒにとって、すべての根本的な存在論は、理性がそれ自身の根底と消極的に、そして積極的に触れる時、何らかの形体の宗教的脱自(ecstacy)を通して開始されまた完成されるのである。

第三に、ティリッヒの神学体系は「動的」な存在論を、すなわちそこにおいて過程と変化とが存在の中心的な様相であり、またそれゆえそこにおいては静的な存在の無時間的な形体よりも歴史的移行が最も根本的な観念を構成しているような存在論を表している、ということが昔から認識されている。このことは、さまざまな方法で議論され得る。例えば、休みなき動的な生こそが神の基本的な象徴であり、さらに、聖霊はロゴスよりも根本的である、といったふうに。もしこのことが正しいなら、我々が今までなしてきた新しい存在の解釈も同じことを重視しているのである。「神話的」なものとして、疎外と新しい存在のカテゴリーは存在論的であると同時に歴史的であり、どちらも事物の無時間的な構造(ロゴス)の様相ではない。むしろそれらは、普遍的な仕方ではあるが「起こる」のであり、それゆえ形式や構造と同時に時間的要素も含むものである。その一つは人間的な事柄すなわち「非合理的」な堕罪であり、もう一つは神的な事柄すなわち「あらゆる歴史的憶見に反する」「出来事」である。ティリッヒにとって、存在論的知識と、それゆえ存在の無時間的な構造の使用が導き出され得るのはこれらの根本的出来事からである。彼が繰り返し主張し、また我々が論じてきたように、確かなまた成就された存在論や哲学は文化的あるいは神学的な（存在論は後者を非逐語化するのに必要なものではあるが）宗教的理解から派生するものである。それゆえロゴスは（普遍的）啓示に依存したカイロスを持っている。有限性、実存、真正の人間性と真正の共同体、歴史、神といったものの構造は普遍的啓示の何らかの様相の中にその始源を持ち、その上に根差す存在論的神学の中で、その最も確かな形式へと達するのである。

ティリッヒから学んだ者たちはみな、彼の初期の政治的著作は歴史および宗教の歴史に対する関係をその中心に置いており、彼の最初期のキリスト教解釈はイエスを「歴史の中心」と見なしていたということを知っている（*Gilkey on Tillich* 第一章を参照）。これらのことは、以下のことに対して我々の注意を向ける、すなわち、彼の思想に含まれている多くの含蓄が、我々を有限なものを越えてその無時間的で無限的な根底へと運び行くようにように見えるにも関わらず、全体として見られた彼の神学の総体は、やはり歴史的なものとして真理および存在を理解することを、また、そこから必然的に生じてくる、存在を動的であり過程の内にあるもの（生）として解釈することを、また、完成された哲学的存在論を、構造の哲学的な分析の厳密さと同時に啓示の出来事にも参与することを通して実存的かつ宗教的に根拠づけられたもの（哲学的分析プラス宗教的答え）として見ることを指し示しているのである。神学的理性は哲学的であると同時に宗教的でもある。それは自身の根底と接した理性であり、「神律的」理性あるいは「存在論的」理性である。かくして、反省と参与、分析と脱自とを結合するのは存在論的理性である。そして、我々がここで論じていることは、この宗教的要素は宗教的出来事と関係づけられており、そこにおいて開示されていることを解釈するのに神話的言語を用いるということである。神学的あるいは存在論的理性（これらは一つであり同じものである、すなわち、自身の根底と接している理性である）は有限的現実性の普遍的構造を開示させる、なぜならそれは同時にそうした構造の根底と意味とを啓示する出来事を証しするからである。それはまた同時に歴史的でもあるが、それはキリスト教的な、キリストの形を取ったもの（christomorphic）としてそうなのであり、また存在論的でもあるが、それは文化的・哲学的なものとしてそうなのである。

＊　＊　＊

さて、ここからはティリッヒのキリスト論を前面に出して論じよう。私はここで、かなり難解で論争の種となっている三つの問題のみを扱おう。（1）彼による受肉の再解釈、（2）史的イエスに関する問い、（3）ティリッヒにとっての、キリスト論的な出来事の特殊性と、普遍的妥当性あるいは重要性の主張——それはあらゆるキリスト教神学に、とりわけあらゆる哲学的神学には必要なことである（*ST* I:137）——との関係（すなわち普遍性の問い）、それは同時に神学の哲学に対する関係およびキリスト教的証言の他宗教に対する関係に関する問いである。

受肉

ティリッヒは、彼がよく自覚していたように、受肉のラディカルな再解釈を提案している。この解釈がヒューマニスティックなものではないということは疑問の余地がない。人間的力は彼にとっては無力なものであり、疎外に捕らえられており、自己破壊と絶望であるべく運命づけられているものである。ただ神的「働き」すなわち新しい存在の出現を通してのみ救いが現れる、すなわち実存の問い（疎外）に対する答え――生においては実存的もしくは宗教的な答え、哲学あるいは神学においては理論的な答え――が現れるのであり、さらに、我々がすでに指摘したように、有限性そのものの本質的本性への洞察が可能になるのである。それゆえ、ティリッヒにとっては、新しい存在すなわち新しい救いの現実の出現、そして、そのような意味での「受肉」は、人間的力あるいは歴史の達成として理解されることはまったくないのであり、常に存在する人間的可能性の単なる新しい仕方での発現あるいは開示を表現するものですらない。そうではなく、中心的なメッセージは、神は人間の救いのために「働かれた」のであり、我々が現在において参与することをゆるされている新しい現実を確立したのであるということであり、また、この神的働きという土台の上に立ってのみ、我々および我々の力にとっての新しい可能性が開かれるということである。かくして、ティリッヒの受肉の再解釈は、いかにして神は救うかの再解釈であり、救うのは神であるということとの否定ではない。この意味において、神が地上に「降誕」したという「神話」および我々の本性と結合された神的本性という哲学的カテゴリーは、確かに両方ともティリッヒにとって非逐語化されねばならないものではあるが、決して拒否されも否定されもしないし、彼の神学から除去されもしない。むしろ、それらは（1）新しい存在がそこにおいて、またそれを通して出現するような神的出来事に関する中心的な主張（「神は仲保と救済の主体であり客体ではない」［*ST* II:93］）によって、また、（2）キリストとしてのイエスにおいて決定的な仕方で出現した新しい存在を構成するものとして神的霊の出現（*ST* III:144ff.）によって再解釈されるのである。

ティリッヒは受肉に関する古典的な神学的を批判することによって彼の再解釈を始める。[4] ティリッヒは、伝統的な神学においては、受肉はキリストなるイエスの内における二つの対立し矛盾しさえする反対物すなわち永遠性と時間的なもの、不変的なものと可変的なもの、不死的なものと可死的なもの、神と人間との並立として理解あるいは誤解されてきた、と論じる。ティリッヒは、この解釈は文字通りに取られるなら「異教的」である、と見なす（*ST* II:109-10,149-50）。すなわち、（1）人と「なる」神という概念は、異教的な神話から受け継がれたものであり、（2）人間の「本性」と結びついている神的「本性」という概念は異教的な哲学から受け継がれたものである。両方とも多神教を、すなわち神の有限性を仮定することを前提としている。というのは、有限なもののみが他のものに「なる」ことができ、また自身に属する「本性」を持つことができるからである。かくして両者は、もし神がキリスト教思想におけるように有限性の源泉であり根底であるなら、ナンセンスである。神は神であることをやめることなしに人間となることを意志することはできない（無論バルトにとっては、それこそまさに神的自由の奇跡に他ならないのであるが）。それゆえ、キリスト論の「逆説」は、人間となる神の逆説ではなく、一人の内における神的なものと人間的なものとの結合という逆説でもない。そうではなく、それは人間の疎外という普遍的経験からすれば予期せぬ、また不可能と思える事柄という逆説である。それは、人間実存の疎外された歴史において根本的に新しい事柄という逆説である。それゆえそれは、先に記したように、歴史的逆説であり、歴史的実存および我々自身の実存的状況に対立するのであり、哲学的理論の論理に対立する存在論的あるいは形而上学的逆説ではない。

この、予期せぬ逆説的な現実すなわちこの根本的に新しい事柄は、かくして「出来事」であり事件である。この出来事において本質的人間性、我々が本当にそうであるものすなわち真正の人間性の構造、またそれゆえ我々がそうであるべきもの（「人間的可能性」）は、（イエスにおいて）現実性すなわち歴史的生において出現したのであり、またそれゆえ（最も重要なことであるが）有限性の状況の下において、また有限性の疎外の状況（「実存」）の下において出現したのである。それが新しい存在であり新しい被造物である。本質的人間性は、今までのように単に達成不可能で不可能な（しかし要求される）可能性ではなく、現実として、歴史的人格として、「実存の状況下において」出現したのである。かくして、そこにおいて実存の力——束縛の力、破壊の構造の力、古き時代の力——は破られる。本質的人間性および、それゆえ神との破られることのない関係における人間性は現実として、またそれゆえ我々にとって断片的であるが現実的な可能性として出現したのである。「キリスト教のメッセージの逆説は、一人の人格的生において本質的人間性が実存の状況下に、それによって征服されることなく出現したということである」（*ST* II:94）。ティリッヒは新約聖書における最も重要なキリスト論的象徴——人の子、神の子、メシア、ロゴス——を、この再概念化の光の下で解釈する。彼にとって、これらの各々は歴史的現実における新しいがしかし本質的な人間性を、すなわち神との本来的な関係における人間性を、それゆえ新しい救いの世の到来を告げるような人間性を指し示しているのである。（*ST* II:107-3）。

我々が先に記したように、この無比的であり変革をもたらす決定的な出来事すなわち新しい存在が完全な仕方で出現したことは、ティリッヒにとっては、ただ神のみわざである。それは神的出来事であり、その主体は聖霊としての神である（*ST* III:144ff.）。この、新しい存在を確立する、かつて存在したことのなかったような神との一体性はそれゆえ彼にとってイエスと呼ばれた人間のわざではない。ティリッヒにしてみれば、いかほどの善人であれ実存の力を破りこの新しい実在を確立すること、すなわち実存の只中において本質的人間性を確立することはできなかったのである。このような理由で、一見するとティリッヒの定式においては正統主義的なキリスト論における「神的本性」（神）が「本質的人間性」によって置き換えられているように見える（「単性論的」キリスト論すなわちキリストであるイエスは実存の中における本質的人間であり人間本性と結合した神的本性ではないとするキリスト論に見える）という事実にも関わらず、この見解においては「神的本性」は、一人の人格において本質的人間性を実存の状況と結合する神的霊の臨在を通して新しい存在を確立する、和解と再結合をもたらす神のあがないのわざのカテゴリーによって置き換えられているのである。無論イエスは、有限な自由として、この彼の無比の運命を受け入れねばならないし、彼自身の自己決定の行為を通して、新しい存在を繰り返し体現せねばならない。それはすなわち彼の人格、彼の生活様式、彼の教え、彼の行い、彼の感情、および彼の死の中においてである。それにも関わらず、彼の出現、生、死、そして復活といった出来事全体はまずもって聖霊としての神のわざである。用いられている用語やカテゴリーは異なるものの、シュライエルマッハーのキリスト論との構造的相似性は明らかである。完全な神意識はそこでは新しい存在と「神との破られることのない一体性」によって置き換えられている。しかし、どちらの場合にも、イエスにおける超自然的、超人間的本性の現臨はない。その代わり、人間の完全さが歴史において出現するのは神的霊のわざと現臨を通してなのである（*ST* II:150）。

新しい現実すなわち実存の中における本質的人間性をもたらす歴史的人格として、イエスはティリッヒにとってまったく完全に人間である。超自然的「本性」は存在しないがゆえに、その点では彼の人間性はいかなる能力も持たない。彼は単純にただの単なる人間である（イエス）が、その存在のすべてを通して、この新しいあがないをもたらす現実を体現するという無比の役割を負う人間である。近代におけるイエスの人間性の強調、また、あがないは（イエスの場合も）人間的なものの超越ではなく成就を表すというプロテスタントによる強調（おそらくすべてのプロテスタントに一貫した唯一の音調）を心にとめていただきたい。ティリッヒはこの二つの点を、通常の呼称であるイエス・キリストを批判することを通して強調する。彼は言う、この通常用いられている「名前」は適切な名前であるかのように聞こえる。それは、人間的なギブン・ネームあるいはファースト・ネームと神的なファミリー・ネームあるいはサーネームを持った人物名の如く機能する（*ST* II:97-98）。それゆえ、「イエス・キリスト」

は、二つの本性を主張する神学を表現しまた含蓄するのみならず、人間的な現実を弱体化する傾向がある。というのは、神的なものは、かの人格を構成する時、人間的なものを不可避的に曇らせ呑み込むからである。ティリッヒが好んで用いる称号は、「キリストであるイエス」(Jesus *who* is Christ)である。すなわちそれは、新しい現実をもたらすという役割あるいは機能を担った人間的人格であり、それゆえその人はメシアあるいは「キリストとしてのイエス」(Jesus *as* the Christ)なのである。

史的イエス

我々が年代に対して払った注意に含まれている含蓄が示すように、歴史的人格(「イエス」)の現実性はティリッヒにとって決定的である。この現実性を否定することすなわち、本質的人間性が実存の中に参入(enter)しその状況(例えば有限性すなわち空間、時間、実体、因果律といった有限性のカテゴリー、両極性、そしてあらゆる種類の不安、苦難、疑い、およびそれらに含まれた弱さ)に服したということを否定することは、ティリッヒのすべての主張と福音のメッセージの要点を否定することである。もしこの逆説が現実でなく、本質的人間性は実際には実存に参入しなかったのなら、究極的に重要な、あるいは究極的に新しいことは何も起こらなかったのであり、新しい存在は単なる希望にとどまり続け、宗教は単なる探求にとどまり続ける――そこにはいかなるメッセージも信仰も希望もない(*ST* II:98)。かのメッセージ(新しい存在が歴史の中に出現した)の妥当性はそれゆえ、一方において本質的人間性が空間と時間の中における現実の一人格において歴史的実存に参入したという神的出来事(ティリッヒの用語を用いれば、始動的な啓示の出来事の「奇跡的」側面)を含蓄している。他方において、それはその出来事の受容すなわちその理解、その認識、その証し、およびそれとの関連において使徒たちによる初期の共同体がなした関与を含蓄している（啓示の出来事の「脱自的」側面）。

以上に述べたような、啓示の出来事の両方の側面が持つティリッヒのキリスト論にとっての決定的な重要性を強調することは重要なことである。（1）客観的出来事、すなわちイエスという名によって表される現実の人格的生、そしてそれと同時に（2）それに応える証し（*ST* II:97-99）。その理由は、ティリッヒは現実の生〔史的イエス〕を我々には知ることができないものであるのみならず、福音書の記録における新しい存在の像すなわち信仰共同体の応答的な証しによって明確なものとして創造された像に比べると重要ではないものでさえあるので、信仰とは無関係と見なした、としばしば解釈されているからである。この誤解は恐らく、主としてティリッヒの歴史的探求の役割およびこの現実的な人格的実存との関連における信仰についてのかなり目新しい見解によって引き起こされたものである。我々は次にこの問題へと転じてみよう。

もし我々がキリスト論における歴史的問いの役割の問題に関するティリッヒの見解を理解しようとするなら、最初に問うべき正しい問いは、「ティリッヒにとって史的イエスというものは存在するのか？」ではない。というのは、我々が記したように、彼ははっきりと、キリストと呼ばれた現実的な歴史的人格（イエス）が存在したと主張しているからである（*ST* II:98-99,107,113-14）。そうではなく、「いかにして我々は二〇世紀においてキリストと呼ばれたこの人格あるいは『事実』と関わりを持つのか、また持つことができるのか？　もし、我々が同意したように、彼の現実性が信仰にとって本質的であるなら、いかにして我々は彼を知ることができるのか、また、彼について、彼の生涯、教え、運命といった現実的性格について何らかの仕方で確信を得ることができるのか？」である。前近代（啓蒙主義以前）のクリスチャンたちなら、これらの問いに対して、新約聖書の記述あるいは教会、あるいはその両方の誤りなき権威に訴えることによって答えたであろう。それに対して、啓蒙主義以降のクリスチャンたちのほとんどは恐らくこう言うであろう、「我々は彼に関して、歴史的探求を通してのみ確かな知識を得ることができるのであり、それは何らかの歴史的事実が、もしそれがいやしくも知られ得るものであるなら知られ得るような探求と同じ探求である」。ティリッヒが不適切であると見なすのは特にこの最後の答えであるので、我々は彼がそれをどのような仕方でそれを徹底的な仕方で問いまた反駁するのかを見ることにしよう。

ティリッヒはまず最初に、「史的イエス」という語句の持つ二つの異なる意味もしくは指示対象を区別する。第一の指示対象は現実の生きた人格もしくは個人の生すなわち「イエス」であり、キリストとして受容された、かの運動を招来させた人物であり、弟子たちあるいは使徒たちの証しの指示対象であり、新約聖書の記録の「背後にある」歴史的像である。この指示対象をティリッヒははっきりと肯定する。「史的イエス」という語句の第二の用法は、歴史的探求によって、今日の我々が手にすることができる乏しい素材の中に含まれている資料から、あるいは資料に基づいて再構成された形象あるいは像を、すなわち「我々が科学的探求を通して彼について知ることができる事柄」を指す。通常これら二つの指示対象は一つに融合されている。「我々がイエスについて確実に知り得ることとは、歴史的探求が彼について我々に語り得ることである」。ティリッヒはそれに反して、それらを徹底的に区別しようとする、すなわち、テキストの背後にある生きた人格を、専門の歴史家がテキストから再構成したものから区別しようとするのである。彼にとって、前者はキリスト教のメッセージの妥当性にとって決定的であるが、しかし後者は単に予備的で学術的な関心事であり、メッセージにとっても信仰にとっても、いかなる意味でも本質的ではないのである。「キリスト教は歴史小説の受容に基礎づけられているのではない。それはメシアの伝記にはまったく関心を持たなかった人々による、イエスのメシア的性格の証しに基礎づけられているのである」(**ST** II:105)。

我々は第二の用法すなわち歴史的探求によって再構成された「史的イエス」を取り扱おう。なぜ、この意味における史的イエスは単に予備的で学術的な関心事なのであろうか？　その理由は、そこにおいてはいかなる確実性も安定性もまったく可能ではないからである、とティリッヒは語る。我々の所有する記録は彼を信じる者たちの信仰の証しを表しているのであり、それゆえそれはキリストとしてのイエスを描き出している。それにふさわしいものとして、それは我々に彼らによるその出来事の受容を与えるのであり、彼らの受容や証しから独立した歴史的出来事を与えるのではない。かくして、かの出来事の信仰の証しから独立した歴史的再構成は仮説的であり、現代における、つまり現時点における再構成であり、必然的に各々の歴史家によって、彼もしくは彼女の理論に基づき、データに注意を払いつつ新たに創り出されなければならないものである。データに基づくすべての史的再構成と同様、それは単なる「多かれ少なかれの蓋然性のあるもの」であり、またそういうものでしかあり得ない。すべての仮説がそうであるように、それは、新しいデータ、新しい視点、新しい理論により常に新しく更新される批判に服するであろう。この歴史的像の形体、大きさ、確かさは常に変動するであろうものであり、あれこれの時代において採用されるそうした事柄のすべては原則的に証明し得ないものなのである。

歴史的理性（historical reason）は、換言すれば「技術的理性」（technical reason）である。それは多かれ少なかれの蓋然性にしか到達することしかできない。それは原理的に常に論破されるものである。かようにして、それは宗教にとって本質的な個人的、実存的（参与的）な種類の知を巡る確かさをもたらしてくれるものでも、究極的関心の担い手でも決してあり得ないのである。ティリッヒがしばしば教室でこう言ったようにである、「私は、私のオフィスにある電話が鳴って、私の同僚の新約学者の誰かに『パウル君、我々の研究は今や君の究極的関心の対象を完全に除去してしまった。我々はあなたのイエスをどこにも見出せない』と聞かされたくはない」。彼にとって、この電話はカテゴリーの明白な混乱を、すなわち技術的理性と存在論的・参与的理性という理性の異なる二つの面に関する誤解およびそれら各々の宗教に対する関係に関する誤解を表しているものであった。それは、自律的な技術的理性が、「諸事実および諸事実間の関係」に関する知識を通して、生のあらゆる領域すなわち道徳、芸術、政治、哲学そして宗教に関する規則を制定することができるという誤解に基づいた主張を表したものである――最終的には、それは誤った、また危険な主張である。なぜならそれは究極的関心にとってのあらゆる合理的土台を解消し、そうすることによって新しい他律への道備えをするからである。

もし我々がイエスを、あるいはイエスについて根本的には歴史的探求を通して知ることができないのなら、いかにして我々は史的イエスに関する確信を得ることができるであろうか？ 「信仰」を通してであろうか？ 我々の信仰は、福音書に含まれているイエスの生の歴史的詳細に関する確実性についての権威となり得るであろうか？ 我々は「私は彼がキリストであると信じる。それゆえ私は彼が生きていたということを知っており、彼があれこれのことを言った、彼があれこれのことを行ったということを知っている」と言うことができるであろうか？ あるいは、我々は「新約聖書の中に神の御言が聞かれてきたのである。それゆえ私は、信仰の感謝と従順において、そこに書かれているイエスの生涯と死に関する記述は確かなものであることを知るのである」と言うことができるであろうか？ ティリッヒにとって、そのような信仰に基づいて主張される歴史的「出来事」の確かさは、逆の混乱を表しているものである（*ST* II:108）。そこにおいては、究極的関心あるいは信念が、権威として、歴史的事実の領域において歴史的探求に代わって規則を制定しようとしているのであり、宗教的な知が「科学的」、あるいは少なくとも「歴史的」な情報を告げることを主張しているのである。このような混乱は他律を、すなわち宗教的な知がなす主張によって諸事実および諸事実間の諸関係に関わる自律的理性に限定を与えるような抑制あるいは制限を表している。そのような主張は、もし成功したなら、無限に危険なものであり、もし成功しなかったなら、宗教は目の見えない愚か者のためのゲームであるかのように見えるものとする。事実の根底に関する宗教的知識は、諸事実および諸事実の相互関係に関する科学的理性から引き出されることはできないし、またそれに関する規則を制定することもできない。それゆえ、ティリッヒの答えの本質は、これら二つの正反対ではあるがしかし相互に関連した混乱の間をぬって進む試みである。

信仰は歴史的知識によっても他律的信念によっても保証されたり確証されたりすることはあり得ないとティリッヒは言う。それはただそれ自体によってのみ、すなわちその対象であり源泉あるいは土台に関する、それ自体による経験あるいは意識によってのみ保証され得るのである。それはすなわち新しい現実もしくは新しい存在である（ST II:114）。私の信仰の土台は私の経験において起こった新しい存在の出現であったのであり、信仰の現臨は私の実存における新しい現実を意識するという経験をしたことの直接的な結果であり、従って実存においてのことなのである。いかなる歴史的不確かさも、懐疑主義も、実存におけるこの新しい存在の出現を疑うことはできない。なぜなら、それは私の実存を性格づけるものだからである。それゆえ、私の新しい存在への参与の背後には、その不可欠の源泉あるいは根底として、そこにおいて本質的人間性が実存の状況の中に参入しそれによって征服されなかったような、自分以外の歴史的実存への、またそれを通しての決定的な参与が存するのである。実存に捕らえれている熱狂的な人物が持ついかなる希望も、弟子たちが描いた、あるいは単に彼らが思い描いたに過ぎなかったいかなる像も、つまりいかなる我々の主観の投影も、この変化をもたらす力すなわち私が自分の意識において確信している新しい現実の力をうばうことはできないであろう。かくして、参与を通して、私はある歴史的現実すなわち新しい存在を体現している現実の生が今も存在するしかつても存在していた、ということを知ることができるのである。繰り返して言うと、勇気および神に関する知識の出現を論じた時と同様、ティリッヒは、シュライエルマッハーがかつてしたように、(1) 新しい存在の経験、(2) 人間の自己救済の不可能性から、また (3) 決定的な神学的結論へと議論を進めたのである。この場合は同じ新しい存在が「歴史的に」体現されたという現実。もし人間が自己破壊から脱出することができないのなら、そして、もしそこからの救出を経験するなら、その後に神的なものの現実すなわち神的なものの活動的な現臨、あるいは (この場合) ある個人の生における、またそれを通しての神的あがないの出現が続いて起こるのである。

さらに、我々は我々自身の新しい存在の経験を通して、歴史的体現が現実に起こってきたということしか確信できないと、いうわけではない。というのは、この新しい存在の経験は、新約聖書における、すなわちすべての (共観福音書と同様にヨハネやパウロの文書も含む) イエスの像を通して我々に媒介されてきたのである。それゆえ、そうした像はそれを産み出した出来事の真の媒介あるいは象徴として、その力と意味とを我々に伝達するものとして機能してきたのである (*ST* II:114-16)。かくして、真の象徴としての像と歴史的根底との間には並行性、類比が存在するに違いないとティリッヒは論証する。この興味深い議論において、ティリッヒは (またもやシュライエルマッハーと同様に)、像の担い手としての、否それにとどまらず、神的霊がその像を通して新しい存在の現実を各々の後続する世代に対して伝達する場所としての、共同体の本質的役割を強調していることが注目される。また、ティリッヒがヨハネやパウロの文書も含めた新約聖書全体の宗教的妥当性と力とを救い出そうとしていることも明白である。というのは、新しい存在を伝達してきたのはこの像全体なのである (*ST* II:117)。ティリッヒが鋭敏な仕方で看取しているように、史的イエスに関する科学的探求が信仰にとって決定的なものとなるのは、ただ共観福音書が他の文書に比べてより神学的あるいは霊的重要性を持つ時のみであるが、それはそうした文書を誤解することである。なぜなら、それらもまた福音書と同様、キリストとしてのイエスを証しするからである。

かくして、新約聖書におけるキリストとしてのイエスの像は新しい存在の決定的な像であり、我々が先に記したように、キリスト教の自己理解の、また宗教一般の規範また基準であり、また教会論および神律にまで拡大されて、ティリッヒにおける教会、文化およびその相互関係に関する概念の規範また基準でもある。それは二つの交錯する両極性からなる像である。まず第一に、一方には本質的人間性の像が、他方には疎外の条件(カテゴリー、両極性、疎外のしるし)がある。イエスは前者(有限性)に完全に参与し、その参与にも関わらず後者(疎外)を克服する。第二に、神との破れることのない結合(「神-人性」)が一方にあり、他方に自己の明け渡しと自己犠牲とがある。ティリッヒにとって、この深遠かつ人を動かす像およびその相互に交錯したテーマは、この像を支配する二つの象徴において総括され得る。すなわち、十字架(実存への完全な参与および自己の明け渡し)と復活(本質的人間性および力と意味との根底である神との破れることのない結合[*ST* II:153-65を参照])である。この像の持つ他の要素に関するティリッヒの記述およびこの像の中に描かれているイエスの生涯の主要な出来事に対するそれらの要素の関係はそう複雑なものではないので、我々はこの点に関する叙述を終えて、我々の最後のテーマへと移ることにしよう。

キリスト教の普遍性の主張

ティリッヒのキリスト論と関連した問題の中でも、また世界の諸宗教に関して我々が今日持っている鋭敏な意識に照らして、もっとも我々の好奇心をそそり、ティリッヒのキリスト論ともっとも関連の強い見解の一つは、彼の普遍性の問題の分析、あるいは暗にほのめかされている分析である。レッシングが示した厳しい問いを見ても分かるように、この問いは古くからのものであり非常に悩まされる問題をキリスト教神学に対して指摘するものである。いかにして、ある特定の宗教が、とりわけある特定の歴史的出来事に基礎づけられた宗教が、普遍的真理を体現しており、それゆえ普遍妥当性を持つものであると主張することができるであろうか？　我々は、キリスト教によってなされる普遍妥当性の主張から引き起こされる問いは、二つのまったく異なっており対立している普遍性の主張者たちを「立腹させる」ということを心に留めるべきであろう。それはすなわち哲学および他の個別的な諸宗教である。それゆえ我々はその両方、すなわち哲学および他宗教との関連におけるティリッヒの普遍性理解を論じよう。

いかにして普遍的な思考およびその結果としての普遍的真理に関する知識は我々に可能であろうか？　もっとも明白な解答は、言うまでもなく「科学を通して」である、それは探求する主体の特殊性のみならずあらゆる科学的探求の多様な客体の特殊性からも抽象を行う。かくして、「科学の普遍的言語」は、一見あらゆる文化的あるいは宗教的共同体が用いることのできる言語であるように見える。しかしながら、別の文化あるいは宗教的共同体からやって来た科学者たちは、彼らがこの普遍的言語を話せるようになる前に、科学が前提している一般的な世界観および認識論へと「回心」させられねばならないのである。定義上、この科学の普遍的言語は、究極的関心の問題すなわち、存在論や価値あるいは目標、意味に関する問いのような、科学それ自体が前提し、それゆえ科学より広範な何らかの領域を含む文化的生が必然的に扱わねばならない問題を扱わない。もし科学がこうした問いを扱おうとするなら、科学者が事実上哲学者あるいは神学者の役割を引き受ける時にのみそれをなし得るのである。

それゆえ我々は、科学を越えて何か他の答えに目を注がねばならないのであり、そして、次にひかえている答えは明らかに哲学である。考える主体の特殊性を抽象する（その客観性および「隔たり」によって）ことによって、また、存在の普遍的構造を探求する（存在の領域内における特定の実体ではなく）ことによって、哲学はそれが意図する対象として普遍的真理と妥当性を持つのではないだろうか？　ティリッヒ自身がいかにこの哲学の持つ意図に関与しているか、彼がどれほど哲学のなす「存在の普遍的構造」を知っているという主張に対して敬意を払っているか、また、彼が宗教的な意識や知識を、哲学的思考の使用を通してのみ完全なものとなると見なしている在り様についてはわざわざ強調する必要はない。それにも関わらず、彼にとって普遍性への最終的な通路は（哲学を道具として用いるにせよ）宗教的であり、哲学的ではない（そして、確かに科学的でもない）。この主張（宗教的なものを通してのみ普遍的なものは把握される）は現代世界においては奇妙なものに見えるので、非常に興味深くまた詳細な説明をする価値のあるものである。

ティリッヒにとって、あらゆる哲学的思想は普遍性に焦点を当てているが、それは実際にはその文化的土台と関連があるものであり、それゆえそれ自体どうしようもなく特殊的である。哲学は、文化の実体あるいはその「宗教的実体」すなわち現実、真理、価値としての存在の顕現に対するその文化の特殊的であるがしかし創造的な応答の、もっとも深遠かつ普遍的な文化的表現である。この宗教的実体はあらゆる哲学の「神秘的ア・プリオリ」を表すのであり、いかなる哲学もそこから逃れることはできない。かくして「ロゴス」はカイロスすなわち「宿命」(fate)を持つ(*The Protestant Era*, chap.1; *The Interpretation of History*, part 2)。それはその時代と場所、またその文化的時代といった、もっとも深い前提条件に服するのであり、そうした特殊的な土台を抽象の力によって超越することはできない。アリストテレスはヘレニズム文化の精神的実体を表しているし、ヘーゲルは近代ヨーロッパ文化の精神的実体を、ホワイトヘッドは近年の科学的、民主主義的文化の精神的実体を表している。各々は、特定の文化的視点あるいは時代から存在の普遍的構造を探求しているのである。もし文化的特殊性がこうした哲学的抽象から取り除かれるなら、すなわちアリストテレスからヘレニズムを、ヘーゲルから近代ヨーロッパ文化を、ホワイトヘッドから二〇世紀初期の科学とリベラルな民主主義を取り除いたと仮定するなら、後には何も残らないのである。それゆえ、抽象の過程ですら有限性のしるし（時間と空間の特殊性）を保持しているのである。そして、哲学は自身が普遍的知識となることができると確信しているがゆえに、たいてい有限性のしるしは疎外のしるしと混合している（自身を無制約的な知識であると主張する自己高揚）。実存における哲学は実際には二重の仕方で特殊的である。第一にそれは有限であり、第二に自分は有限ではないと主張する（*The Interpretation of History*, part 2を参照）。かくして、ティリッヒにとって、哲学が文化的および宗教的生に対して持つ不可欠性と価値がどのようなものであろうとも、また、哲学が完全性の達成を意図しようとも、哲学は普遍的なものへの通路ではないし、それ自身の成就であるような知識すなわち存在そのものに関する知識に独力で到達することも不可能なのである。

これらの理由のゆえに（これらは理由を表しているのであり、単なる宗教的伝統への独断的な固着を表しているのではないことに注意せよ）、ティリッヒは普遍的なものへの宗教的な通路あるいは道を提唱する。あるいはそれは、彼にとって、キルケゴールにとってそうであったのと同様、有限な被造物がなし得る限りのことについて語るものであるがゆえに、普遍的なものへと向かう（*toward*）通路あるいは道と言った方がいいかもしれない。この「通路」は、有限性の認識と、それゆえ自身が所有する（科学的、社会的、哲学的、あるいは宗教的）真理の相対的性格の認識、また、特殊性あるいはその特殊性を表している諸要素の否定と、それゆえその特殊性を越えて（私の真理あるいは我々の真理を越えて）その中に表されている無制約的なものを指し示すことを含んでいる。思想の抽象を通して特殊性を超越しようとする試みは不毛なものであると見なされるので（他の目的のためには有用であるにしても）、ここでは特殊性の超越は思索者自身の立場すなわち実存と思考の様式によって実存的、個人的、また主観的な仕方で達成される。かくして、それは実存的な解答である。それは、有限なものを越えて、すなわちすべての合理的な説明や表現あるいはカテゴリー化を越えて、無制約的なものすなわち神を指し示しているがゆえに、宗教的な解答である。ティリッヒにとって、普遍的なものは無制約的なものすなわち神の内に存するのであり、それは宗教的な確信である。さらに、我々は、我々が我々自身を、つまり我々の思想、体系、教理を越えて、それらが指示する無限にして超越的なもの、すなわち神を指し示す時にのみ、その普遍性の「象徴」あるいは「媒介」となることができる。しかし、無制約的な真理の媒介すなわち思想や宗教的教理の体系は、たとえ科学的知識の体系でさえも、デーモン的な歪曲や不条理なしには、それが指し示しているのは自分なのだと主張することはできない。ティリッヒが認識し主張しているように（*ST* I:35-37, 150-53）、「自身を失うことなく自身を否定」（*ST* I:133）し、そうすることにおいてそれ自身を越えたものを指し示し超越的なものを伝達するものが真の象徴の（をして新しい存在の）モデルであり、それはすなわち、キリストとしてのイエスの像であり、それがこの普遍性への通路に関する新しくまた示唆に富んだ概念の背後に存するのである。自己否定的な、それゆえ自己超越的な啓示として、キリストとしてのイエスにおける啓示は普遍的（それゆえ究極的）啓示であり、普遍的重要性を持つ（*ST* I:133-37; II:150ff.）。そして、それにならうことにより、人間の存在、思考、行動は普遍性に接近することができるのである。

ティリッヒにとって、この見解は哲学と他宗教の両方に直面しつつ普遍性の問題に対して答える、もしくは答えを示唆するものである。哲学にとっては、それが属する文化、特にその文化の宗教的実体は、それを通して存在や真理や善が顕現する「媒介」であり、各々の哲学的観点はこの一般的媒介のある特定の形式を表している。すでに記したように、そのようなものとしての哲学に関して言えば、究極性と普遍性の基礎的な問いである媒介の犠牲の問題（*ST* I:133）すなわちその文化の特殊性の要素の犠牲は解決することのできない問題である――哲学それ自体が宗教的あるいは神律的にならない限りは。哲学が宗教的なものに参与する時にのみ、そしてその究極的な啓示が新しい存在の中に位置づけられる時にのみ、そしてそれゆえそれが自身を越えたものを指し示すことができる時にのみ、それは普遍的なものの中においてその特殊性を超越できるのであり、存在論的理性を体現した「神律的」哲学になることができるのである。自身の根底との結合に達するということは、換言すれば、あらゆる真の媒介がそうするように、自身の特殊性を、また、普遍性を所有しているという主張を犠牲にすることを意味しているのである。それは、普遍的なもの、超越的なものに対して透明になるためには自身の体系的構造と結論とを超越した指し示しを行わねばならないということを意味している。ティリッヒが最初から強調していたように、宗教哲学においてのみ（正しく自己理解をする哲学は「神学」である）哲学はそれ自体成就されるのである（*ST* I:150）。

他宗教との関連における普遍性の問いに関しては、ティリッヒはまたもや示唆的であるにとどまった。それは、彼がさらに探求したいと望んだ主題であったのだが、彼は、自分にはそうする「時間がない」ということを知っていたのである。すでに記したようにティリッヒは、イエスにおける新しい存在を、普遍性にとってと同様、文化と宗教の探求にとってのパラダイムとみなした。イエスが、自身に関する特殊的なもののすべて、すなわちその生活様式、教え、行いなどを、否、「イエス自身」さえも「犠牲」にし「否定」し（*ST* I:136-7）、彼自身をさえ越えたものを指し示したように、一宗教としてのキリスト教はその（一宗教としての）特殊性すなわち教理、律法、儀式、組織などを犠牲にし否定しなければならない。キリスト教はそれ自身を越えて、新しい存在、聖霊としての神を指し示さねばならないのであり、新しい存在や聖霊としての神に関する神学的表現さえも越えなければならない

（*ST* I:136-37）。ティリッヒはそうした具体的で特殊的な媒介はそのような種類の犠牲の中で失われたり解消されたりすることはなく、むしろ犠牲はあらゆる究極的な啓示の本質に他ならない（*ST* I:148）ということに（つまり、またもやキリストとしてのイエスのモデルに対して）これ以上ないほどの確信を抱いている（多くのクリスチャンがこのことに賛同してきたが、「教会」は決してそれに賛同したことはなかったということに気づく人がいるであろう）。いずれの場合においても、この、「根底との破られることのない結合」を保ちつつあらゆる特殊性の要素を犠牲にすることは、普遍性への通路、すなわちあれこれの宗教的伝統の超越へと向かう唯一の通路であり、この超越は、文化的な特殊性を担った世俗的な普遍性を結果することも、古い宗教におけるすでに超越されてしまった諸要素から生まれた新しい宗教を結果することもない。ただ、各々の伝統が自身を越えたものを指し示すことにおいて自身を否定する時にのみ、宗教の特殊性とりわけその特殊性において体現された疎外は「克服」され得るのである。ティリッヒにとって、そこにおいてキリスト教はその究極性を示す。なぜなら、キリストであるイエスの中にあるその中心はまさにこの自己否定の過程を、さらに超越的根底との結合を表しているからである。

注

（1）ティリッヒはいつでも、「消極的なものは積極的なものの歪曲によってのみ生きる」（*ST* II:86）と考えており、さらに、キルケゴールにとってそうであるのと同様、彼にとって積極的なものは消極的なものの経験を通してのみ経験されまた知られるのであるということに注意せよ。例えば *ST* I:110. 消極的なものは存在論的には積極的なものに依存し、積極的なものは認識論的には消極的なものに依存する。

(2)ティリッヒとバルト（またブルンナーも）は、彼らの間に多くの、また重大な相違があるにも関わらず、この点において予期せぬいくつかの類似性を見せる。すなわち、神、自己の真の状況、その問題、その可能性、また特に歴史に関するあらゆる知識は啓示を通してやって来るのであり、それゆえキリストとしてのイエスという特別な啓示という規範に服するのである。そうではあるがしかし、言うまでもなくティリッヒにとって「人間論的な出発点」は存在するのであり、それゆえ一般的経験、文化、哲学との相関性が存在する。我々の実存および我々の実存の哲学的な分析は問いを提示し、また答えを解釈することができるのである。私はこの、啓示に究極的に依存するという共通項を、「バルト的」というよりむしろ「新正統主義」あるいは「弁証法・危機」神学の特徴とラベル付けしたいと思う。それは、それに対応する疎外・罪の強調とあわせて、この時代の神学を、その間にある大きな差異にも関わらず連帯させたものである。バルトはその極右にいたのであり、ティリッヒ（そしてブルトマンも）は左翼にいる。そしてブルンナー、アウレン、ニーグレンはだいたい真ん中あたりにいたのである。

(3)この有益な叙述のカテゴリーを発展させるために、私はリチャード・ニーバーの*Schleiermacher on Christ and Religion*（New York : Scribners, 1964）の、特に第五章に負うところ大である。

(4)Paul Tillich, "A Reinterpretation of the Doctrine of the Incarnation," *Church Quarterly Review* 147, no.294, 1942 を参照。

〔訳者あとがき〕本論文はLangdon Gilkey, "The New Being and Christology," *Gilkey on Tillich* (New York: Crossroad, 1990) chap.8（pp.138-157.）の翻訳である。翻訳権の取得に際しては、L・ギルキー教授が許可してくださった。記して感謝申し上げたい。

ティリッヒの受肉論と新存在

清水　正

ティリッヒは『組織神学』第二巻において受肉論と逆説について論じているが、それに先立ち一九四九年の「受肉論の新解釈」(Die Lehre von der Inkarnation in neuer Deutung, A Reinterpretation of the Doctrine of the Incarnation) という論文において、彼の受肉論を展開している。それはバルト神学に対する批判であり、また従来の伝統的なキリスト両性論に対する批判でもある。

私はこのティリッヒの受肉論を中心にして、キリスト論の中心概念である新存在の概念を明らかにし、その問題点を指摘したいと思う。

Ⅰ　ティリッヒの受肉論

1　受肉についての聖書的・歴史的考察

ティリッヒは「受肉論の新解釈」の冒頭で次のように述べる。「受肉論は、かつて事実として生起した出来事、したがって、我々の解釈には依存しない出来事にかかわる。受肉論は、この出来事を前提として、それを解釈しようと試みる」(全集第8巻、二〇五頁)。自然が自然科学に先行するように、この出来事は解釈に先行する。したがって、この見解によれば、受肉を我々の宗教的経験や我々の実存の解釈から導出することはできず、また、人間的状況や我々の世界の構造の徹底的な分析によって得ることもできない。更に受肉は、啓蒙主義が考えたような、普遍的概念でも理性真理でもなく、またドイツ古典哲学が考えたような、本質的人間的本性に対応する理念でもない。受肉は、一方では、「時間と空間における出来事」のすべての特徴をもった出来事である。すなわち、「唯一回的に生起し、繰り返し不可能であり、特別な状況および特別な、そして独自の、一回的な仕方においてのみ可能であったもの、要するに、我々に告知される事柄」（全集第8巻、二〇五頁）であり、分析や演繹の対象ではない。

他方、受肉は、「存在の全体にかかわる普遍的意味をもつ出来事であり、我々の実存の諸制約を全体的に変化させる出来事である」（全集第8巻、二〇五頁）。それゆえ、受肉は普遍的概念によって把握されねばならない。そのような解釈をしなければ、受肉は思惟の躓きであり、我々の精神に完全に異質かつ接近不可能なものであり、それゆえ、我々にとって現実的意味をもたないであろう。したがって受肉は、我々の意識の中に入りえないし、思惟と行為の基礎となりえないであろう。しかしティリッヒがあくまで主張することは、神学的解釈がその対象を創出するのでなく、対象によって始めて解釈が可能になるということであり、そのことを我々は熟慮しなければならない。

ところで受肉論が新解釈を必要としていることに、疑いはありえない。受肉は今まで、一個の神的存在者が一個の人間的存在者へと変化するという、神話的そして迷信的意味をもっていた。これは預言者的啓示の最も深い真理、つまり、すべての存在者を創造し保持し超越する神は、それ自体一個の存在者ではなく、最高の存在者でもない、という真理と相いれない。「神は、決して変化の主体として経験されえないし、変化しうる諸特性をもった事物の構造をもつものでもない」（全集第8巻、二〇六頁）。変化する者は半神であり、アリウスの主張したロゴス神である。キリスト教会がアリウス主義を拒絶したとき、それは同時に、受肉は一個の神的存在者が一個の人間的存在者へと変化するという表象の拒否であった。

しかしながら、パウロやヨハネは史的イエスの存在を半ば神話的と見なさざるをえない仕方で理解してはいないか、と問われよう。そのことは否定できない。例えばパウロによれば、先在的霊的存在者がその神的形態と力とを自ら捨て、僕の形態を取り、神によって高挙され、すべての名に勝る名を与えられたという。しかし、「ここで全く明らかなことは、決定的なものは顕示の思想であり、変化の思想ではない、ということである」（全集第8巻、二〇七頁）。

ところでパウロの思想には、ティリッヒの受肉論にとって特に重要な意味をもつものがある。それは「最初の人」あるいは「天的人」である。「したがって、受肉についての聖書的教説は、神自身が人間になったことではなく、神的存在者が、すなわち、天的人あるいは先在のキリストあるいは神的ロゴスが、物理的あるいは肉体的形態において出現すること、を意味する」（全集第8巻、二〇八頁）のである。受肉の「逆説」は、神が人になることではなく、神を代表し、その全き姿で神を啓示しうる神的存在者が、その神的、霊的、天的形式に極端に対立する形態において出現することである。したがって、無限者と有限者の統一が受肉の逆説を根拠付けるのではなく、天的人がこの世界の人として出現すること、あるいは普遍的創造的理性が個人的被造的理性において顕示されること、あるいは霊的先在のキリストが経験的歴史的キリストにおいて顕示されることである。聖書の受肉論の神話的要素は、受肉を実存における神の自己顕示として理解することを可能にした。「したがって、受肉論が表現しようとするものは、根源的神‐人‐統一あるいは霊的神人あるいは天的人、あるいは、神の似像としての人間がそれに関与しそれゆえに人間を照らすことのできるもの、すなわち、創造的理性である」（全集第8巻、二〇九頁）。神話論的にいえば、神と人間との間に根源的「先在的」関係が存立する。

ところで有限性と無限性は相関的概念である。その統一は、逆説的ではなく、弁証法的である。つまり、一方が他方を相互的依存性において制約する。この意味において弁証法的でないような神表象は存在しないであろう。弁証法は普通、神形象における人間化された要素と無制約的要素との間の緊張関係として表現される。そのような表象はすべて弁証法的であり、逆説的ではなく、生ける神を把握しようとするあらゆる理念は弁証法的である。「しかし、受肉の理念は、それとはあくまでも異なる。受肉の理念は、弁証法的ではない」（全集第8巻、二〇九頁）。

受肉の逆説が有限者と無限者との弁証法から区別されねばならないという洞察は、両性論によってそれが陥っていた隘路から、キリスト論を解放する。両性論によれば、キリストの完全な人間性はケノーシス（自己疎外）として説明されねばならない。しかし、それによって不条理に満ちたキリスト論が生じ、そのような出発点が誤っていたことが示される。その後の発展において、神とキリストとの本質的同一性（ホモウーシオス）が強調されるに従って、受肉論における逆説の問題は有限者と無限者との弁証法的関係の問題とますます混同されるようになった。このよう歴史的回顧によって、古典的ギリシア哲学も古典的ドイツ哲学も、受肉とは、本質的神-人-統一が人間的実存の諸制約の下に現実化するという「逆説」であることを、把握しえなかった、ことが判明する。この逆説が、神学一般そして特にキリスト論の主要問題であることを、それらは認めず、その代わりに受肉論において全面に出て来た問題とは、有限者と無限者との関係の形而上学的問題であり、実存において出現する本質的神-人-統一という救済論的問題ではなかったのである。

以上の聖書的・歴史的考察は、受肉の解釈のための新しい出発点を暗示する。それは、受肉論の不条理を避けることと、受肉の逆説を弁証法的必然性に変えてしまうヘーゲル的誤りを避けることである。

2　受肉の一般的概念（逆説性）

「受肉とは、根源的かつ本質的神‐人‐統一が実存の諸制約下に啓示されることである」（全集第8巻、二一一頁）。この言明は、聖書的思想の枠内にある。これに対して、神が人になったという主張は、決して聖書的ではない。この言明をもってティリッヒは受肉の解釈を始めるが、それは聖書の神話的・典礼的表現を合理的・神学的形式にもたらすことである。

まず最初にティリッヒは、受肉の逆説の前提となる概念を解明する。それは前項の一般的基礎付けにおいて用いられた、本質的存在と実存的存在との概念である。実存とは、第一に、非存在と区別される存在を意味する。第二に、本質的存在と異なり、時間と空間における存在を意味する。第三に、実存の本来的問題として提示される、実存と本質との間の対立を示す。キルケゴールによれば、我々の本質的存在の叙述は決して、我々の本質的存在に抵抗する我々の現実的状況に適さない。ドイツ理想主義も、イギリスおよびフランスの実証主義も、存在を本質的必然性として特徴付けようと試みる。しかし、これらは、実存主義の最も本質的な言明、つまり、人間的存在の力は本質的存在の限界を突破しうるという言明を無視する。これに対してキリスト教は、人間の本質的本性についてもその実存についても、適切な概念をもっている。そして両者の間の根底的な区別を知っている。したがって、受肉論を理想主義的な仕方や実存主義的な仕方で展開することが不可能な理由はここにある。自己の本質的存在に抵抗する人間の「自由」と、この矛盾の束縛の下に立つという「運命」とが正しく把握されなければ、受肉論は成立しえない。「受肉とは、実存および実存の諸制約下における、その本質的性格を喪失しない、本質的神‐人‐統一の顕示である。この逆説の解明と、実存の変革にとってのその帰結とが、受肉論の課題である」（全集第8巻、二一二頁）。

ティリッヒは、人間の「本質的存在」を「本質的神‐人‐統一」として理解するこによって、彼の受肉論を構築する。我々はこの統一が我々の本質的存在を構成していることを知る。しかし、我々はこの統一を、律法と命令として、審判と脅威として、約束と期待としてしか知らない。しかし、この統一は、「存在」としては、つまり、実存的存在と本質的存在との対立を克服する「新存在」としては出現していない。それはただ受肉としてのみ出現する。受肉とは、本質と実存に対する「新存在」としてのこの統一の顕示である。「新存在」は、それが実在的現実性であるがゆえに、本質を凌駕している。新存在は事実である。これに対して本質的存在は、可能性にすぎず現実性ではない。本質と実存との間の裂け目は、その本質的存在における人間がいつか過去において、あるいは世界のどこかにおいて実存していたということを述べてはいない。本質的存在は可能的であり、現実的ではない。それが現実化される瞬間には、既に実存的状況が存在している。本質から実存への移行は、可能性から現実性への移行である。神話的に述べられる人間の「堕落」は、実存の前提である。したがって、実存の前に実存はなく、「堕落」の前に実在的現実性はない。

本質的存在を可能性とすれば、我々の経験的世界が唯一の実存する世界である。我々にとって経験的現実界以外に実存する世界は存在しない。ここに人間存在の限界がある。そして、経験的世界は悲劇的性格をもつ。自己破壊と死に駆り立てる矛盾が、必然的にそれに属しているからである。しかし「悲劇的必然性」は「自然的必然性」ではない。それは「罪責」と「自由」とに結び付いているからである。「自由がなければ、本質的存在と実存的存在は区別されえないであろう。そして理想主義も実証主義も、実存の悲劇的性格における自由と必然性との秘義に満ちた結合を説明する状態にない。本質と実存との区別だけが、それを可能にする。……受肉の創造である新存在は、現実的であり単に可能的でないゆえ、本質的存在を凌駕するし、同時に、それは本質的存在つまり本質的神－人－統一を実存の中にもたらすゆえに、実存的存在を凌駕する」（全集第8巻、二一四頁）。

本質的人間には有限性と無限性との統一が属している。この統一をティリッヒは神‐人‐統一という。それは有限者と無限者との弁証法的相互依存性を表現するからである。人間は可能的無限性をもつ唯一の存在であるゆえ、真の有限性をもつ唯一の存在である。なぜなら、有限性は無限性との相互関係においてのみ意味をもつからである。バルトが、神は天にいまし人は地にいる、神は創造者であり人は被造者である、というのは正しい。しかし彼が、両方の主張を単に並立するだけで、それらの弁証法的関係を探究しないのは、正しくない。バルトの思想は本来的に弁証法的ではない。創造者は被造者との関係においてのみ創造者である。したがって、「本質的存在」を「本質的神‐人‐統一」と同一視することは、決して異様なことではない。なぜならこの表現は、人間がその本来的存在によれば神の似像であるがゆえに、神的自己実現と本質的人間存在とが一致する、ということを単に意味するからである。

したがって、実存の内部における本質的神‐人‐統一は、一個の人間的存在者とその生においてのみ明示される。本質的神‐人‐統一は一個の現実的人間においてのみ顕示されうるのであり、半神や動物においては顕示されない。受肉とは、本質的人間性であり、本質と実存とを凌駕する存在、つまり「新存在」として出現する本質的神‐人‐統一である。本質的神‐人‐統一の思想を受け入れないキリスト論は、誤ったキリスト論である。受肉によって創出される新存在は、有限者と無限者との間の分裂を克服する。実存に対する新存在の勝利、しかも実存の枠内における勝利、が受肉の「逆説」である。これらの一般的解明に基づいて、受肉の現実的意味と固有性とを論じよう。

3　受肉の現実性（キリストとしてのイエスにおける受肉）

キリスト教使信は、イエスはキリストであり、キリストとしてのイエスは本質的存在が実存において受肉した

「場」である、という。本質的神―人―統一が人間イエスにおいて歴史的神―人―統一になった。それゆえイエスはキリストと呼ばれる。「受肉の逆説はキリストとしての人間イエスの像であり、この像は、実存と実存の諸制約下に出現したが、その本質的性格を喪失しない、本質的神―人―統一の像である。それゆえ、この統一は実存の中に、実存を変革する力をもった新しい現実性を創出する」（全集第8巻、二一六頁）。キリストとしてのイエス像において啓示された「新存在」は、有限性と無限性との本質的統一つまり人間と神との分離されえない統一を具体的に示している。そして、この像こそが、実存を変革する力を証示した。

キリストたるイエスにおいて具体化された「新存在」は、すべての時代を通してキリスト教的告知の基礎であったこの宗教的像において自己を示している。「受肉とは、キリストとしてのイエス像における本質的神―人―統一の出現である。受肉は、時間と空間においてただ一度だけ生起した一個の歴史的出来事である」（全集第8巻、二一七頁）。事実として何が起こったかを我々は知らないが、この出来事によって刻印された宗教的像が、実存を変革しうる力を証明した。ティリッヒはいう、我々はこの考察様式を、受肉の解釈の試みに対して、無条件的に保持しなければならない。そのとき、キリストとしてのイエスにおける新存在の像が、我々の実存的あるいは経験的思考の創造物である、という誤った理解を避けることができるからである。「イエスにおける新存在の像は、新存在自体の創造物であり、それが提示する実存に対する勝利は、現実的に生起した勝利であり、それゆえにこそ、この像を創出することができたのである」（全集第8巻、二一七頁）。

「新存在」は受肉論において重要な役割を果たす。まず第一に、キリストとしてのイエスの理解であるが、イエスは彼の存在の全体性においてキリストである。第二に、「新存在」の概念は、我々の現実が実際に変革されたことを意味する。新存在は新しい現実性であり、それは哲学的理論によっても、根源的宗教的経験によっても、招来させることはできない。新存在は、それを出来事として経験した人間なしには決して出来事となりえなかったであろう「出来事」である。

第三に、キリスト者であることは、現実性として歴史の中に出現した新存在に関与することを意味する。「新存在への関与」は、人が新存在によって受容されることにおいてのみ、可能である。この理由で新存在の概念は、そこにおいて実存が克服されている新しい現実性としての教会の解釈にとって特に重要である。教会とは、受肉によって世界の中に到来した「新存在の歴史的具体化」である。新存在は、それがキリスト教的経験に先行するように、教会に先行する。

第四に、新存在の概念は終末論的観点においても重要である。歴史が受肉からその意味と目標とを保持したという意味において、受肉は終末論的出来事である。本質的存在と実存的存在とを克服する新存在は、そこにおいて存在が原理的に成就された目的論的あるいは終末論的存在と呼ばれうるであろう。というのは、新存在は究極目標に関わるからである。受肉が新存在の出現であれば、それは歴史の中心を形成する。つまり、「新存在は歴史に意味と究極的成就を与える」（全集第8巻、二一八頁）。我々が本質的にそうであるものが実存の中に実現し、そのことによって実存が克服されて、新しい現実性が創出された。「この新しい現実性は、実存における単に何か新しいものではなく、実存をことごとく克服する端的に新しいもの自体である」（全集第8巻、二一八頁）。新存在への問いは命令や期待として出現したが、それは単に準備的性格をもつのみであり、現実的救済自体ではない。「まさに受肉のみが、救済的現実性である。この出来事以前のあるいは以後のいかなる出来事も、救済的現実であるといわれることはできない」（全集第8巻、二一九頁）。

ティリッヒがこの論文で用いた概念は、受肉論を新しい仕方で理解できるようにするという彼の意図に適うものである。しかし、それは目的のための手段である。それが目的にふさわしくなくなれば、捨てられてもよい。しかし、それらが用いられなければならない現実性は残る。すなわち、キリストにおける新存在、本質的神—人—統一の実存における出現、つまり受肉は残る。

Ⅱ　受肉論における新存在の検討

以上要約されたティリッヒの受肉論に基づいて「新存在」の概念を考察してみよう。

1　歴史的出来事としての新存在

ティリッヒは受肉について、二点を強調した。まず第一に、新存在は、歴史的出来事である受肉において出現したのであるから、新存在は非歴史的存在概念ではなく、歴史的存在概念である。新存在の出現は歴史の中心的出来事であり、歴史を形成する一個の自由な人格的存在者（キリストとしてのイエス）における出現である。しかし第二に、新存在は歴史の中心として普遍的意味をもつ出来事である。歴史の中心は、同時にその始源と目標とを規定する。歴史は、その中心から始原と目標（テロス）を規定されることによって、始原から目標を目指す、一義的方向をもつ普遍的過程となる。この完成への一義的方向性をもつ歴史は、創造としての新しさではなく、回復としての新しさ、救済力としての新しさ、つまり新存在の出現によって生起する。したがって、ギルキーが解釈するように、ティリッヒの新存在の概念は単なる存在論的概念ではなく、歴史的存在概念である（ギルキー『ティリッヒ論』、一四五頁）。

歴史は単なる存在の一元論によっては成立しない。本質的存在のみでは歴史はない。本質からの疎外としての実存的存在における、絶えざる疎外の克服としての新存在の出現によって、実存は完成へと方向づけられた救済史となる。したがって、ティリッヒは「実存とキリスト」において、新存在を歴史的実存の領域において論じているのであり、存在一般あるいは自然的存在または理想的存在として論じているのではない。それゆえ、歴史的現実としての実存以外に新存在の場は存在しないといわねばならない。したがって、キリストとしてのイエスは、一個の歴史的人格的実存として、「新存在」の出現の「場」である、とキリスト教は主張する。

ティリッヒは、歴史的実存の彼方に新存在を仮定しているのではない。ティリッヒの主張は、実存的・歴史的現実における新しい現実性として、実存を変革する創造的力の遭遇体験として、新存在は表出されるということである。新存在は客観的に分析できる対象ではなく、したがって、存在者ではない。新存在は、新しい存在の力である。この新しさは、実存的疎外の克服として告知される比類なき歴史的現実性であるから、疎外・分裂の克服としての再統一、和解、癒しとしての救済力である。新存在は救済力である。歴史的人格的存在者における一回的出来事としての決定的な救済力の出現である。しかも一回的出来事としての新存在は、普遍的救済力の出現である。キリストとしてのイエスにおける新存在の出現は、独自的無類の出現としては彼の存在にのみ限定されているという意味で唯一独自の出来事であるが、究極的啓示として、それがすべての人格的実存の疎外の克服である限り、普遍的働きをもつ。新存在の出現は、普遍的救済力をもつ唯一無比の出来事である。

究極的啓示の概念は、具体的なものがその具体性のゆえに普遍的である、という逆説である。キリスト教使信は、具体的・歴史的人格的実存であるキリストとしてのイエスに本質的・根源的神–人–統一が出現したという新存在の逆説である。新存在出現の逆説性は、歴史的・実存的疎外における唯一回的出来事としての普遍的救済力の啓示にある。逆説は、実存における新存在の出現という唯一的独自の出来事である。その唯一独自性を示すものが、イエスと呼ばれた実在の歴史的人格存在者である。したがって、受肉の逆説性は、歴史的・人格的存在者イエスという固有名詞により、その歴史的現実性を得ることになる。この固有名詞を離れるとき、新存在はその逆説性を喪失する。つまり、ティリッヒが第1項で述べた、普遍概念や理性真理あるいは本質的人間の理念に堕する。したがって、新存在はあくまでもイエスという固有名詞に結び付く出来事として存在する。しかし、その出来事は普遍的意味をもつ出来事である。つまり、この固有名詞イエスがキリストであるということ、換言すれば、歴史的・具体的存在者における普遍的意味の出現という逆説的出来事が、新存在の出現である。ティリッヒは、イエス・キリストといわず、敢えてキリストとしてのイエスという。それは新存在の逆説性を守るための表現である。

2　新存在の概念による両性論に対する批判

ティリッヒは、キリストとしてのイエスは、「神的本性と人間的本性との一人格における統一である」というキリスト両性論を批判して、伝統的な両性論が無限な神性と有限な人性とがいかに関係するかという、形而上学的・弁証法的考察へと迷い込んでしまったという。それは受肉の概念の誤解に基づく。受肉とは新存在の逆説であった。逆説は合理的に解明できない。それは唯一無比の出来事として承認するほかない。

本質から実存への移行が、本質的必然性としてではなく、つまり、本質から合理的に導出することが不可能な、本質に対立する実存的疎外の現実として、神話的にいえば、人格的自由の行使に基づく「堕落」という普遍的な事実として、承認されねばならない「非合理性」であるのに対応して、実存的疎外という普遍的事実の克服としての新存在の出現は、これまた合理的には導出不可能な、全く新しい現実として理解されねばならない「逆説性」である。逆説性はこの新存在の出来事性にある。古い実存的疎外を克服する新しい現実性にある。

実存における本質的・根源的神‐人‐統一は、一個の自由な人格的存在者であるイエスにおいてのみ完全かつ究極的に、顕示され、啓示された。それゆえ、イエスのみがキリストである。それ以外の歴史的存在者において新存在の究極的啓示は存在しない。そうでなければ、キリストはイエス以外にも多数存在することになる。イエスのみがキリストであるという主張は、イエスの存在が新存在であり、それはすべての実存的疎外への究極的・普遍的救済力の顕示である、ということを明示する。

受肉の唯一回的出来事性の強調は、イエスの存在のみが新存在であるという主張、つまり、イエスのみがキリストであるというキリスト教の主張、に合致する。このキリスト教の主張は、同時に、キリストとしてのイエスの存在である新存在がすべての実存的疎外の原理的克服であり、それゆえ質的に普遍的救済の実現である、ということを含意する。キリストとしてのイエスにおける新存在が、すべての人間の実存的疎外を克服し、本質的・根源的神‐人‐統一を回復する。しかし、この原理的・質的克服は、自然の経過として全人類に拡散されていくものではない。量的克服は、歴史の経過における自由と運命との関連によって実現されて行く。そして、それは終末論的完成を求める。我々の実存的疎外の克服、根源的神‐人‐統一の実現は、我々の人格的自由による無制約的決断を媒介にするからである。それは罪人の義認の逆説、受容不可なるものの受容という逆説である。

両性論は受肉の出来事としての逆説性を正しく理解せずに、キリストにおける神性と人性との関係という形而上学的問題となったが、それはキリスト論は本来救済論的関心から論じられるべきであるという、福音的神学の本質を見失ったものである。ティリッヒは、救済論的観点から、「一人格における神性と人性の統一」に代えて「実存的人格存在における本質的神‐人‐統一」という定式を提唱する。神性と人性とを対置させて、その関係を説明しようとする問題設定の誤りをティリッヒは指摘する。その誤りは、「本性」の概念にある。神学的に厳密に述べるとき、神は本質も実存も超える存在の力であり、それらの根源であるゆえ、神に「本性」という概念を適用することはできない。また人間について「本性」の概念を適用するとき、それは多義的意味をもつ。まず、人間の本質的存在を意味するし、次に人間の実存的存在をも意味し、更に両者の混合としての生の両義性を意味する。ティリッヒの定式によれば、本質的人間は神の似像として、神との本来的関係において存在する。したがって、神性と人性との関係を問う必要はない。本来的神–人–統一は、関係概念として始めから両者の統一を意味するからである。そして伝統的な両性論が看過した、受肉の逆説を、実存的人格存在における本質的神–人–統一の出現として、合理的に導出できない新しい出来事として、明確に表現している。逆説的出来事は、合理化されることを拒む。それはただ歴史的・人格的遭遇の出来事である関与において承認せねばならない。

ティリッヒは伝統的な両性論の批判によって、イエスに「神性」の概念を適用することの不合理を表明したが、そのことにより伝統的なキリスト論の定式化、イエス・キリストは「真に神にして真に人」(vere deus, vere homo)という定式化は否定される。キリストとしてのイエスは、実存における本質的人間である。つまり、イエスの存在において、本質的・根源的神–人–統一が実現している。彼の存在において、実存の本質からの疎外が克服され、新存在が出現している。これが受肉の逆説であり、新存在はこの逆説から分離されることはできない。イエスをキリストとして受容することは、したがって人間の可能性によるものでなく、新存在自体の力によって捉えられること、新存在による我々の存在の捕捉による。キリストとしてのイエスにおける新存在は、実存的疎外の実存における克服であり、その克服は原理的な克服であるゆえ、イエスの存在である新存在は普遍的救済力を発揮する。その意味で、イエスに神性を帰さなくても、イエスはキリストとして受け入れられる。イエスの存在が新存在であり、新存在が普遍的救済力であるからである。

しかし、普遍的救済力である新存在は、存在者ではない。ティリッヒは新存在の聖書的典拠として、「だから、キリストと結ばれる人はだれでも、新しく創造された者なのです。古いものは過ぎ去り、新しいものが生じた」（Iコリント五・一七）を掲げる。ここでいう新しく創造された者とは、キリストに結ばれた人間である。新しく創造された者とは、新存在者である。この人間の中に新しい創造の力が働くゆえに、彼は新存在者である。したがって、新存在者はキリストに結ばれることによってのみ新存在者になる。古い実存的疎外の中にある罪人を神は、キリストを通して、御自分と和解させた。神との敵対関係が罪責である。実存的疎外である。神との和解が、実存的疎外における新存在である。和解の力は神からくる。新存在者は新存在の力によって新存在者になる。ティリッヒは、和解論の諸原理を掲げ、和解は神のみの、ただ神のみの働きである、と強調する。ティリッヒにおける神は、存在者ではない、いかなる存在者でもない。神は、存在自体あるいは存在の力である。非存在による脅威に対抗してそれを克服する、存在の力である。人間は自己存在の有限性の自覚において、有限性の中に潜む非存在の不安を克服する存在の力を体験する。したがって、新存在の力も存在の力である神に基づく。キリストとは、新存在をもたらす者を意味するから、キリストは新存在の媒介者であり、キリストを通して、神が新存在の力を和解として現実化する。キリストによってのみ神が和解の救済力を実現させるというパウロの主張は、キリストのみが新存在の媒介者であるという主張である。その根拠は、キリストの存在が新存在であるということである。我々実存的疎外の中にある人間の存在は、新存在と同定されえない。古い疎外の力に支配されているからである。ところが、キリストとしてのイエスの存在は新存在自体である。いわば、キリストとしてのイエスは、新存在（das Neue Sein）の現存在（Dasein）である。ハイデガーによれば、「存在」と「存在者」とは厳密に区別されるゆえ、存在への問いは、そこにおいて存在が現れている存在者において成り立つ。存在者一般でなく、「現存在」である人間が、存在への問いを提起する。現存在である人間は、存在理解を自らの存在様式としてもつからである。これと類比的にいえば、存在者である人間は、存在一般については現存在であるが、新存在に関しては新存在者であって、現新存在ではない。自己存在の理解からは新存在は出て来ないからである。我々は、ただ新存在の唯一の担い手であり、媒介者である、キリストとしてのイエスの存在への関与によってのみ、新存在を了解しうる。

ティリッヒは、キリストにおける「神性と人性との結合」の問題を受肉論の課題とすることは誤りであると断定した。それに代えて、キリストにおける本質的神-人-統一の出現という理解を提示した。この関係概念によって、神性と人性とが如何に結合しえるかという形而上学的思弁は回避される。そして救済論的キリスト論の観点から、キリストの人間的実存の根源的疎外への徹底的関与を主張するために、キリストとしてのイエスの完全な人間的実存を主張する。したがって、キリストの無罪性の概念を否定する。この概念は、キリストが人間の実存的疎外に関与しないかのような印象を与えるからである。つまり、キリストは地上を歩む神ではない。キリストは歴史的人格としての存在者であり、存在自体でないからである。キリストの存在が新存在であることと、キリストが神性をもつということとは別問題である。受肉の逆説は、一個の歴史的・人格的存在者において実存的疎外を克服する新存在が出現したことである。それゆえ、キリストにおいて、実存的疎外は原理的に克服されている。受肉の逆説は、キリストとしてのイエスにおける新存在の出現である。したがって、キリストは「本質的人間にして実存的人間」(homo essentialis et exsistentialis) である。そして本質的人間とは、我々実存的疎外の中にある人間には見いだしえないものである。それはただ啓示によってのみ、しかも究極的啓示によってのみ、見いだされるものである。

ティリッヒは啓示論において、究極的啓示の究極性は啓示の媒体の性格にあると述べた。啓示は実存的世界における啓示であるから、啓示媒体は実存的性格をもつ。究極的啓示は、歴史的人間の全体を包括するものであるから、その媒体も一個の歴史的・人格的存在者でなければならない。しかもこの存在者は、媒体としての自己の有限性を否定して、無限性である存在自体の救済力を完全に顕示しなければならない。つまり、究極的啓示の媒体であるキリストとしてのイエスは、キリストとしての使命のためにイエスという有限的人間存在を完全に犠牲にして、自己をその存在の根拠へと透明化させなければならない。新約聖書のイエス像は、いかなる実存的疎外の困窮の中にあっても、キリストとしてのイエスは神との破ることのできない統一の中を生きていた、自己の意志を完全に神の意志に従わせた、無私の人の像である。つまり本質的人間を代表している。この破ることのできない神関係のゆえに、イエスは神の独り子と呼ばれるのである。何故イエスのみが実存する本質的人間であるのかという問いは、合理的には解決されない。それがキリスト教の根本的逆説である。逆説は、出来事として、それへの関与により、承認せざるをえない新しい現実である。受肉の逆説の表現として、伝統的なキリスト両性論はその意図においては正しいが、その解決の仕方は正しくない、とティリッヒは批判した。歴史的出来事としての逆説を、形而上学的問題へと非歴史化したからである。ティリッヒの本質的人間の実存における出現、そして本質的人間を「本質的神-人-統一」という関係概念によって定義したことは、逆説の歴史的出来事性を表現する限り、正当なものと評価することができる。

3　新存在とイエスとの関係

ティリッヒは、「イエスの存在が新存在である」と明言する。「彼（イエス）の言葉、彼の行為、彼の苦難は、彼の神との統一の表現である。それらは、彼の存在である新存在の表現である」（『組織神学』第一巻、一六二頁）。

イエスの存在が新存在である、ということが受肉の逆説であった。なぜなら、歴史的人格的存在者であるイエスの実存においてのみ、根源的・本質的神-人-統一が完全に実現しているからである。それゆえ、受肉は唯一無比の出来事であった。それは普遍的・実存的疎外の制約下にある我々からは把握できない新しさであり、究極的啓示として受け入れるほかない出来事である。受肉の逆説は、実存における歴史的人格的存在者としてのイエスの存在が新存在であることにあった。それでは、イエスの存在が新存在である、とはいかなる意味をもつのか。

ティリッヒの見解は微妙に揺れている、と私には思われる。歴史的イエスは実存的疎外状況下に存在するゆえ、我々と同じ人間である。しかし、彼の存在は新存在である。ここに受肉の逆説がある。我々と同じく実存する一個の歴史的人格的存在者であるイエスの存在は、我々が実存的疎外の制約下において見いだしえぬ新存在である。これが、キリストとしてのイエスの出現という受肉の逆説である。しかし新存在の内容は、本質的・根源的神-人-統一が実存するイエスにおいて顕示されていることにある。それゆえ、イエスはキリストである。

ところで、ここで私が問いたいことは、イエスの存在が新存在「である」ということと、イエスの存在において新存在が「顕示されている」ということは、微妙に異なるのではないかということである。イエスの存在＝新存在「である」とすれば、新存在は一個の歴史的・人格的存在者の存在以外には存在しない。イエスの存在と新存在とは完全に同一であり、区別することも分離することもできない。しかし、新存在がイエスの存在において「顕示されている」のであれば、イエスの存在と新存在とは分離することはできないが、区別することは可能であろう。つまり「顕示」ということは同一性ではなく、区別を意味しているからである。この区別は、イエスの歴史的・実存的存在と別に新存在が成立する、ということにならないであろうか。事実、ティリッヒは啓示論において、啓示の歴史の理念を論述し、それを準備的啓示と、究極的啓示と、受容的啓示の三期に区別し、それぞれが新存在への待望の時代、新存在の究極的出現の時代、そして新存在の受容的時代であると述べる。単純化していえば、旧約聖書の時代と、キリストとしてのイエスの時代と、教会の時代が、歴史を貫く啓示の歴史の具体的内容となる。ここでは明らかに、歴史的・実存的存在者であるイエスの存在と新存在は区別されている。新存在が待望される根拠は、準備期においてもある程度新存在への関与が存在するということであろうし、受容期においてはキリストとしてのイエスの存在である新存在への関与の拡大が意味されているからである。新存在の究極的啓示はキリストとしてのイエスに限定されるが、啓示された新存在への関与は全人類に開かれている。つまり、新存在の力は普遍的である。

更に、新存在はそれ自体が実存的疎外の実存における克服であるから、救済の現実である。したがって、啓示の歴史と救済史は、内容的に一致する。啓示のあるところに救済もある。ティリッヒは、キリストとしてのイエスに顕示された新存在は、その他のあらゆる新存在の顕示（諸宗教における救済力の現実化）の究極的規準であると主張する（『組織神学』第二巻、一八一頁参照）。しかし、新存在の出現である受肉は唯一回的出来事であった。それは、ただそれに遭遇した人格的存在者（イエスの弟子たち）の告知によらなければ知りえない、独自の歴史的出来事であった。このようなティリッヒの論述は、どのように理解すべきであろうか。

まず新存在の理念があり、それの現実化としてキリストの出来事が生起するが、その理念は歴史的イエス以外にも歴史的に現実化するということであろうか。そうであれば、新存在の定義自体に矛盾することになる。なぜなら、ティリッヒが繰り返し強調するように、新存在は実存的疎外のただ中においてそれを克服するゆえに「新しい」といわれるのであり、また本質に対しても、本質の単に可能的存在の現実化として「新しい」といわれるからである。そして実存的疎外の究極的なものが人格的存在者における、自由と運命の相克としての矛盾存在であり、また本質とは人間的本質であり、それは本質的神‐人‐統一を内容とするゆえ、新存在の「新しさ」は歴史的・実存的・人格的存在者イエスにおける以外に、その場をもたないからである。

ティリッヒは、この受肉論において、キリストとしてのイエスにおける新存在の唯一回的出来事性を強調するが、同時にその普遍的意味をも強調した。したがって、受肉という唯一無比の出来事は、その唯一性に意味があるのでなく、その出来事によって実現された新存在の普遍的意味にこそ重要性があり、それがティリッヒの弁証学的意図であると理解してよいのであろうか。ティリッヒの受肉の新解釈は、彼が最初に述べたように、受肉の出来事の普遍的意味を理解しうるように、それを普遍的概念によって解釈することであった。その意図は正当であるが、その普遍的意味が、唯一無比の出来事、つまり、イエスの存在から区別され、更に分離されるように解釈されることは、ティリッヒ自身にとっても自己矛盾であろう。もっとも、普遍的概念である存在論的諸概念を用いるところに、唯一無比の出来事とその意味との分離が起こる危険性が内包されている。ティリッヒは、そのことを十分自覚している。その上でなお、存在論的概念によるイエスの出来事の解釈を試みる（『組織神学』第三巻、序論参照。一〇頁）。そうするのは彼の関心が弁証学にあるからであり、弁証学は現代の文化的人間実存の孕む根源的問題に回答するものでなければならないからである。

ティリッヒはかつてバルトとゴーガルテンと「逆説」をめぐって論争したが、ゴーガルテンが自分たちの立場とティリッヒの立場との相違を、次のように表現した。「私は……、世界および生の現実性とその認識をイエス・キリストから、より厳密には、イエス・キリストにおいて求めるのに対して、ティリッヒは、イエス・キリストの認識を、あるいは彼自身が述べるように、キリストの霊の認識を、世界とその生から求める」のである（全集第7巻、二四六頁）。この立場の相違は、教義学的神学と弁証学的神学との相違ということができよう。

ティリッヒは受肉論を始めるに際して、受肉は解釈の前提となる出来事であり、神学的解釈の対象は解釈に先立って存在することを確認した。教義学的考察が、弁証学的解釈の前提となる対象の真理性の証示であるとすれば、弁証学的解釈は教義学的考察を前提としていることになる。弁証学的解釈の範囲がどこまで許されるかの判断は、教義学によるものでないであろうか。両者は相互媒介的に規定し合い、組織神学の領域を形成するものであろう。ティリッヒ自身、『組織神学』第一巻の序論における「使信と状況」の項目で、「状況への、すなわち現代的人間の実存解釈への、根底的な関与のみが、預言者的自由と正統主義的固定化との間を揺れ動く現代の宣教的神学（教義学）の動揺を架橋することができる。換言すれば、宣教的神学（教義学）は必然的補完として弁証学的神学を必要とする」と述べている（『組織神学』第一巻、一二頁）。

ティリッヒの神学的思索の行き方として、まず理念や概念の歴史的由来や原初的意味を明らかにする歴史的・思想史的探究をなし、次にその考察を踏まえて一般的概念規定を行い、その普遍的意味を確定した上で、その理念や概念をキリスト教使信に適用する。したがって、この受肉論においても既に見たように、受肉の理念の聖書的・歴史的考察を経て、受肉の理念の一般的内容を定義する。すなわち「受肉とは、根源的かつ本質的神-人-統一が実存の諸制約下に啓示されることである」（全集第8巻、二一一頁）、あるいは「受肉とは、実存および実存の諸制約下における、その本質的性格を喪失しない、本質的神-人-統一の顕示である。この逆説の解明と、実存の変化にとってのその帰結とが、受肉論の課題である」（全集第8巻、二一二頁）、更に「受肉の創造である新存在は、現実的であり単に可能的でないゆえ、本質的存在を凌駕するし、同時に、それは本質的存在つまり本質的神人統一を実存の中にもたらすゆえに、実存的存在を凌駕する」（全集第8巻、二一四頁）。そして最後に、この本質的神-人-統一の現実化、すなわち新存在の出現を、キリストとしてのイエスの存在であると説明する。したがって、ティリッヒの弁証学的方法では、キリスト教使信は、一般的概念の中におかれて始めて、その普遍的意味を明示する。ここではキリスト教使信の普遍的意味が関心の中心であり、その独自性の主張がそれではない。したがって、イエスの存在と新存在との関係にある意味の曖昧さが残るのは、必然であろう。キリスト教使信の唯一無比の独自性は、弁証学ではなく教義学の関心であるからである。

ティリッヒは弁証学を存在論的概念を用いて構築した。新存在の概念が、現代文化の孕む問題性、実存における疎外の問題性の解決を与える、と理解したからである。罪悪の問題を疎外の問題と同定することに、ティリッヒ自身、一定度の留保を与えている。つまり、罪悪の概念には、疎外の概念に含まれていない、人間の自由と責任性が表現されているからである。責任という限り、その責任性は人格的関係においてのみ問題となりうる。神が存在者であることを断固否定するティリッヒの弁証学的神学は、神を存在と意味における無制約者、つまり我々に無制約的に関わるもの（das, was uns unbedingt angeht）と呼び、存在自体あるいは存在の根拠、深淵、存在の力として理解する。したがって、神は人格的存在者ではなく、人格を成立させる人格的存在の力として、超人格的存在である。この超人格的存在は対象化されえないゆえに、いわゆる人格的関係における責任性あるいは罪責性は否定されないとしても、積極的に肯定されることもない。このような超人格的な無制約者としての神の理念から、新存在の概念も規定され、存在者と存在との区別が強調され、神の救済である新存在の力は、いかなる存在者にも関与するが、いかなる存在者にも限定されることはない、と考えているのであろうか。そうであれば、キリストとしてのイエスは一個の歴史的・人格的存在者であるゆえ、新存在は彼にのみ限定される理由はない。イエスの存在にのみ新存在を限定すれば、神はイエスにおける神となり、一個の存在者として理解されるようになり、その神であることを否定する結果になる。このことは、弁証学的観点からキリスト教使信の普遍性を弁明しようとするティリッヒの立場においては、容認できないことであろう。しかし、キリスト教使信の真理性を、聖書に基づいて、信仰告白的・証言的態度で明らかにしようとする教義学的立場からは、新存在をイエスの存在にのみ限定しても、それは新存在の特殊化にはならないであろう。ペトロの説教「ほかのだれによっても、救いは得られません。わたしたちが救われるべき名は、天下にこの名のほか、人間には与えられていないのです」(使徒四・一二)は、歴史的人格存在における救いの実現の証言であり、告白である。この主張は、存在概念による普遍的思索を要求する弁証学的立場では成立不可能であろうが、信仰告白的決断による福音の真理の自覚的反省である教義学的立場では可能である。

4　関与とイエス像の問題

更に問題となるのは、新存在の関与の構造である。ティリッヒによれば、関与の概念はプラトンのイデアと個物との関係の問題に対して用いられた回答であり、関与とは分有を意味する。そこには歴史的出来事としての要素は考慮されていない。ギリシアの思想には存在を突破する新しさの概念は論じられていない。

しかし、ティリッヒのいう「新存在」が歴史的出来事としての存在であれば、ギリシア的分有の概念をそのまま用いることはできないはずである。ティリッヒは関与を分有とはいわず、関係概念として理解し、それを「捕捉されること」と定義する。歴史的実存はそれ自体として疎外された実存であるゆえ、実存から新存在を捕捉することはできない。逆に新存在によって捕捉されなければならない。つまり、新存在は啓示されるほかない。そして究極的啓示こそが「新存在」の歴史的・人格的出現である。それが受肉であった。歴史的出来事であり、しかも唯一回的出来事であるゆえ、ただそれについて告知されるほか伝達されえない。出来事それ自体は普遍的ではない。したがって、それを「存在」概念によって表現することは論理的に無理であり、比喩的・象徴的な表現として理解しなければならない。なぜなら、「新しさ」と「存在」との結合こそが「逆説」であろうからである。

ギルキーによれば、存在自体の概念も霊の概念も、歴史における救済力としての新存在の概念から展開されたものであるという(ギルキー『ティリッヒ論』、一三九頁)。しかし、ティリッヒの組織神学におけるキリスト論では、新存在が存在自体の概念に吸収されているのではないか、といわざるをえない。キリストとしてのイエスは、歴史における新存在の諸体験に対する究極的規範であり、それが規範である限り、キリストとしてのイエス以外にも新存在の働きを容認するからである(『組織神学』第二巻、一八一頁参照)。

確かに、存在の力はいかなる歴史的実存的疎外状況においても働いている。存在者はことごとく存在の力、存在自体に関与しているからである。しかしその場合、存在の力は人格的実存における分裂の克服としては現実化していないはずである。そうでなければ受肉が歴史的実存分析から導出できない、唯一回的出来事である、というティリッヒの主張が自己矛盾に陥るからである。この疑問については、「関与」の概念と、その関与の結果としてのキリストとしての「イエス像」、つまり、一個の人格的生における新存在の出現の像、彼のいう「像の類比」の概念を厳密に分析することにより、解明されるのではないか。その解明を試みよう。

「像の類比」(analogia imaginis)の概念は『組織神学』第二巻の「信仰と史的懐疑」の項目で論じられている。「ここにanalogia imaginisが存在する。すなわち、像とそこからこの像が成立した現実的人格的生との間の類比である」(『組織神学』第二巻、一二五頁)。しかし「像の類比」という概念は用いられていないとはいえ、この受肉論においてもティリッヒは、「受肉の逆説は、実存と実存の制約下に出現したが、その本質的性格を喪失しない、本質的神-人-統一の像、すなわちキリストとしての人間イエスの像である」(全集第8巻、二一六頁)、あるいは「受肉とは、キリストとしてのイエス像における本質的神-人-統一の出現である」(全集第8巻、二一七頁)と述べており、像の類比の理念は前提されている。

先に、新存在とイエスとの関係を論じたが、それは、いわば、新存在の存在根拠を問う問題であった。それは実存した歴史的イエスの存在と新存在との関係を直接に問うからである。しかし、歴史的実在のイエスは、我々にはそれ自体として認識不可能な、史料の背後に存在するものであるゆえ、歴史的実在のイエスは新存在の認識根拠とはなりえない。我々に直接かかわりうるものは、史実的イエスでなく、新約聖書によるイエス像である。我々はこのイエス像を通して新存在に関与する。認識論的順序でいえば、まず我々にはイエス像があり、イエス像を描いた弟子たちがあり、その弟子たちを選んだ歴史的実在的イエスがあり、このイエスの存在が新存在である。我々↓イエス像↓弟子たち↓歴史的イエス＝新存在ということになる。これに対して、存在論的順序は、新存在＝歴史的イエス↓弟子たち↓イエス像↓我々、ということになる。

我々はまず認識論的順序に従って、我々にとって現存するイエス像から始めて、新存在の関与を考察しよう。我々は新約聖書の具体的なキリストとしてのイエス像に出会い、それを受容するとき、その像を描いた人たちのイエス理解を受け入れる。そのイエス像は、史実的対象としての人間イエスの情報を我々に伝達するものでなく、また弟子たちの創作を示すものでもない。そうではなく、それはイエスをキリストとして受け入れた弟子たちの原証言として、イエスの存在を、すなわち、新存在を表出するものである。我々はイエス像を媒介にして、イエスの存在である新存在に関与する。その関与の根拠は、イエス像が弟子たちの関与の表出であること、すなわちイエス像が、実在的人格としてのイエスとの出会いと交わりを通して、イエスの存在である新存在によって弟子たちが捕捉されたという、弟子たちの関与の直接的表現であることである。つまり、我々の存在と弟子たちの存在とは、歴史的疎外における実存的存在である限りにおいて同質であり、同一である。それゆえ、弟子たちの実存状況における新存在の関与は、彼らの存在が新存在によって捕捉されるという、いわば恩恵的関与であり、その恩恵的関与の働きの表出がイエス像であるから、その像は、我々の存在をも捕捉する新存在の恩恵的関与の働きとして、我々の中に現在化する。したがって、我々はこのイエス像によってイエスの存在である新存在に関与する。すなわち、イエスをキリストとして受け入れるのである。

他方、存在論的順序に従えば、まずイエスの存在が新存在であることにより、イエスの存在には実存的疎外を克服した新存在の力が普遍的力として常に現在的であるゆえ、歴史的実存であるイエスの人格存在に出会った弟子たちの存在が新存在の普遍的力によって捕捉された、つまりイエスとの出会いによって弟子たちは新存在に関与した。その弟子たちの関与によって聖書のイエス像が創出された。したがって、このイエス像は新存在の普遍的関与の力を表出している。それゆえ、我々はこのイエス像を通して新存在に関与する。

以上のことを整理するとこうなる。まず、新存在とイエスの存在との同一性があり、この新存在の普遍的救済力に弟子たちは歴史的存在者であるイエスとの出会いによって関与する。新存在の歴史的具体化であるイエスの人格的実在なしに、いかなる人も新存在に関与することはできない。つまり、新存在→歴史的存在者イエス→弟子たちの関与、そして、弟子たちの関与→イエス像→我々の関与、という並行的な系列が成り立つ。そして「像の類比」は、歴史的存在者イエスとイエス像との間に類比を認める。「イエスにおける新存在の像は、新存在自体の創造物であり、それが提示する実存に対する勝利は、現実的に生起した勝利であり、それゆえにこそ、この像を創出することができたのである」(全集第8巻、一二七頁)。新存在の実存に対する勝利は、歴史的・人格的存在者の存在において生起する。したがって、史実的にはイエスの存在を確定することはできないとしても、このイエス像が虚像ではなく、実像であるがゆえに、つまり、その像が新存在の人格的存在者における疎外の克服の出来事を表出するがゆえに、イエスの歴史的実在が確証されることになる。イエスとイエス像との類比は、新存在の働きによって成立する。イエスの存在が新存在であるゆえ、イエスの存在はいわば「新存在」の「現存在」であり、この「現存在」であるイエスとの出会いによって弟子たちは彼らの存在が新存在によって捕捉されたことを自覚する。そして弟子たちはこの新存在の救済体験に基づいて、イエスをキリストとして告知し、証言する。それらの告知・証言がやがてまとめられて、新約聖書のイエス像が成立した。弟子たちの新存在の関与が、歴史的・人格的存在者との出会いによる捕捉であることが、決定的に重要である。つまり、弟子たちにとって、イエスと呼ばれた歴史的・人格存在者との出会いによってのみ新存在の関与が現実化したということである。したがって、ここにイエス像が彼らの関与の必然的結果として成立する。聖書のイエス像は、弟子たちの存在を捕捉する新存在による創出である。新存在は人格的出会いにおいて、その関与が自覚され、伝達されていく。したがって、これら二系列は、それぞれ対応する。新存在と弟子たちの関与、歴史的イエスとイエス像、弟子たちの関与と我々の関与、が対応する。つまり、新存在と弟子たちの関与は、歴史的・人格的存在者イエスとの出会いによる。イエスに媒介されて、弟子たちの新存在への関与が成立する。また、歴史的イエスとイエス像は、弟子たちの関与によって媒介されている。更に、弟子たちの関与と我々の関与は、イエス像によって媒介されている。

ティリッヒは『組織神学』第二巻の「事実と受容としてのキリスト教的出来事」の項目において、次のように論じる。「キリストとしてのイエスは、史的事実であると共に信仰的受容の対象でもある。キリスト教がそれに基づく出来事は、この両側面が正当に認められなければ、理解されない。……そこにおいて実存的疎外が克服された人格的生が存在しないとすれば、新存在は要求や期待であって、空間と時間における現実性ではないであろう。……キリスト教神学がナザレのイエスの史的事実性の承認の上に基づかねばならない、という理由はここにある。……

しかしながら他の側面、すなわちイエスがキリストとして受け入れられたことも、それに劣らず強調されねばならない。……そしてこれら両側面の統一からのみ、キリスト教がそこに基づく出来事が生じる」(『組織神学』第二巻、一〇八―九頁)。このようにティリッヒは、歴史的存在者イエスと、弟子たちによるキリストとしてのイエスの受容との統一が、キリスト教の基礎的出来事であると主張する。したがって、歴史的イエスと、イエスをキリストとして受け入れる弟子たちの受容とは一つの出来事であるから、弟子たちの受容の所産であるイエス像は、歴史的・人格的存在者イエスと分離することができない。弟子たちがイエスの存在である新存在に捕捉されたことの自覚的表出がイエス像であるからである。

ティリッヒは彼のキリスト論が始めて可能になったのは、新存在の概念の発見によるという。そして、この「像の類比」という思考方法は、史的イエスの問題を解決するために決定的に重要であると考えている。歴史的研究によってイエスの史的事実を確定することは不可能であるということは、聖書のイエス像の不完全性を意味するものではなく、それは原理的問題なのである。つまり、史実的イエスに関する歴史的に正確な情報がなくても、聖書のイエス像の真正性は些かも揺るがない。なぜなら、イエスの存在は新存在であり、その新存在の弟子たちへの関与の直接的表出が聖書のイエス像だからである。イエスにおける新存在は実存的疎外を根底的に克服するゆえに、普遍的意味をもつ。弟子たちのイエスを通しての新存在への関与は、全人類に対する新存在への関与の可能性を基礎付ける。その関与の直接的表出がイエス像であるから、我々はこのイエス像を通して新存在に関与する。新存在に捕捉されるのである。

ティリッヒは、関与を存在論的に理解している。像の類比は、いわば表現主義的肖像画にたとえられる。画家はモデルである人物の外観を描くのではなく、モデルの存在に関与して、その関与からモデルの本質を表現するからである。しかし、絵画は運動を運動として表現することはできない。絵画は時間の過程の中で、永遠的なものを表現しようとする。したがって、新約聖書のイエスに関する証言をイエス像として理解することは、新存在の普遍的意味を表現するためには適切であろう。

しかし、問題は新約聖書のイエスに関する記録をイエス像という、いわば静止的な概念で理解することにある。聖書において、弟子たちはイエスと人格的に出会い、イエスを中心とする歴史的共同体の中で生活した。そして、イエスをキリストとして告白するに至った。したがって、聖書のイエス像は、弟子たちがイエスのキリストであることを、自己の人格の全体をかけて証しした、告白的証言として理解すべきでないであろうか。そのような立場では、イエスにおける新存在の普遍的意味や超人格的存在ということに重心がおかれるのことはない。そうではなく、弟子たちによるイエス像は、それを通して、キリストとしてのイエス自身が我々に語りかけてくる出来事であり、イエスの存在である新存在自体は、我々に対する救済の言葉として、受け入れられるべきであろう。

ティリッヒは存在論的にキリスト論を構築するが、新存在の概念は元来、現実的存在の究極である歴史的・人格的存在に対して成立するのであって、非人格的・非歴史的存在に対して成立するものではない。したがって、新存在の「新」は、存在論的には解明されない。すべてを超越し、同時にすべてを包括する存在自体の中では、真に新しいものは生起しないからである。それゆえ、実存的現実を存在論的に扱うためには、存在一元論ではなく、存在自体の中に非存在をも認めなければならない。神は、存在自体であるとは、存在の根拠にして深淵という、存在一元論を超えた存在概念を用いなければならない。そのような存在概念は、ギルキーの述べるように、歴史的存在概念である。それは、動性と静止とを包括する存在概念である。そのような概念が厳密な意味で存在概念といえるか、は問題であろう。弁証法的なもの、非合理的なもの、逆説的なもの、これらをいわゆる存在概念の中に包摂することは、不可能ではあるまいか。これらの概念は、理性的な存在概念の破綻するところに、現れる。弁証法も、厳密に非存在の契機を認めれば、ティリッヒのいうように、合理的なものとして理解することはできなくなるのではないか。

ティリッヒは、キリスト教使信の逆説性を受肉論において強調している。そうであれば、新存在の概念自体が逆説的概念であろう。逆説を逆説として提示することは、弁明にはならないゆえ、ティリッヒは彼の弁証学的思索において、何とか逆説を理解できるように、存在概念の中に取り込もうとしているのであろう。ティリッヒは神認識について「存在の類比」を、イエス認識について「像の類比」を、提唱した。ここにティリッヒの存在論に対する深い関心が現れている。これらは共に、象徴的言表といってよい（『組織神学』第二巻、一二五―六頁）。ティリッヒが、キリストとしてのイエスにおける新存在を、実存における本質的存在の現実化と定義することは正しい。新存在の新しさは、実存において疎外を克服する出来事であり、受肉は新存在の出現である、と明言するからである。この出現に新しさがある。そしてこの出現が逆説的であった。ティリッヒが新存在の出現、新存在の新しさを徹底して考察していけば、彼の存在論的体系は成立しえたであろうか。逆説的出来事に直面して、そこで神学するとき、象徴論ではなく、実存的決断を伴う告白的証言という構造が明らかになり、歴史を存在に包括することはできなくなるであろう。

したがって、根本的問題提起は、ティリッヒの新存在の概念は、それ自体の逆説性を徹底して保持しえたであろうか、ということになる。ティリッヒにおいて「新しさ」と「存在」との結合がいかに考えられているかを探究することによって、この問題に解答を与えたいと思う。

『全集』は Paul Tillich, *Gesammelte Werke*, Bd.1-Bd.14, hersg. v. Renate Albrecht, 1959-1975, Stuttgart.

『組織神学』は Paul Tillich, *Systematische Theologie*, Bd.1, 3.Aufl. 1956, Bd,2. 3.Aufl. 1958, 3.Bd, 1966, Stuttgart.

『ティリッヒ論』は Langdon Gilkey, *Gilkey on Tillich*, 1990, New York.

Ⅲ　ティリッヒ神学の根本問題と諸問題

「新しい時間」と「新しい存在」

——バルトとティリッヒ比較研究ノート——＊

大木英夫

I　はじめに——バルトとティリッヒ

1

バルトとティリッヒは、二十世紀神学史における組織神学の構築上、重要な対極を代表する。どちらもヨハネ福音書のプロローグに出てくる受肉論的次元における発想であり、その限りでは両者ともにキリスト論的であるが、組織神学の構築に関して両者は基本的に違う展開をする。受肉の「肉」の理解において、両者は全く一致しない。しかし、その違いは、まず、そして基本的に、このヨハネ福音書のプロローグに出る「ロゴス」の理解において見いだされる。バルトは、その教義学を、説教という「語り」のことばから始めた。それを批判し、明確に反対したのはティリッヒであった。[1] それはロゴスを「語り」のことばとするだけではならないという批判である。ティリッヒは、ロゴスに「理法《ラチオ》」のことばを見た。そこから両者は、方法論的にも、内容的にも分岐している。しかし、この点については、ここでは主題的に論じることをしないで、むしろ目を受肉論の「肉」の理解に転じ、そこにおける相違について見てみようと思う。

2　バルトは、語りのことばから〈時間〉を理解する。「語り」とは時間の中に入った「ことば」である。「もしも神のことばが時間的とならなかったとしたら、その時には、神のことばはまた肉とならなかったであろう[2]」。「まさに、神ご自身の直接的なことばとわざとが、創造において、被造物そのものを措定し生かしめる時間を構成するのであり、つまり、被造物を非存在から引き離し、それに存在を授与し、そしてそれとともに現在と未来とさらに過去をも与えるのである[3]」。ロゴスが語りのことばであるならば、つまり「神の語りと行為」とがただ単に永遠的ではなく時間的であるならば[4]、その語りの動詞的性格もまた受肉の「肉」の理解にも貫徹する。ロゴスが理法的なロゴスであるならば、それは受肉の「肉」の理解にも影響する。ここで、バルトは「歴史」論的となり、ティリッヒは「存在」論的となる。

Ⅱ　「新しい時間」――バルトの教義学の基礎構造

1　**『ロマ書』から『教会教義学』へ**――バルトは、『教会教義学』を構築するにあたり、『ロマ書』への自己批判から出発した。それは、『ロマ書』における思惟様式に受肉論的な真理の理解が不十分であったことに対する自己批判である。それはなによりも『ロマ書』における幾何学的な例証によって示される思惟様式の問題であり、とくに啓示の出来事を数学的点とか、切線とかの表現をもって説明したことである。これでは受肉のもつ一定の領域が解消されることになるが、しかし、これは、空間的思惟の消滅点となると考えることもできる。また、そのようにして、それは、空間的思惟から時間的思惟の転換点を意味するものでもあり得る。この「数学的点」としての時間の理解は、時間を瞬間に解消し、受肉のもつ時間過程を不能にする結果にもなる。

2 『教会教義学』は「歴史の神学」であり得るか――バルト神学を「歴史の神学」と見なすことは、ひとつの解釈学的冒険に属するかも知れない。わたしは、以前に、バルト神学を世界史的コンテクストにおいて、「コルプス・クリスティアヌムの終りに立つ神学」と規定したことがあった。(5) それは、この神学の世界史的・教会史的位置づけを言うものであった。しかし、本質的に、バルト神学は「歴史の神学」としての性格をもっていることを無視すべきではないであろう。もちろん、この「歴史の神学」は、パネンベルクのそれとは異なる。パネンベルクは、救済史という概念を拒否し、普遍史なる概念を導入して「歴史の神学」を言う。バルトの「歴史」概念はすぐれて神学的なものである。バルトは「救済史は歴史そのものである」("Die Heilsgeschichte ist *die* Geschichte.")(6) と言う。この命題の射程は、世界存在の理解の究極点にまで達する。レーヴィットは、歴史的世界観の神学的背景を指摘した。その見方を肯定するか否定するかにかかわらず、この命題は、「歴史そのもの」の性格の神学的規定を意味している。この命題の根底には、バルトの「聖書的証言によれば」という、彼の神学的思惟の根拠づけがある。「聖書によれば、そもそもいかなる無時間的な真理なるものはなく、すべての真理は、聖書によれば、神の特定のもろもろの行為は、その中で神がご自身を開示される行為であって、それ自体まさしく永遠的な従ってすべての時間を包摂するものであるが、同時にまた具体的時間的な性格をもったところの神の特定のもろもろの行為なのである。それは「イエス・キリストご自身が、神として永遠であり、主としてすべての時間の上に立ち、しかもまた具体的

に時間的でありたまい、まさにそのようにしてこそ、世界とその教会の現実の主でありたもう[7]ようなものである。この「歴史」概念は、上述のように「すぐれて神学的なもの」であるが、それは、バルトが「歴史的現実」(geschichtliche Wirklichkeit)[8]を、「神的存在と態度（Verhalten）」、そして「神の語り（Rede）」に基礎づけているからである。「この神的存在は、いたるところに存在し同時にどこにも存在しないような、いつも現在し同時にどこにも現在しないような最高存在でなく、そうではなくて、常にまたどこででもその時々一回限りに語り行為する神的人格（Person）なのである。そして、その［神的人格の］神的態度（göttliches Verhalten）は、一般的な働きではなく、……むしろその神的態度の特別なもの（das Besondere）とは、常にまたどこでも個々の諸出来事や諸人格を登場せしめるところの言葉と行為の特別なもの（das Besondere）であり、それらの関連性における特別の歴史の具体的なもの（das Konkrete）であり、それらの個別性（Einzelheit）におけるまたその成り行き（Folge）における彼［その神的人格］の働きなのである。聖書全体が示す神は、これらの歴史的みわざの中でご自身を啓示され、行動される主（Herr）でありたもう[9]。神のことばとは、「言い表し得ないまた聴くことのできないロゴス」ではない、そうではなくて、「常にどこででも語られまた聞かれた語り（Rede）であって、その人間性の中にあっての人間に向けられ、その人間性の中にあっての人間の口にのぼるところの語りなのである[10]」。

3

バルトは、「歴史」を神学的に規定する。 その規定は、歴史の個別性を明確にする。「そのようにして、神の福音は、決して神は恵み深い父であるという一般的な真理ではなく、むしろ、神はご自身の御子において、御子の死とよみがえりの中で、われわれを悪くするすべてのものから善くするために、ご自身の御子をその代わりとして送りたもうたという特別な具体的な真理なのである。……そのようなわけで、神と人間の関係全体は、……歴史的な――よく理解してほしい、それは単に付随的に外面的に現象として歴史的というのではなく、まさに本質的に歴史的な――関係なのである」[11]。バルトがこの見方全体を、聖書的証言に基礎づけている。この歴史が「聖書的証言の本来的な対象」[12]なのである。聖書的証言は、それゆえ、これを一般的なものと個別的なものという哲学的の対立概念の適用として解釈してはならない。彼は、聖書の証言によって、神のことば、つまり主である神の語りにもとづいて、次のように結論する。「これらの歴史の中に、すべてはその自然的な場所をもっており、これらの歴史からして、その光、その意味、その権威をもっている。人はこの関係を逆転してみよ。聖書のもろもろの歴史を、一般的なもろもろの真理と法則の単なる例証として読んでみよ。そうすれば、人はそれら聖書のもろもろの歴史を解消し、それらからまさに真理と法則としてのその性格を確かに奪い、それら〔聖書的歴史〕は、いかに人がそれを高く評価するとしても、もはや神の言葉ではないであろう」[13]。このような考え方をもって、バルトの神学は、独特な「歴史の神学」となる。バルトの神学の中心概念のひとつとして「契約」概念があるが、契約それ自体歴史である。「恵みの契約は、徹頭徹尾、もろもろの歴史の中で発生し、遂行され、完成される」[14]。この契約概念を用いることによって、バルトの神学は、ティリッヒの「存在の神学」との対比において、すぐれて「歴史の神学」ということができるのである。

4　三位一体の神における歴史性――永遠と時間との関係は『ロマ書』の段階とは異なる。その違いは、創造論における受肉の出来事の時間理解において明らかとなる。バルトは、たしかに「神の永遠の本質そのものだけが、換言

すれば、その純粋に神的な存在形式のなかでの神だけが、時間の中にいたまわない」ことを認める。しかし、この永遠の三位一体の中でも、無時間的、無歴史的であるとは言わない。「神は、その内的な生の中で、三位一体なるお方として、むしろ、すべての歴史の原型と根拠であるがゆえに、無歴史的でありたまわない[15]」。バルトは、神の永遠を、「時間の創造の否定ではなく、むしろ、時間の創造への神の内的な用意（Bereitschaft）」と見なし、「神の永遠は、絶対的な卓越した時間であり、そのようにして、われわれの相対的な時間の源泉（Quellort）である[16]」と言う。

5

Nacheinander（前後関係）Auseinander（分割関係）Miteinander（同時関係）——これは、バルトが用いた時間的前後過程を示す言い方である。「神の肉となった言葉はある。そしてそれは、それがあったし、あるであろうことなしにあるのではない[17]」。バルトにとっては、受肉は受時である。受肉論の「肉」とは、「時間」である。「神のことばは、それが肉となることによって、また時間を身にまとった。すなわち、一人の人間のこの生涯の時間に属している前の時間と後の時間——まさにそのようにして、あのまことの現在のまことの過去と未来としての前の時間と後の時間——と共にそれを合わせて、ひとりの人間の生涯の時間を身にまとった。神の御子がまことの人間性を身にまとうこの必然的な着衣（Bekleidung）の中で、この現在、過去、未来の中で、神はわれわれの失われた時間からして、神の時間、恵みの時間、人間との神の契約の時間を創り出したもう[18]」。そして時間の性格が確定される。時間は瞬間ではなく、過去・現在・未来というプロセスをもつ。受肉が受時として理解されることによって、イエス・キリストにおいては、「完全な時間的現在」があり、「完全な時間的な過去と未来」とがあるのであって、時間の前後関係（Nacheinander）、分割関係（Auseinander）、同時関係（Miteinander）がある。[19]「イエス・キリストは時間を消し去ってしまわれない。イエス・キリストは『初めであり、終りであり、また（そのようにして）生きている者』（黙示1：17）でありたもう。彼は時間を正常な状態に回復したもう[20]」。

6 独特な「歴史の神学」

――バルトがロゴスを「語り」として捉えたことは、行為主義と言われるバルトの特徴を示すものである。この行為主義が、バルトの「歴史」の理解と内的に結びついている。ティリッヒの神学が「存在の神学」と言うならば、バルトの神学を「歴史の神学」と見なしてよい。[21]しかし、これは独特な「歴史の神学」である。あるいは、「救済史の神学」だと言ってもよい。「救済史は、実際、歴史そのもの（*die* Geschichte）、その中にすべてのそのほかの歴史が含まれており、換言すれば、救済史がすべてのほかの歴史の中で自分を反映し、例証している限り、すべてのほかの歴史がしるし、予型、模型、実例、反例をもって救済史にともなっている限り、いずれにしてもそれに属しているところの本来的な歴史（die *eigentliche* Geschichte）である[22]」。この「歴史」は独特なもので、神の行為に基づいている。神の行為の理解が、バルト神学を規定している。「歴史」とは、神の行為である。「この行為の遂行が歴史である」。その意味は、「創造者なる神は、歴史の中で行動し、ご自身を啓示する三位一体の神でありたもうということから、結果として生じてくる」ということである。「この歴史こそ、神学的に理解された歴史なのである[23]」。この「歴史」は、神の行為の中に基礎をもっている。その行為は、神の意志から発出する。神の意志は、人間を相手とし、そのように定める意志であり、この意志に発する行為が創造の歴史となり契約の歴史となって実現する。その歴史は「神の意志と決定の中で永遠からして下された決断の遂行（Ausfuerung）であり、対応（Entsprechung）である」[24]。バルトにおいては、創造と契約とは、ふつう救済史と考えられる順序とは異なり、契約は「創造の後に続きつつも、まさに創造の目的を形造って」おり、したがって創造は、「契約の歴史から続いて起こる」という関係になる。[25]この創造の歴史と契約の歴史との関係を結ぶ絆は、三位一体の神である。[26]「三位一体の外に向かっての業は分けられない」（Opera trinitatis ad extra sunt indivisa）という命題は、「三位一体の神ついて語りつつ、同時に、創造と契約の関連性のことを証ししている」[27]。

7

歴史と時間――歴史とは神の意志の時間的遂行である。三位一体の神は、「歴史の中で行為し、歴史のなかにご自身を啓示する神」[28]でありたもう。したがって、創造も「一連の時間の中で遂行される出来事」（*zeiterfüllende* Ereignisse）であり、そのようなものとして「歴史的な現実」（*geschichtliche* Wirklichkeit）である。[29]バルトは、ここで創造を、理神論的な一回限りの出来事としてではなく、契約の歴史の同伴する「継続的創造」（creatio continua）[30]と理解している。創造は無時間的な真理ではない。[31]聖書が創造の歴史でもって開始することは、人間と世界の存在の根拠と本質を、「恵み」の光のもとに理解していることを示している。[32]創造は恩寵の領域であって、自然の領域ではない。

8

永遠の定義――上にのべた永遠と時間との関係を、ここで検討してみる。バルトは、創造を「歴史」ということによって「時間」論へと入って行くことになる。創造は、三位一体の神の業として時間的に遂行される。時間は「神の創造と同時に」始まるゆえに、「神の創造は時間の根拠」であると同時に「時間の中で」起こる。[33] そこから、神の永遠性は「単純に時間の否定ではない」。つまり「永遠は決して無時間ではない」[34]。それでは「永遠」と何か。バルトは次のように定義する。「永遠とは、時間の源泉（Quellort der Zeit）として、卓越した時間、絶対的な時間、つまり、現在と過去と未来とが、今とかつてとやがてとが、真ん中と最初と最後とが、動きとその起点とその目標とが、直接的にひとつであることである」[35]。「永遠なる神もまた zeitlos ではない、そうではなくて高度に zeitlich である。それはまさに神の永遠は本来的に時間的であり、すべての時間の源泉（Ursprung）からである。しかし、神の永遠の中にあっては、かの時と今の時とやがての時、昨日と今日と明日とは、相互に入り組んで同時的（ineinander）であって、前後に継起する（nacheinander）ではない」[36]。この定義において、『ロマ書』と『教会教義学』との違いが出てくる。[37]「このようにして、永遠は、神ご自身の本質であり、そのようにして神ご自身は永遠でありたもう」[38]。このような永遠の定義は、「神ご自身が時間的（zeitlich）である」[39]と言うことを可能にする。それは神の永遠が、時間の原形式だからである。神は永遠者として、前時間的、同時間的、後時間的でありたもう。

9

被造物の存在形式としての時間――神の永遠性と区別されて、バルトは、被造物の時間を「相対的時間」(die relative Zeit)[40] とし、その時間は「永遠と違って、一方的に方向づけられた」過去、現在、未来と、相前後し分かたれている時間と見なす。[41] 神は、ご自身以外の他者に向かって、ことばを語り、行為したもう。その他者とは、相対的時間の中にある被造物である。被造物は、神のように永遠の中にあるのではなく、相対的な時間、あの継起する時間、過去と現在と未来に分かたれた時間の動きの途上にいる。神の恵みとは、この被造物との交わりにおいて、被造物の存在形式の中に自らはいり、「時間の中でそのみことばを聞かせ、時間の中でそのみわざを起こらしめるという仕方で[42]」交わりをもちたもうということでなければならない。

10 **創造と契約の関係**――創造と契約の関係の議論の中に、バルトの組織神学が基本的構造が現れ出る。時間が問題になるのは、三位一体の神の語りと行為が永遠から時間へと向かっているからである。永遠の神の計画が実行に移され、現実に起こる。契約の歴史・救済史においては時間の中に存在している人間が問題となる[43]。契約史・救済史の場は時間である。バルトは、契約史・救済史において、創造の確認と更新とを見ると同時に、創造が契約の前提であることが明らかになるとし、そしてそこから創造とその歴史の必然性を見る[44]。バルトの時間論は、三相構造をもつ。時間の開始である創造の歴史の時間と、その後に来ることになる契約の歴史・救済史の時間――この時間の中には相互に対立する二つ型の時間、罪に落ちたわれわれの時間と恵みの時間とがある――との三相構造をもって展開する。バルトはBildという語を用いるが、われわれは、三相構造と言う。神の永遠に対応する時間は、三つの別々に分かれた時間と言うべきではないであろう。一つの時間が三つの相をもつと見るべきであろう。根本的には、神のことば、語られたことばが、時間的となるからである。

11 **「われわれの時間」**――「われわれの時間」とは、「神に相対して孤立した、罪におちた人間の時間[45]」である。その時間を、バルトは、時間の流れが逃走（Flucht）となった時間と見る。そのようにして「非現実化」したと見る。「その中にまことの現在もなく、それゆえにまた、いかなる真の過去と未来もなく、いかなる中心も、それゆえに、いかなる始まりと終りもなく」したがって「まさに現実の本来的な時間ではない時間」、「永遠の中に認識し得る根拠と意味をもっていない時間」であって、それは失われた人間のもつ時間である。[46] バルトは、「実際にはいかなる時間ももっていない人間」と、神は、神の時間において、その恵みの時間の開始において、契約を結ばれた」[47]という。この人間の救いへと契約の歴史は向けられている。しかし、人間は、この失われた時間の中で、この契約の歴史によって、その契約の歴史の恵みの時間（Gnadenzeit）の光に照らし出されて、みずからの時間の「ゆがみとカリカチュア」の中に、現実の、本来の時間を示す、その証しをしているかぎり、まったく虚しいということもできない。[48] その恵みの時間の光に照らされて、失われた時間の中に時間の原型が現れる。「こうして、恵みの契約の歴史との関連における、そして神の恵みと啓示の聖書的証言によればその前提としての、創造の歴史——まだ罪に落ちていない人間とその世界の創造の歴史——もまた存在するならば、この創造の歴史の時間——そこではまだ神が人間と契約を結んで語り行動されたのではなく、ただこの契約の故に語り行動された、つまり神がこの人間の創造者として語り行動し始められた——　まさにその歴史の時間が、『われわれの』、ゆがみ曲がった、カリカチュアとなった時間の、純粋な原型であったということ、またこの『われわれの』時間とは、まさにそれが現にそうであるようなゆがみとカリカチュアとして、この時間の反対の型をなしているということを言わねばならないであろう」[49]。以上バルトのいう「われわれの時間」のやや難解な説明は、創造と堕罪の関係を、時間の相において捉え直したものである。ここで明らかなことは、バルトが、平板な一次元的時間過程の上で、創造と堕罪を継起的に考えるのではなく、神の恵みと啓示によって、時間を見直しているということである。失われたわれわれの時間は、この神の恵みと啓示の光によって、創造の歴史の時間という「あの第一の、本来的時間」なしには存在しえないであろう。「ちょうど、言うまでもなく、人間は、彼のあの第一の時間の中で、まず何よりも先に、その本来性（Eigentlichkeit）、その本来性を後に失ってしまったが、その本来性の中で創造されていなかったら、そもそも失われ駄目になってしまうこともあり得なかったように」[50]。この説明は、たとえばブルンナーが言う創造論と基本的には異なるものではないことを示す証拠であろう。しかし、バルトは、それを、時間論的に捉え直すのである。しかもこの時間の背後には、先に述べた永遠論がある。したがって、神の契約が、創造の内的基礎として先行する以上、創造から堕罪へという継起が基礎的な構造となるのではなくなる。以上は、バルトの時間論の三相構造の第一と第二の関係である。しかし、もうひとつの「それよりもはるかに重要な」[51]時間の相を見なければならない。

12

「新しい時間」――バルトが「それよりもはるかに重要な」時間というその時間とは、恵みの時間（Gnadenzeit）と呼ばれる時間の第三の相である。恵みの時間とは、「その中で契約の歴史が演じられる時間」[52]である。この「恵みの時間」が「新しい時間」である。新しい時間とは、「『われわれの』時間のただなかで、つまり罪に落ちて神に対して孤立した人間の時間のただなかで、今や、神がまさにこの人間を恵みのうちに引き受けたもうことによって、神がわれわれのために持ちたもう時間であり、人間が神によって授《フェアライエン》与された時間を喪《フェアリーレン》失したあとで、まさに恵みの時間としてふたたび贈与しようとされたところの時間であり、その新しい時間が出現することによってわれわれの失われた時間それ自体が消滅へと判決される、しかも変容され更新される」[53]、そのような時間を意味している。この「新しい時間」はキリスト論的に捉え直される。新しい時間は、「神によって創造された世界の中での、イエス・キリストにおいて成就された神の固有な現在によって（durch Gottes in Jesus Christus vollzogene eigene

Gegenwart)[54]」成り立つところの時間である。この時間は、被造物の失敗によって何ら揺るがされることのないご計画に基づく創造者なる神のもちたもう時間であって「真正の時間的過去と未来とをもった真正の時間的現在なのである[55]」。

13

「受肉」と「受時」――神のことばは、語られる、そのことは、時間的になることである。バルトにとって受肉とは、受時である。受肉とは「時間を身にまとう」ことである。この時間は、あの『ロマ書』における「数学的点」のようなものではない。それは、一個の人間がその生活と生涯において辿る時間、そしてそれは過去と未来を具備した「生の時間」(Lebenszeit)であって、受肉とはそのような時間を身にまとうことである。それは身体性というよりは、バルトにおいては時間性である。バルトの独特な思想内容は、次のような発言に出ている。「受肉したことばが(現在)ある。そしてその受肉したことばは(過去に)あったし、また(未来に)あるであろうということなしに、存在することはない[56]」。この命題が極めて非常識的であることは、そこに含蓄されているのは、神学的常識となっている受肉以前の'λογοσ ασαρκοσ'の先在ではなく、受肉者の先在であり、十字架につけられた者の先在を意味するからである[57]。「生の時間」とは、〈過去〉と〈現在〉と〈未来〉を具備した時間である。新しい時間も真正の時間として、そういう時間的前後関係(Nacheinnader)をもちながら、また相互区別関係(Auseinander)をもちながら、その両者をひとつとする全体的結合(Miteinander)をもっている。この'Miteinander'の故に、受肉者の先在ということが根拠づけられる。そのような時間として、われわれの時間の中に入ってくる。イエス・キリストは、「時間を消し去ってしまうのではない」、いな、「彼は時間を正常な状態に回復する[58]」。イエス・キリストの十字架の死によって、古きは過ぎ去った。しかし、この死の旧約聖書の証言によって、それは過去ではなく、現在と未来とであり続ける。イエス・キリストのよみがえりの中で、すべてが新しくなった。しかし、新約聖書の証言によって、それは単に未来であるだけでなく、現在と過去であり続ける。そうバルトは考える。この過去・現在・未来の'Nacheinander'と'Auseinander'と'Miteinander'において「恵みの時間」の時間性を捉える。「イエス・キリストは、時間を消し去ってしまわれない。……彼は、時間を正常な状態に回復したもう。彼は、時間の傷をいやしたもう。彼は、時間の内容を満たし、実現したもう[59]」。

14

時間の三相の相互関係――

「創造の時間」と「われわれの時間」と「恵みの時間」という時間の三相の相互関係は、決して明晰な議論とは言いがたい。しかし、それはバルトの考え方の理解にとっては重要な結び目をなしている。創造の時間（これをUrbildとすれば[60]）に対して、他の二つの時間つまり「われわれの時間」と「恵みの時間」が二つの対型（zwei Gegenbilder）をなしているが、「恵みの時間」こそが「創造の時間の本来的な対型（*das eigentliche* Gegenbild[61]）」なのである、と言う。恵みの時間とはイエス・キリストの時間であるから、イエス・キリストの時間が「創造の時間の明白にして完全なるGegenbild[62]」である。ということは、われわれの「失われた時間」は、創造の真の対型ではないことを意味する。これら時間の三相の相互関係は、他方でこのように言われる。「『われわれの』空虚な時間が、この「創造の」充実した時間とあの「恵みの」充実した時間の間に割って入り込み、両者の間でいわば空洞を創り出すことがゆるさえるといった具合ではない。確かに、『われわれの』空虚な時間であったし、あるのである。しかし、あたかもかつては、ただ、この空虚な示談だけがあった、といった具合ではない。そうではなくて、確かに神の創造の時間の後、この空虚な時間が始まった時、この空虚な時間と同時にまた、神の恵みの時間も、創造の時間の過去との、本来的な続きと継続しての恵みの時間も、始まったのである。……人間の失われた時間は、初めからして、(創造の時間を直接継続している)神的な恵みの契約の時間によって巡り過去前、取り囲まれていた」[63]。に続いて起こるのは、恵みの時である。創造の時間は、神のことばとわざとしてこの恵みの時間がそのあとに続いて来ることによって、それ自体Wendezeit(方向転換の時間)でありUebergangszeit(移行の時間)でありEntscheidungszeit(決断の時間)となる。「われわれの時間」、その空虚な時間は、「創造の時間」と「恵みの時間」との間に空洞をつくり出すのではない。空虚な時間が始まったとき、同時に恵みの時間も始まったのであり、それゆえその空虚な時間もまた「恵みの時間によってめぐり囲まれていた」[64]。この「恵みの時間」が、まさにUrzeitなのである。

15 恵みの時間がすべての時間の原型(Urbild)

——バルトは、「創造の時間」と「恵みの時間」との関係を、逆転させる。この逆転によって、バルトの時間論の究極の捉え方が出てくる。そこにバルトのキリスト中心主義が、創造論においても貫徹される。「われわれは恵みの時間を、創造に時間のGegenbild(対応像)と呼んだ。究極的根底においては、逆に、創造の時間は恵みの時間のGegenbildとして理解されなければならないのではないか」[65]。そこで時間理解が、常識的ではなくなる。「世界と人間が、イエス・キリストにあって、すなわち、イエス・キリストのゆえに、イエス・キリストのために、創造されたということが、さらに換言すれば、神が被造物に対して、御子の人格において、永遠から身を向けられたあわれみが実行に移される実現化の道の上で創造されたということが、まことであるとすれば、その時、創造は和解に先行しておらず、むしろ和解の後に従うのである」[66]。「そのときには、しかしまた、第一の、本来的な、原型的な時間は、創造の時間ではなく、むしろ和解の時間、それを目指して、世界と人間が、神の意志にしたがい、神の行為によって、創造されたところの和解の時間である。ヴィルクリヒな時間は、そのとき、主要なものとして、イエス・キリストの生の時間（Lebenszeit）、すなわち、（その死とよみがえりにおいて遂行された）方向転換、移り行き、決断であり、――イスラエルの歴史の中での、キリスト教会の存在の中での、この出来事（ゲシェーエン）の前の時間（Vorzeit）と後の時間（Nachzeit）、すなわちを含めて、イエス・キリストの生の時間である。このヴィルクリヒな時間と対応しつつ、このゲシェーエンの必然的な、抵当名型式として、時間はもともと、創造において、創造と共に、また同時に、創造の歴史そのものの形式として、創造された。もともと、あの、それの事柄的な根源と根拠との関係においては模写として、また Gegenbild として、創造された」[67]。「新しい時間」とは、実は、根源的な時間である。

16

和解の時間論的構造――バルトは、和解をも「歴史」として理解する。[68] この理解において、繰り返し言うが、バルトの神学は、独特な意味での「歴史の神学」となっている。その基本構造は、時間論である。神との和解の歴史における人間の時間論的構造にここでは着目することになるが、その基本的なかたちは創造論において提示されている。この受肉によって受けとられた時間は、恵みの時間、神の人間との契約の時間、われわれ人間の失われた時間の中から創り出したもう「神の時間」、「神ご自身がその中に赴かれ、それをご自身のものとされ、それをご自身のものへと創り変えられることによって、……われわれの時間は、別な新しい、ヴィルクリヒな、充実した、つまり神のよって支配された時間となった」[69]。和解とは、「現実的に時間をもつこと」（wirklich Zeit haben）であり、時間から離脱することではない。無時間になることではない。「彼は、彼を信じる信仰の中でヴィルクリヒな時間の同時代人（Zeitgenosse）となるように、彼の中で彼を通してヴィルクリヒな時間をわれわれの側でももつようにと、招きたもう」[70]。ヴィルクリヒに時間をもつこととは、イエス・キリストにあってまたイエス・キリストとともに、その死の力によりまたそのよみがえりの力によって、方向転換（Wende）をすることであり、その方向転換において人間の罪、奴隷状態、断罪、死が、そしてそれとともにまた「われわれの」失われた時間が過去となって背後に去り、そしてそれらの重荷をイエス・キリストが担って下さることによって、それはそのような代わって担われた重荷として現在であることを許されているのであるが、そのような方向転換である。また、この方向転換によって、人間の無垢、服従、義、聖、浄福が、われわれの前に未来としてある、しかもイエス・キリストにあってその業とその勝利によってそれは既に現在となっているのであって、そのような現在に生きることを意味する。ヴィルクリヒに時間をもつこととは、「イエス・キリストにあって、イエス・キリストと共に、その現臨にあずかる参与の故に、この過去からこの未来へと進む道の上にあることを意味する」[71][72]。イエス・キリストにおける時間の移行（Uebergang）の中に生きること、simul peccator et iustus（罪人にして同時に義）という仕方で、イエス・キリストと共に、そこからかしこへと向かって進んで行くことを意味している。「このヴィルクリヒな時間とは、イエス・キリストの中でまたイエス・キリストと共にそれをもつことを許されているところの、恵みの時間（Gnadenzeit）であり、古い契約と新しい契約における時間である」[73]。このような仕方で救済が理解される。

17　**恵みの時間の時間としての本質**——それは、創造の時間と同質である、とバルトは言う。このことから、バルトは、「恵みの時間がすべての時間の原型（Urbild）[74]」という命題に至る。「恵みの時間がすべての時間の原型として理解されねばならないのではないか」と自問し、バルトこう答える。「世界と人間が、イエス・キリストにあって、すなわち、イエス・キリストのゆえに、イエス・キリストのために、創造されたということ、さらに換言すれば、神が被造物に対してみずからを、被造物を担いかつ代表する御子の人格において、永遠からして向けたもうというあわれみの実現（Aktualisierung）の途上で〔世界と人間を〕創造されたということがまことであるならば、その場合は、創造は和解に先行するのではなく、むしろ和解の後に従うのである。なぜならば、創造においてではなく、和解においてはじめてこのあわれみは、神が永遠から目指しておられた目標に達するからである。したがって、第一の、本来的な、原型的な時間は、創造の時間ではなく、むしろ和解の時間なのであり、つまり神のご意志に従い、神の行為によって世界と人間とが創造された、その創造が目指すところの和解の時間なのである。そういうわけで、ウィルクリヒな時間とは、第一義的に、イエス・キリストの生の時間（Lebenszeit）、すなわちその死とよみがえりとにおいて遂行された方向転換（Wende）、移行（Uebergang）、決断（Entscheidung）をもち、イスラエルの歴史の中とキリスト教会の存在の中にこの出来事（Geschehen）の前時間（Vorzeit）と後時間（Nachzeit）をもつところのイエス・キリストの生の時間なのだる。このヴィルクリヒな時間に対応しつつ、この出来事（Geschehen）の必然的かつ適当な形式として、その起源として時間が創造されたのであって、その創造において、創造と共に、またそれと同時に、創造の歴史そのものの形式として、時間が創造されたのである[75]」。——ここにバルトの時間論の構造があらわに出ている。創造の時間は、起源的には、すべての時間の開始として創造されたが、それは、イエス・キリストの生の時間における時間の内実的根源根拠との関係においては、模写的でありまた対型をなしている。しかし、創造の時間は、恵みの時間の模写あるいは対型として、すべての時間の始まりとして、これもまた恵みの時間に劣らず、ヴィルクリヒな時間とみなされる。しかし、バルトは、創造の時間を時間の原型とする考え方を、ひるがえす。恵みの契約の時間は、「人間の罪にもかかわらず先に進んで行く創造の時間以外の何ものでもない」、つまり、人間の失われた時間とは異なり、創造の時間と質をもつものとして、創造の時間が「始まり」という性格をもって後続する人間の罪の時間に先行するものとして対立するのに対して、恩寵の時間は、罪の時間という反抗する相手をもつ時間である。そこで、バルトは、「恵みの時間がすべての時間の原型（Urbild）として理解することへとひるがえる。そこにキリスト論的時間論の典型的表明がある。「世界と人間が、イエス・キリストにあって、すなわち、イエス・キリストのゆえに、イエス・キリストのために、創造されたということが、……まことであるとすれば、そのとき、創造は和解に先行しておらず、むしろ和解の後に従うのである。なぜならば、創造においてではなく、和解において初めてこのあわれみは目標、神が永遠から目指していたもうた目標に達するからである。そのときには、しかしまた、第一の、本来的な、原型的な時間は、創造の時間ではなく、むしろ和解の時間、それを目指して、世界と人間が、神の意志にしたがい、神の行為によって創造された、和解の時間である。ヴィルクリヒな時間は、そのとき、主要なものとして、イエス・キリストの生の時間（Lebenszeit）、すなわち、（その死とよみがえりにおいて遂行された）方向転換、移り行き、決断であり、イスラエルの歴史の中での、キリスト教会の現実存在の中での、この出来事の以前の時間（Vorzeit）と以後の時間（Nachzeit）を含めて、イエス・キリストの生の時間である[76]」。このことによって、時間の本質性格が規定されてくる。それは、歴史と永遠の区別ではなく、歴史と永遠の独特な関係となる。

18

「ヒストリエ」と「ゲシヒテ」――「まさにそれだからこそ、創造のゲシヒテは、いかなるヒストリエでもないし、また創造のゲシヒテについてはいかなるヒストリエも存在しえない(77)」。バルトは、歴史（ゲシヒテ）の問題を、復活のゲシヒテをどう理解するかへと先鋭化する。そこでは、ゲシヒテのヒストーリッシュな構成要素は消滅され、ヒストーリッシュな記述を不可能になる。ゲシヒテは、たとい部分的にヒストリエと関わっていることはあっても、それは「その本質からして、徹頭徹尾 unhistorisch であり、……徹頭徹尾 unhistorisch なものとして読まれ理解されうるだけ(78)」である。そして、バルトは、このゲシヒテを捉える概念として、ザーゲ（Sage）＝伝承《いいったえ》を用いる。バルトはこの概念をもって「具体的に一回的な、時間的・場所的に制限された、有史以前の Geschichtswirklichkeit についての予感（Divination）的、詩（Dichtung）的な Bild（像）」を理解する。その概念を神話（Mythos）や物語（Märchen）などから区別し、それをもってヒストーリッシュな研究対象で捉えられないゲシヒテの次元を擁護する。創造の時間性は、創造者の恵みが必然的に対応するものとしてもつ語りがゲシヒテとなる。それは、ゲシヒテが語りとなるということでもある。それをザーゲと呼んだ。つまり、それは存在のような思惟される対象ではなく、それ自体語りである。「聖書的創造歴史は、純粋なザーゲである。……ザーゲは、もっとも文字通りの意味において〈ラディカル〉な歴史時間（Geschichtszeit）に目を注ぐ(79)」。

19

「四十日の福音」（evangelium quadraginta dierum）――これは、創造論の第40節「時間の中に人間」の箇所に論じられるテーマであるが、この興味ある議論については、すでに述べたことがあるので、ここでは割愛する(80)。

Ⅲ　ティリッヒの存在論的神学の方法

1　**言葉と存在**——バルトは「新しい時間」というが、ティリッヒは「新しい存在」という。バルトの場合は、斬新な受肉論となる。しかし、ティリッヒに場合は、受肉論の否定によって、ナザレのイエスは、「新しい存在」の担い手となる。そのような仕方で、存在論的考察の対象となる。バルトとティリッヒとの違いは、ヨハネ福音書のプロローグの「ロゴス」の捉え方に出てくる。「そして彼自身が『言葉』（'the Word'）と呼ばれている。まさにこの最後の例こそ、彼をキリストとするのは、彼の（語る）言葉（'the words'）ではなく、彼の存在（being）であることを示している。これが（彼の存在が）メタファーとして『言葉』と呼ばれている。というのは、それは、人類に対する神の究極の自己啓示だからである。彼の存在が『言葉』と呼ばれるのであり、そのようなものとして、彼の言葉をも語るのである。しかし、『言葉』として、彼はすべて彼が語った言葉（all the words he has spoken）以上のものである」[81]。この言葉（the Word）と存在の同一化が、バルトとの根本的な違いを示すことになる。そこから、ティリッヒの神学の存在論化（ontologize）[82]が始まる。ティリッヒは、イエス・キリストを、キリストとしてのイエスと言い換える。そして、それを「新しい存在の担い手」[83]と規定する。

2　**形而上学的ショックとキリスト論的ショック**——ティリッヒは、哲学者と同様に、形而上学的存在論的ショックから入ると言ってよい。それによって、彼の思索は基本的に哲学的関心に導かれるということになる。それに対して、バルトは、キリスト論的ショックから入る。ティリッヒの『組織神学』第二巻の序論は、第一巻の惹き起こした疑問や反論に答えている。このところは、ティリッヒの考え方を知る上で有益な箇所であろう。ティリッヒは、「存在と神」というテーマについて、説明を追加した。ティリッヒは、第一巻では、「神は存在それ自体」とか「神は存在としての存在」と規定したが、ここでは存在論の中に密かに人格的な考え方が取り入れられていることに注目せねばならない。ティリッヒは、"*He* is being-itself or being as being."(84)という。イタリックは本論文の筆者によるが、この「彼」という呼び方の中に、キリスト教的考え方が出てくる。なぜ、存在を人格的な代名詞で呼ぶのか。それは徹底的に"It"=「それ」でよいではないか。しかしそうなれない。そこにティリッヒのキリスト教的背景が顔を出している。ティリッヒにおける哲学とキリスト教思想のambiguous mixtureが、ティリッヒの思想を難解にしており、またティリッヒの思索を二刀流使いにして抵抗しにくくしている。「天網恢々疎にして漏らさず」、ティリッヒの存在論は恢々、疎にして漏らさず、そのように存在論的思惟の網をかける。それが第五巻の「歴史と神の国」の議論にまでかけられる。ティリッヒは、人格的な概念を存在論的に捉え直すのであって、それは決して人格論的ではない。その考え方の典型的なものが『存在への勇気』の議論の中に現れる。ラインホールド・ニーバーは、ドラマとか自由とか、聖書的とか言う。この自由を存在論で処理できないという。しかしティリッヒは、キリスト教を存在論化することによって、自由の存在論を強行する。ティリッヒとラインホールド・ニーバーとの論争は、未決の問題を残したままである。

3
存在論的神学——ティリッヒは、この序論の部分で、組織神学における「存在」概念の使用について、これまでの批判に答えている。キリスト教神学の中に the philosophical concept of being[85] の導入があったことはキリスト教思想史の示すところであり、とりわけ中世のスコラ神学がその決定的な影響を受けたことも周知のところである。それに対するアンチテーゼがあったこともまた知られている。それはとくに宗教改革以後の聖書的神学の伝統に見いだされる。アメリカにおいては、聖書主義の伝統は依然として生命力を保持し続けている。ティリッヒの存在論的神学は、それとは全く違う思想を打ち出した。ティリッヒ自身、アングロ・アメリカの聖書主義の伝統とぶつかることを自覚している。ここで、ティリッヒは、「存在」概念を、彼のシステムの三つの部門それぞれに導入したことを認める。第一は、God as being, the ground and the power of being として、第二は、人間論において、本質的存在と実存的存在として、第三に、キリスト論において、つまり新しい存在の顕現、聖霊によるその実現という三つの部門を貫徹している。

4
聖書的パーソナリズムの超克——この存在概念の導入について、ティリッヒは、ノミナリズム、パーソナリズムの側からの批判があることを認める[86]。存在とは最高の抽象ではないか。それはゲヌス、類、そのもとのあらゆるものが含み込まれる。ノミナリストは、そこでは個が見失われると見る。ティリッヒは、ノミナリズムのこの考え方を拒否する。それは虚無に対しての存在の経験の表現として規定する。これは『存在への勇気』の議論となっている。その点で、『存在への勇気』は、彼の思想のシステムよりは、思想内容を示すものとして重要な書である。「存在」は、「存在の力」として規定される。ティリッヒは、ユニヴァーサルズとパティキュラーズを越えたトランセンデンタルなものを言う。そしてそれを古くはパルメニデスやシャンカーラの思想によって補強する。それはまた、現代では、ハイデガーやマルセルによって発見されたという。彼は、このような存在概念を神学も排除できないという。問題は、虚無に対する存在の経験は、人格的経験であるか、それとも存在論的、つまり存在全般に関わる問いであるか、ということであろう。彼は、人格主義が聖書の中にあることを認める。そこで聖書的人格主義と哲学的な存在論とのラディカルな対立の可能性を指摘する。しかしティリッヒは、「聖書宗教にはいかなる存在論的思想もない」(87)ことを認めるが、聖書のシンボルに存在論的含蓄のないものはない、とも言う。だから、only artificial barriers が、知的探求を神の「存在」、人間の本質的「存在」と実存的「存在」とのギャップ、キリストにおける新しい「存在」を問うことを妨げるだけだと言う。――果たしてそうだろうか。ここにティリッヒに対する根本的問いがある。ティリッヒは、存在という概念の非パーソナルな性格を認める、しかし、この問題について、超パーソナルは非パーソナルではないという議論をする。果して「パーソナル」ということは、超えられるか、そこに問題がある。聖書的な考え方が果たして 'reduce theology to a repetition and organization of biblical passages'(88)になるのか。ここにティリッヒとアングロ・アメリカ的伝統との正面衝突がある。彼は、聖書的パーソナリズムのやり方では、キリストを「ロゴス」と呼ぶことができないであろう、という。

5

相関方法の問題――ティリッヒは、問いと答えは相互独立している、と強調する。そしてその間の関係を「創出」することになる。それが彼のアポロゲティクとなる。しかし、罪が根本的な人間の問題であるならば、それは、バルトが言うように恩寵の答えからしか分からないのではないか。恩寵という答えの光においてでなければ、問いが分からない。その相関的結びつきは、コルプス・クリスティアヌムの残照の中での誤認ではないか。すくなくとも日本の経験はそうはならないのではないか。しかし日本においても恩寵の答えから人間の本当の問いが出てくる。歴史の中からメシアニズムが出てくるということが言われる場合、それは、やはり、最初に出エジプトという恩寵の経験があったからではないか。メシア待望ということは、明らかに問いであり、そしてそれに対する答えは、イエス・キリストである。それでも十字架のメシアは躓きであった。ティリッヒの言う実存的な問いとは、メシア待望とは異なる問いではないか。バルトの「否《ナイン》」は相互関係を否認するのは、自己欺瞞だという。ティリッヒは、「神学的循環」ということを彼自身の解決策として提示する。

6

創造と堕落の同一化——ティリッヒの『組織神学』第二巻は二部に分かれる。そこでは、人間論とキリスト論（救済論）が取り扱われる。それは残存するキリスト教的素材を用いた相関関係である。もちろん教えられるところは多い。しかし、それは、日本では妥当しないつながりもある。冒頭で、the Christという言葉が、人間の実存的状況とコントラストをもっていることを論じる。キリストは「新しい時代《エーオン》」をもたらす。ティリッヒは、この「新しい」という言葉から「古い」時代との対比に入る。この人間状況の分析は、聖書の影の下での神学的作業であり、その辺は、実存主義、例えば、ハイデガーの分析とは異なっている。Existentialism has analyzed the "old eon," namely, the predicament of man and his world in the state of estrangement.[89]——実存主義の出現は、キリスト教神学にとって幸運であった、それは人間状況の古典的なキリスト教的解釈を再発見したからだ、と言う。テイリッヒはその間に関係を見る。次に、本質から実存への頽落、堕罪のシンボルについて、ティリッヒは「堕罪」を直接的に聖書のアダムの堕罪の神話と同一化しない。それは「シンボルとしての堕落」である。このシンボルが解釈の助けであるだけでなく、解釈を導くことになる。A "half-way demythologization" of the myth of the Fall.[90] と言う。しかし、一番の問題は、創造と堕落の一致（coincidence of Creation and the Fall）[91] というティリッヒの主張である。

7

存在（being）と本質（essence）と実存（existence）

存在（being）と本質（essence）と実存（existence）とはティリッヒの存在論の基礎カテゴリーであるが、それを用いて、ティリッヒは、彼の組織神学を構築する。彼の「存在」は、それが非存在を排除する力なしに成り立たないから、その存在は、「存在の力」（power of being）と言い換えることができるし、そうせねばならない。[92] ティリッヒは、神概念をこう規定する。「神は実存しない。彼は本質と実存を超えた存在自体である」（"God does not exist. He is being-itself beyond essence and existence."[93]）と言う。この文章に、ティリッヒ神学の構造の基本が出ている。バルトは、神を徹底的に'I'として第一人称で呼ぶことをもって、神学を始める。聖書的神が第一人称の神であるならば、神を第三人称で呼ぶことは、そこにいわば次元的転落があることを認めなければならない。この転落は、いわゆるヘレニジールンクの過程において起こったことであって、その意味で、ティリッヒは、ヨーロッパのキリスト教神学におけるこの次元的転落の伝統を継承している。ティリッヒにとって、神は being-*itself* であある。神を person と見なすことを首尾一貫否定する。ともかく、神が「存在自体」であるならば、神学も形而上学的存在論的ショックから入ってもよいであろう。しかし、形而上学的ショックがティリッヒにおいて問いと答えの相関方法が動き出すのは、存在自体の同一性がそのままではだめで、「神」と「実存」との区別における実存の有限性の中に神への問いがあるからである。神への問いは、本質から実存へ移行における「緊張と崩落」(tensions and disruptions)[94]の故に、実存の中から出てくる。この問いが発生するのは、人間のもつ「神の問いの中に神の意識があるからである」(“……because an awareness of God is present in the question of God.”)[95]と言う。「この意識がその問いに先行する」(This awareness precedes the question.)[96]。この神意識の先行において、ティリッヒはシュラエルマッハー的である。

8

投映されるスクリーン——バルトの神学が、コルプス・クリスティアヌムの崩壊を促進する神学であるならば、ティリッヒの神学は、コルプス・クリスティアヌムの廃墟を再建しようとする思索だということができる。バルトが「神が語る」ということから入るのは、そこに神の自己啓示があるからである。それは、神の「名」の啓示である。ティリッヒは、存在という概念から入る。しかし、「存在」は一般概念であって、哲学者も用いることができる概念である。それをどのように限定して「名」をもつ神へと到達することができるだろうか。バルトは、フォイエルバッハによって宗教を否定する。しかし、フォイエルバッハの投影論をティリッヒは肯定する。ティリッヒは、投影される場合、それが投射されるスクリーンを想定する。しかし、そのスクリーンが、聖書の証しする神であると、誰が確言できるか。ティリッヒの神は無名である。

9

アポロゲティクとドグマティク――キリスト教神学の一分野であるアポロゲティクとは言うまでもなくキリスト教のアポロゲティクである。したがってアポロゲティクは、「キリスト教とは何か」の理解を前提として企てられねばならない。その限り、事柄の順序からして、それはドグマティクに後続することになる。アポロゲティクはドグマティクを要求する。しかし、さらに、そのドグマティクの内容が何であるかの前に、その内容が何を基準として構想されるか、という形式の問いを先行的に問い、それに答えて置かねばならない。われわれはアポロゲティクの必要を重視するが、それゆえにこそこの順序を正さねばならない。日本においては組織神学のプロレゴーメナとして聖書正典論がまず確定されねばならないのである。ティリッヒは彼が受け継いできたキリスト教、言い換えれば、彼がその神学の素材としているキリスト教に彼自身の解釈と修正を加えながらアポロゲティクに直行する。そのおおよその全体像は、彼の『キリスト教思想史』に見いだされる。しかし、基準の問いは形式的な問いである。内容がどのような形式によって規定されているか、という問いである。彼は、彼の『組織神学』の第一巻で、聖書も神学の「資源」のひとつであると規定する。この発言は重要である。というのは、聖書は彼にとって「資源」のひとつであっても「規準」ではないからである。そのような仕方で彼はキリスト教神学者であった。そのキリスト教を弁証するため、方法論的には神学を存在論的に再構築しようとした。一体、彼の神学の規準とは何か。もし聖書がその規準でないとすれば、神学の規準として聖書とは別の規準が陰に陽に入り込む可能性が開かれる。ティリッヒの神学の規準は何か。それは彼の神学によって論理的に構築された彼の「思想」である。聖書の規準とは別の規準からキリスト教を再構築して、その「キリスト教」の現代への妥当性を提示している、ここでこういう疑惑が起こる。そのアポロゲティクの展開は、ティリッヒの神学の聖書的な性格を失っていく過程であり、そして結局そのアポロゲティクはティリッヒ神学のアポロゲティクになるのではないか、ということである。

Ⅳ 「新しい存在」——ティリッヒの組織神学の基礎構造

1 **存在論的と歴史論的**——出発点の相違は、リアリティ全体（万物）に対する見方の根本的相違をもたらす。その根本的相違を「存在論的」と「歴史論的」と分けることができよう。その見方の相違は、リアリティそのものの規定に関わることになる。歴史論的な見方は、神学における創造論と救済論と終末論の基本的には継時的な展開となる。一般的にそれは「救済史」と呼ぶことができる。ティリッヒは「存在論的」である。この相違は、創造論と救済論と終末論とにおいて顕著に出てこざるを得ない。もし存在論的に創造を理解するならば、「無からの創造」(creatio ex nihilo) ということはない。神は「存在の根底」であり、万物はその根底から由来することになるからである。この「由来」は、存在論的にみれば、その「存在の根底」から出て来ることとして、創造と堕落の同一化とならざるを得ない。ティリッヒにおいては創造は堕落であり、堕落は創造である。歴史論的には救済史の過去・現在・未来の線が現れるが、存在論的にはそれは組み換えられて“Being is essentially related to nonbeing.”(97) という関係構造におかれることになる。

10 **「新しい存在」としてのキリスト論**——「新しい存在」を取り扱うその第二巻では、「存在から実存へ、神からキリストへの移行には、なんら論理的必然的、あるいは演繹的ステップは存在しない[98]という。存在から実存への道は、「イラショナル」、神からキリストへの道は「パラドクシカル」だという。第一巻から第二巻への道は「飛躍」だという。その本質的人間本性から実存への頽落、歪み（distortion）がそこに反映される。しかし、それを、頽落、歪みという以上、そこには、歪みのない、本質的な関係があることを前提する。ティリッヒの「新しい存在」概念は、このような基盤の上で展開される。存在論的に規定されたキリスト論は、次のような命題に凝縮する。"New Being is essential being under the conditions of existence, conquering the gap between essence and existence."[99]

11

二つの根源的ポラリティ——ティリッヒの存在論的神学は、第一巻の二〇二ページ以下に述べられている二つの根源的ポラリティ、essence & existence と freedom & destiny における思惟的展開となる。[100]

"Philosophical and theological thought, therefore, cannot escape making a distinction between essential and existential being." (202)

"Christian theology always has used the distinction between essential and existential being and predominantly in a way which is nearer to Aristotle than to Plato or Ockham." (203)

"Existence is the fulfillment of creation : existence gives creation its positive character." (203-4)

"In contrast to Ockham, Christianity has emphasized the split between the created goodness of things and their distorted existence." (204)

"But the good is not considered an arbitrary commandment …… (but) the essential structure of reality." (204)

"A complete discussion of the relation of essence to existence is identical with the entire theological system. The distinction between essence and existence, which religiously speaking is the distinction between the created and the actual world, is the backbone of the whole body of theological thought. It must be elaborated in every part of the theological system." (204)

"God does not exist. He is being-itself beyond essence and existence. It would be a great victory for Christian apologetics if the words "God" and " existence" were very definitely separated except in the paradox of God becoming manifest under the conditions of existence, that is, in the Christological paradox."

12

ティリッヒにおける「歴史的なものの存在論的破壊」——ティリッヒは、しかし、完全に存在論的構造で貫徹されてはいない。それは、彼の思想は、単なる存在論的哲学ではなく、依然としてキリスト教「組織神学」であり、聖書的な諸概念や伝統的な諸教理を捨て去るのではなく、むしろ、それらを存在論的に解釈しようとするものだからである。しかし、「創造」と「堕落」を同一視することは[101]、存在論的思惟を貫徹させることによって、歴史的なものを破壊することになる。なぜなら、この同一化は、聖書的「救済史」を不可能にするからである。ティリッヒの思惟は、「存在そのもの」と「本質」と「実存」という存在論的構造の中で営まれるからである。この事態を、われわれは、ティリッヒにおける「歴史的なものの存在論的破壊」と呼ぼうと思う。「新しい存在」というティリッヒのキリスト論は、そこはキリスト教神学が「歴史的なもの」が関わることを避けがたくなる一点であることから、その中にある問題性を露呈することになる。ティリッヒは、「新しい存在」と「新しい時代《エーオン》」という議論を展開する。[102] そのような仕方で「歴史的なもの」に触れた議論をする「〈新しい〉ということは次の二つの相においてである。第一は、本質的存在のもつ単に潜在的な性格に対して新しいということ、第二は、実存的存在の疎外された性格に対して新しいということである[103]」。「新しい」というのは時間概念である。しかし、違いを示す存在論的概念は「種差」ではないか。別種のものとして提示すべきであろう。「新しい」存在ではなく、「別種の」存在と言うべきであろう。しかし、それは、伝統的なキリスト論を破壊することになる。それを避けるためには、「新しい存在」でなければならない。しかし、「新しい存在」は、〈新しい〉という時間概念を導入して、存在を時間化すること、歴史化することを意味するであろう。また、創造と堕落が同一であるならば、堕落は、そのように創造されたことを含蓄するゆえに、動物にメシア待望がないように、新しい時代の待望も起こらないであろう。ティリッヒは、問いと答えの相関方法をもって考えるが、その問いは、イスラエルの「メシア待望」とは異なる。[104] メシア待望は、救済史的な問いである。ティリッヒの「新しい存在」は、彼の存在論的発想と聖書的思想との矛盾を身に帯びた概念である。

もう一つの「歴史的なものの破壊」は、ティリッヒが受肉の教理を拒否するところに出てくる。ティリッヒは、「神が人となる」という命題をノンセンスだという。その根底に、彼はドゥンス・スコトゥス派の言い方を引用して言う、「神が不可能なことは、神であることをやめることだ[105]」という命題をもって、神は人、つまり、神でないものになることはできない、という。ティリッヒは、聖書的な「神の子」「霊的人間」「上からの人間」という概念を、ノンセンスではないが、危険であるという。第一に多神教的になること、第二に神話的になることだという。受肉論はそれゆえ、異教的（pagan）、少なくとも迷信的（superstitious）だという。[106] ティリッヒにおいては、イエスは、「新しい存在の担い手」にすぎない。[107] ここには、原理と人格の分け方が影をおとしている。キリストという原理が、イエスという人格に結びついた。

13

ティリッヒの組織神学の構造的破綻か——もし創造を創造者なる神から見れば、バルトが言うような神の「自由な愛」によると言わねばならない。そのことによって、神の人格的主体性が確立され、また世界の創造性が決定され、リアリティ全体の歴史性が承認される。ところが、ティリッヒにおいては、神と存在とは同一化される。神を存在論的に見る。リアリティ全体を存在論的に見る。そして「歴史」をも存在論的に見る。しかし、歴史を存在論的に見ることは、歴史を破壊することになる。この点については、ニーバーの批判がある。それが、ティリッヒに対する根本的な問いである。われわれは、その事例を、ティリッヒの終末論において見てみよう。彼の終末論は「本質化」（essencialization）ということである。そこで、ティリッヒは、彼の「本質化」論がシェリングと異なると言う。シェリングにおいて、彼の本質化は無時間的過程であるが、ティリッヒは時間の意味をすくい上げようとしている。そこに「新しい存在」と結びつける。

A first and somewhat Platonizing answer is that being, elevated into eternity, involves a return to what a thing essentially is; this is what Schelling has called "essentialization." This formulation can mean return to the state of mere essentiality or potentiality, including the removal of everything that is real under the conditions of existence. Such an understanding of essentialization would make it into a concept which is more adequate to the India' born religions than to any of the Israel-born ones. The whole world process would not produce anything new. It would have the character of falling away from and returning to essential being. But the term "essentialization" can also mean that the new which has been actualized in time and space adds something to essential being, uniting it with the positive which is created within existence, thus grounding the ultimately new, the "New Being," not fragmentarily as in temporal life, but wholly as a contribution to the Kingdom of God in its fulfillment.[108]

創造を無時間的な、つまり存在論的移行として考えた場合、キリスト教とのすべてに渡って相違をもたらす。しかし、彼がキリスト教神学者であろうとするかぎり、歴史の次元を受け入れざるを得ない。歴史の次元を存在論的にどう取り扱うか。彼は、存在論に元来存在しない終末論を導入する。第二巻の「新しい存在」と「新しい時代」の議論において、「新しい存在」を「実現された終末論」と結びつける。[109] もしそうであれば、それは「新しい存在」の存在論を純化させることになったであろう。というのは、そこで歴史的なものは解消されるからである。この考え方と、ブルトマンの言う「律法の終わり」としての「歴史の終わり」も――ティリッヒはこの思想をも取り入れている――結びつき、ティリッヒの存在論的地平を開くことを支持するであろう。しかし、その実現された終末論の現在は、ただ「原理的に」(in principle) であって、それは、「その力の現れであり、また成就の開始である」[110] という。彼は、ニーバーにも見出される「終わり」の二つの意味つまり 'finish' と 'aim' という二つの意味において捉え、[111] そこから、後者の目的論的な未来志向が基礎づけられる。この方向において、第五章「歴史と神の国」

の主題への展望が開ける。「神の国」というのは聖書的概念である。聖書の思想を取り入れるならば、それ自体歴史の次元の導入となる。ところが、ティリッヒは、結局は、歴史の止揚に至らざるを得ない。それによって、教祖とか聖典とかの歴史的なものを克服し、そして普遍性へと昇華せねばならない、と考える。われわれの問いは、ティリッヒは、歴史を存在の中に取り込むことによって、ティリッヒの体系を豊かにしたかも知れないが、組織神学としては、組織的に不整合という問題を引き受けざるを得なかったのではないか、ということである。存在論と歴史神学という二つの異なる論理を縫合するという企ては、ハイデガーの『存在と時間』も含めて、組織神学としては所詮失敗に終わるのではないか。それは、ラインホールド・ニーバーとの論争に出てくるテーマである。

注

(1)Barth, K., *Die kirchliche Dogmatik,* I/1 64　なお『パウル・ティリッヒ研究』(組織神学研究所編) 冒頭の拙文参照、六ページ。
(2)Barth, K., *Die kirchliche Dogmatik,* II/1,79
(3)Barth, op. cit., 80
(4)Cf. Barth, op. cit., 74-5
(5)拙著『バルト』(講談社版「人類の知的遺産」シリーズ)参照
(6)Barth, K., *Die kirchliche Dogmatik,* III/1, 64
(7)Op. cit., 64
(8)Op. cit., 70
(9)Op. cit., 70

(10)Op. cit., 70
(11)Op. cit., 70f.
(12)Op. cit., 71
(13)Op. cit., 71
(14)Op. cit., 71
(15)Op. cit., 73
(16)Op. cit., 73
(17)Op. cit., 79
(18)Op. cit., 79
(19)Op. cit., 79~80
(20)Op. cit., 80
(21)これは、しかし、今日パネンベルクの「歴史の神学」というのとは異なる。また契約神学の歴史の神学というものからも区別されねばならない。それは、バルトの啓示理解、あるいは神の行為の理解から出たものであって、聖書の救済史に基づくものとは言えない。
(22)Barth, K., *Die kirchliche Dogmatik*, III/1, 64
(23)Op. cit. 63
(24)Op. cit. 46
(25)Op. cit. 46
(26)Op. cit. 51
(27)Op. cit. 53
(28)Op. cit. 63
(29)Op. cit. 64
(30)Op. cit. 64

(31)Op. cit. 64
(32)Op. cit. 67
(33)Op. cit. 73
(34)Op. cit. 72
(35)Op. cit. 72
(36)Op. cit. 525 ∬47 Der Mensch in seiner Zeit の箇所を参照。
(37)クルマン『キリストと時』参照
(38)Barth, K., *Die kirchliche Dogmatik*, III/1, 72
(39)Op. cit. 72, cf. 73 「神はその内的生の中で三位一体なるお方として、むしろ、すべての歴史の原型と根拠たるがゆえに、無歴史的でありたまわない。またまさに神の永遠こそが、簡単にただ、時間の創造の否定ではなく、むしろ、時間創造への神の内的な用意であり、神の永遠は絶対的な卓越した時間であり、そのようにして、われわれの相対的な時間の源泉であるからである」。
(40)Op. cit. 72
(41)Op. cit. 73
(42)Op. cit. 74
(43)Op. cit. 77
(44)Op. cit. 77
(45)Op. cit. 77
(46)Op. cit. 78
(47)Op. cit. 78
(48)Op. cit. 78
(49)Op. cit. 78-79
(50)Op. cit. 79

(51)Op. cit. 79
(52)Op. cit. 79
(53)Op. cit. 79
(54)Op. cit. 79
(55)Op. cit. 79
(56)Op. cit. 79
(57)バルトのこの驚くべき主張は、バルトの思想の根本的なものとして決して軽視されてはならない。彼はこの見解を、コッツェーユスやヴィトシウスを引用して打ち出している。Op. cit. 58-59参照。
(58)Op. cit. 80
(59)Op. cit. 80
(60)Op. cit., 77
(61)Op. cit., 80
(62)Op. cit., 81
(63)Op. cit., 81
(64)Op. cit., 81
(65)Op. cit. 82
(66)Op. cit. 82
(67)Op. cit. 82
(68)Cf.Barth, K., *Die kirchliche Dogmatik*, IV/1, 171ff.
(69)Barth, K., *Die kirchliche Dogmatik*, III/1, 79
(70)Op. cit., 80
(71)
(72)Op. cit., 80

(73) Op. cit. 80
(74) Op. cit., 82
(75) Op. cit., 82
(76) Op. cit., 82
(77) Op. cit., 84
(78) Op. cit. 86
(79) Op. cit. 88、90
(80)『熊野義孝の神学』所収の拙論「バルト神学と熊野神学——永遠と時間の関係」参照。
(81) Tillich, Paul, *Systematic Theology*, Vol.II, p.121
(82) Op. cit., p.124
(83) Op. cit., p.125
(84) Op. cit. p.5
(85) Op. cit., p.10
(86) Ibid.
(87) Op. cit., p.12
(88) Ibid.
(89) Op. cit., p.27
(90) Op. cit., p.29
(91) Op. cit., p.44
(92) Op. cit., p.5
(93) Tillich, Paul, *Systematic Theology*, Vol.I, p.205
(94) Op. cit., p.205
(95) Op. cit., p.206

(96) Op. cit., p.206

(97) Op. cit., p.202

(98) Vol.II, p.3

(99) Tillich, Paul, *Systematic Theology*, Vol.II, p.118

(100) Tillich, Paul, *Systematic Theology*, Vol.I, p.202以下参照。

(101) ティリッヒが、創造と堕落の一致を言うのは、結局、創造をも、堕落をも、理解不能にする。その一致はあり得ない。創造からの堕落であって、創造が堕落ではないからである。ティリッヒは、実存は本質からの堕落と考えることにより、ちょうど子どもが生まれたときのドリーミング・イノセントが、自由の自覚によって堕落し、実存となる、というように考える。He creates the newborn child; but, if created, it falls into the state of existential estrangement. This is the point of coincidence of creation and the Fall. But it is not a logical coincidence ; for the child, upon growing into maturity, affirms the state of estrangement in acts of freedom which imply responsibility and guilt. Creation is good in its essential character. If actualized, it falls into universal estrangement through freedom and destiny.（44）。――この見方は、「rational necessity に陥る」のではないか、という恐れがある。ティリッヒはしかし、そこには、「本質から実存への飛躍」(leap) の要素がある、と言って弁護する。その飛躍は、「構造的必然性ではない」(44)。――この言葉は奇妙ではないか。In spite of its tragic universality, existence cannot be derived from essence. ――これは、聖書物語のオントロジャイズする苦心の作である。むしろ、すべての子どもは、堕落の中に生まれたというアウグスティヌスの方が正しいのではないか。だから、それが成長によって自覚される、というべきではないか。時間的要素なしにどうして飛躍があるだろうか。バルトは、三位一体の中にこの過程を見て、それで時間を基礎づけた。それは普遍的な創造と堕落の同時性、同一一致を意味する。それは、そこには、時間的プロセスはない。時間的一点を言うことはできない。これはドラマとして見るか、オントロジャイズ・アウェイするかの違いである。彼の基本論理は、歴史の中に、実存の中に深くはいり、しかも、それを否定する。個別性の否定によって、普遍性を達成する。この論理はシンボル論にも出てくる。否定媒介という考え方である。パラドクス論にもでる。パラは反すること、ドクサは一般通用意見。「パラドクスは、新しいリアリティである」(92)。「キリスト教的パラドクスは、人間の実存的predicamentから取り出されたオピニオンに対して衝突し、また、このプレディカメントを基礎として想像されるすべての期待に衝突する」(92)。「義にして同時に罪人というキリスト者の状況は、イエスはキリストであるというキリスト論的パラドクスの外にあるパラドクスではない」(92)。The right understanding of the paradox is essential for considering the meaning of “Christ” as the bearer of the New Being in his relation to God, man, and the universe.(93)

(102) Vol.II, p.118ff.

(103) Op. cit., p.119

(104) ティリッヒの問題は、新しい存在の理解に凝縮する。それは、transformed reality の待望 (Op. cit., p.88) と言いなおされる。メシアのシンボルは、キリスト教やユダヤ教を超えて、「新しいリアリティの普遍的な人間の待望」(88)と言い換えられる。確かに、ティリッヒは、メシアをthe bearer of the New Being (88, 93) と見なし、そしてメシア待望をthe expectation of a transformed reality (88) として言い換える、それによって、普遍化の可能性をもつ。ティリッヒは、the New Beingを歴史を超えたところに求める行き方と、歴史の目的として求める行き方を区別する(87)。しかし、非歴史的なものをキリスト教は取り入れることによって、普遍妥当性をもつと見る。これはどうか。「キリスト教は、普遍的妥当性をもつためには、the New Beingの水平次元の待望をその垂直次元の待望と結合せねばならない」(89) という見方をとる。そしてそれの根拠を後期ユダヤ教の黙示文学や知恵文学の中に見る。ヨハネ福音書やパウロのキリスト神秘主義に言及する。

(105) Op. cit., p.94

(106) Op. cit., p.95

(107) ティリッヒはキリストをどう理解するか――The function of the bearer of the New Being is not only to save individuals and to transform man's historical existence but to renew the universe. And the assumption is that mankind and individual men are so dependent on the powers of the universe that salvation of the one without the other is unthinkable. (Op.cit., p.95) ――これをどう理解するか。「本質的人間が実存的疎外の条件のもとにある一個の人格的生において現れる」(Ibid.)という思想によって答える。

(108) Tillich, Paul, *Systematic Theology*, Vol.III, p.400f.

(109) Tillich, Paul, *Systematic Theology*, Vol.II, p.119

(110) Ibid.

(111) Op. cit., p.120

＊本稿は二、三年前に作成されたもので「研究ノート」とよぶのがよいと思いこのような副題とした。バルトとティリッヒとニーバーの三者の比較研究を最近暇あるごとに企て、メモして残している。ここにあるのはその一端で、論文としては未定のものである。（大木）

ティリッヒの「存在それ自体」理解

茂　洋

ティリッヒの思想は、存在とともに始まり、その存在理解の上に、彼の神学は構成されている。そして彼によれば、いかなる思想も存在を超えることはできないと考える。しかし彼の神学の方法論は、人間の生きる状況からの問いに対して、徹底的に神学的象徴の解釈で答えるという形をとる。そこで問題になるのは、存在に関するすべてが神学的象徴といえるかどうかである。とくにスコラ哲学で「神は存在それ自体」という時の「存在それ自体」も、神学的象徴なのかどうかが問題となる。そこでこの論文では、ティリッヒの「存在それ自体」についての理解に焦点をあてたい。

まず「存在それ自体」の非象徴性と象徴性について論じ（第一章）、つぎにそれをティリッヒ神学の方法論から展開し（第二章）、そして最後にティリッヒ神学の方法論からみた「存在それ自体」のいくつかの特色について（第三章）論じることにする。

1　「神は存在それ自体」の非象徴性と象徴性

宗教的象徴には二つのレベルがあるとティリッヒは言う。それは超越的レベルと内在的レベルである。内在的レベルとは、私たちが現実との出会いで見出すレベルであり、超越的レベルとは私たちが出会う体験を超えるレベルである。

そこで神概念をここにあてはめてみると、内在的レベルにおいて神を象徴的に捉える事は当然であるが、超越的レベルにおいては、神がすべて象徴的であるとは言い難い。ティリッヒは言う、「神に関してつねに二つのことを語らねばならない。その一つは、私たちにとっての神のイメージには、非象徴的要素（a non-symbolic element）があると言わねばならない。つまり神は、究極的実在（ultimate reality）とか、存在それ自体（being itself）とか、存在の根拠（ground of being）とか、存在の力（power of being）という場合である。しかし他方、神は、人間が所有するあらゆるものが最も完全な方法で存在する最高の存在である[1]」。

したがって私たちが、神について、最高のイメージをもつ時とか、最高の完全性をもつ一つの存在と言うときには、「神概念の中で象徴的でないこと、つまり『存在それ自体』（Being Itself）についての一つの象徴をもつことを意味している[2]」。

ティリッヒは、神概念には、象徴化されない事があることを認めつつも、その究極的なものとの関係を、象徴化せざるを得ないと主張する。たとえば、とくに宇宙論的な（cosmological）神に関する議論をするときには、どうしても有限性の概念構造（the categorical structure of finitude）を用いないわけにはいかない。したがって、どうしても象徴（symbols）にならざるを得ない。たとえそれが「有限性や概念を超越する問いであろうが、非存在をつつみこみ、そして克服する存在それ自体の問いであろうが、神についての問いであろうが、そこに表現されるのは象徴である[3]」。

この意味では、宇宙論的な神に関する問いは、「究極的に勇気を可能にさせる問いとなる。その勇気とは、概念的な有限性の不安を受け止め、そして克服する勇気である」[4]。

ここでティリッヒは、有限的存在である人間には、どうしても究極的な勇気の基礎が必要であると考える。そして、それが「存在の根拠」を求めることとなる。「有限的存在は、一つの問いのしるし（a question mark）である。それは、この一時的であり、一つの場にあるものが、絶えず受け入れられ、克服される〝永遠の今〟への問いを探求する」[5]のである。

したがって、この神の存在への目的論的（teleological）議論の基礎は、存在の有限的構造に対するおそれであり、それはその両極性の要素の一致に対するおそれということになる。[6]

神概念において、象徴的でないものがあり、それをスコラ哲学では「存在それ自体」と名づけているが、そのための象徴をもつことがどうしても必要であるというのが、ティリッヒの主張である。それにはいくつかの理由がある。たとえば、スコラ哲学で「存在それ自体」（esse qua esse, esse ipsum）と名付けたが、その時これは無制約的なものの意識であって、象徴的ではないという考え方が起こってくるけれども、ティリッヒは、「この究極的なものとの関係を象徴化しており、またそうしなければならない」[7]と言う。それは、究極的なものとの関わりという時、私たちは自分たちが知っている人格（person）の最高のものと出会っているのであって、どうしてもそのような象徴的な形において、人格として私たち自身の体験を無限に超越するものを持つことができると同時に、神にむかって〝汝よ〟と呼び、祈ることができるために、私たちの存在にとって適切なものを持つことができるのである。[8]だからどうしても、これらの二つの要素が確保されなければならない。

非象徴性を主張して、ただ無制約的なものだけが確保されるべきだというならば、現実的に神との関係は不可能になってしまうし、逆に神を「我・汝関係」だけで捉えるとすれば、神のもつ無制約的なもの、つまり主体的実体を超越し、すべての両極性を超越するものを失うことになる[9]。

したがって、神の愛、めぐみ、力、全知、遍在、全能といった神の性格についての表現もすべて、私たちの経験から生み出されたものであるけれども、それを文字どうりにとっているわけではない。ここでも、神の性格にある非象徴的なものを含みながらも、象徴として受け止めねばならない。

その点は、「神の創造」、「御子を送る」、「この世を成就する」という神の行為についての表現についても同様である。やはりこれらの表現はすべて神を象徴的に語っているが、その中には文字どおりには受け止められない非象徴的なものが含まれている。それだから、それを含んだ上で象徴的に解釈できれば、「信仰者の経験における神との関係での深遠な表現、究極的な表現となる。しかしここで、非象徴的と象徴的という二種類の表現をわけるということは、非常に重要な事である[10]」ということになる。

存在の構造を理論的に展開するのは、哲学の任務であるが、宗教はその存在の意味を実存的に展開する。しかし、「宗教はそれ自体、ただ哲学が展開する存在論的要素と概念（catagories）を通してのみ表現するが、他方哲学は、存在それ自体（being-itself）が実存的体験にあらわされる度合に応じてのみ、存在の構造を発見出来る[11]」。そこで宗教（神学）と哲学との相関性がどうしても必要ということになる。

ここでどうしても見落とすことが出来ない点がある。それは、「神は存在そのもの（ipsum esse）という古典的な教理の中にある汎神論的な要素は、キリスト教の神概念にとっても、神ともにいますという神秘的要素と同じように、どうしても必要なのである[12]」という点である。

このように見てくると、ティリッヒの神概念、つまり「存在それ自体」についての考えには、非象徴的なもののための象徴を必要とするという立場である事が明らかになる。とくに留意しなければならないことは、非象徴だけを捉えて、「絶対的な神のみ」というと、そこで用いられている言語にしても、イメージにしても、すべて私たちの用いているものである。したがって、どうしてもそれらを象徴的に展開せざるを得ない。

他方、私たちの体験の中だけで展開されてしまうと、その奥にある非象徴的なもの、無制約的なもの、神秘的なものを失ってしまうことになる。

ティリッヒは、存在論的な展開をする神学を構築していく時、象徴の解釈を必要とした。そしてそのためには、非象徴的なもののための象徴を必要としたのである。

*　　*　　*

2 ティリッヒ神学の方法論

ティリッヒ神学の方法論は、よく知られているように、キリスト教メッセージの真理を述べ伝えることと、その真理をあらゆる新しい時代に解釈することという二つの基本的な要求を満たそうとしている。したがって、この永遠の真理と、それを受け取る現在の状況との間を行きつ戻りつしている。(13) 彼は、神学をいま生きる人間状況からはじめた。その状況とは、「その時代の人間の創造的自己解釈の全体」(the totality of man's creative selfinterpretation)[14] を指す。

したがって、この状況からの問いに、永遠のメッセージを相関させる(correlate)方法である。そこには問いと答えとが相関しているし、人間状況と永遠のメッセージとが相関しているし、人間の実存と神の顕示とが相関している。そこでティリッヒ神学の方法論の特色は、「いかなる人間状況にある問いへの答えとしてキリスト教メッセージを理解する[15]」ところにある。

「存在と神への問い」から、ティリッヒ神学における神論ははじまっている。存在つまり「ある」というところから、思想ははじまり、思想は存在を超えることはできない。だから思想は存在に基礎づけられており、その基礎を離れることはできない。しかし思想は、存在するすべての否定を想像することができるし、またすべてのものに、非存在に抵抗する力を与える存在の性質と構造を展開することができる。

したがって、「存在についての問いは、基本的には人間の実存状態の表現であるけれども、これは究極的な問いである。この状態が体験され、この問いが問われる時はいつでも、いかなるものも、非存在の深みのかなたに消え去ってしまう。たとえ一つの神でさえも、もしその神が存在それ自体でなければ、消え去ってしまうのである。[16]」神に関する考え方が、存在それ自体に至るのでなければ、消え去ってしまうと、彼は主張する。

スコラ学派が神を「存在それ自体」と呼ぶ時は、この概念は、人が直観的に知ることの出来る価値や存在の中にある何か究極的なものの直接的体験に基礎づけられているのである。したがって人間の体験に基礎づけられている概念が、それを超えるものを指し示しているのである。「人間は自分の大きな問題を解決しようとするとき、もし自分自身の存在の光に照らして、そして存在それ自体の光に照らして、その問題を見るのでなければ、解決することは出来ない」[17]。

そこでティリッヒ神学の方法論は、人間の実存の問いから出発しているけれども、その中に、それを超えるものを指し示している。したがって象徴の解釈がどうしても必要となる。しかし、その中には非象徴的なもののための象徴があることを見落とすことはできない。

さらにティリッヒは、永遠のいのちとしての神が「燃える火」と呼ばれている点をとり上げ、そこで「何も積極的なものは焼かれることはない」と主張し、それは「神は自らを否定できない。それ故にすべて積極的なものは、存在それ自体の表現である。そして単に否定的なものは何もないが故に、存在をもつものは何物といえども究極的に無に帰することはない」[18]と結論づける。彼の主張は、存在するものは何であっても永遠から除外されることはないが、非存在と結びついたり、非存在から開放されるのでなければ除外されるという事である。

ティリッヒ神学で主張されつづけているのは、生ける神（the living God）という考えである。それは、一つの純粋な存在なのではなくて、「神は、分離があり、また再結合によって分離が克服されるという永遠の過程である。その意味で神は生きている」[19]と言うのである。つまり単に純粋な絶対者とか、存在それ自体ではなくて、神のわざ、受難、記憶、予想、苦難、よろこびといった表現であらわされる生ける神なのである。

そこで生ける神の主張は、「神を超える神」（God above God）の概念に導かれる。「絶対的な信仰とその影響、急進的な疑いを受け止める勇気、神についての疑いを受け止める勇気は、それ自体が神についての有神論的概念（the theistic idea）を超越する」[20]。そしてどのような形の有神論も、超越されるのである。ただ存在への勇気を受容し、そして与えるのは、存在それ自体の力であると、彼は主張する。[21] さらに「無意味なものに意味を与え、疑いに確かさを与える源泉は、伝統的な有神論の神ではなくて、神を超える神、つまり存在の力である」[22]と主張している。

したがって「私たちが存在それ自体とか、存在の根拠とか、存在の深渕などについて語ることは、すべて象徴的である」[23]という表現は、その象徴的なものの中には非象徴的なもののための象徴があるという意味である。したがって彼はつづけて、表現はすべて私たちの有限的な実体の材料からとられており、それが有限なものを無限に超越するものに適応されていると考えている。だからそれを文字どうりに用いることはできないのである。「神との関係における象徴的なものは、文字どおり以上のものではあるが、それこそ神について語るたった一つの正しい方法なのである」[24]と言う。それはに非象徴的なもののための象徴が含まれている。

その観点からティリッヒは、人間存在に働く神の逆説的な働きを主張する。とくに彼の説教はすべてその流れで述べられている。一二の例を上げてみよう。この世において形と構造をもつものすべての根拠の中に、破壊的な力が秘められており、その破壊構造から目をそむけないようにしよう。それを通して永遠の岩、終わることのない救いを見ようと述べている。[25]

また人間の秩序は、生長と死、罪と罰、有限性の秩序である。ただ神の秩序は、人間の秩序に逆説的に働くのである。「神は逆説的に働く、人間的理解を超えて働く」[26]。またキリスト教メッセージ自体の中ににある神秘にふれて、その神秘は、逆説的な深みにある神秘であり、地の基をゆり動かす力であり、解放する力であると主張している。[27]

ここで一つ留意しなければならない点がある。それは、ティリッヒが存在を理解する時、必ず非存在を含みその非存在の神秘を展開する時には、弁証法的な展開が必要なのに対して、どうしても弁証法的には展開できない「無」

存在と非存在との関係については、「存在の問いは、非存在のショックから生じる……可能な非存在の観点からみれば、存在は神秘である」[28]という言葉で明白である。そしてその非存在には、弁証法的展開が要求される。しかしギリシャ語は、この非存在（me on）と無（ouk on）とを別けている。「無（ouk on）は、存在と全く関係をもたない無である。しかし非存在（me on）は存在と弁証法的な関係を持つ」[29]。（ouk on）を峻別している点である。

そこでティリッヒは、この無（ouk on）という概念が、キリスト教神学において「無からの創造」（creatio ex nihilo）に示されているという。「神が無から創造されたという時の無（nihilo）は、ouk on であり、存在の非弁証法的否定（the undialectical negation of being）である」[30]。

しかし人間の被造性についての教理は、人間の教理において非存在（non being）が弁証法的性格を示している。「無（nothing）から創造された存在は、無に戻らなければならない事を意味する」[31]。あらゆる被造物には、無に起源をもつというしるしがある。そのためにキリスト教は、今まで自然の不死性を退け、その代わりに永遠のいのちを主張してきた。その永遠のいのちは、存在それ自体（being-itself）の力としての神によって与えられるのである。

したがってティリッヒ神学において、弁証法的展開が出来ない無からの創造、そして無への回帰があるけれども、生ける神とを受け止め、人間の生の創造的過程の基礎としての神を受け止める時には、神学者は、つねに非存在が存在それ自体と、そしてその結果神と弁証法的に相関せざるを得ないと考える。そこで「非存在の弁証法的問題は避けられない。これは有限性の問題である。有限性とは、存在を弁証法的非存在と結びつける。したがって、人間の有限性とか被造性を弁証法的非存在の概念なしで展開することは、賢明なことではない」[32]。

ティリッヒ神学の方法論からみて、存在それ自体を非存在と弁証法的に展開しようとして、全部が構成されている。もちろん無からの創造のように非弁証法的な否定という考え方などがある事は事実であるけれども、彼の思想は徹底的に弁証法的な展開であり、その意味で象徴的解釈である。もちろんその中に非象徴的なもののための象徴が含まれている。

＊　＊　＊

3　ティリッヒ神学の方法論から見た「存在それ自体」への展開

ティリッヒ神学の方法論は、基本的に象徴の解釈である。そしてその中に非象徴的なもののための象徴の解釈がある。そこで、彼の「存在それ自体」についての展開の特色を見てみよう。

ティリッヒ神学において、有限的な人間が存在それ自体に属しているという強い主張がある。無限の自己超越の力というのが、その表現である。無限なものの潜在的な存在が、限りあるものの中における否定的要素の否定つまり非存在の否定となっている。その場合「存在それ自体」は、有限性の否定という無限性と同一視されるべきではない。「存在それ自体は有限的なものに先行しており、有限的なものの無限の否定に先行しているのである」(33)。

したがって人間存在を見るときに、有限性の限界を免れることはできないけれども、同時にその有限的なものに先行する存在それ自体があるということである。さらに積極的に、「存在する限り、いかなるものも、永遠から除外されることはない。しかし、それが非存在と混同されたり、非存在から解放されないとなると、それは永遠から除外されてしまう[34]」と主張する。人間存在がたとえどのような状況下にあっても、決して永遠から除外されることはないという強い主張に貫かれている。

その場合、存在それ自体は、最も力強い存在というのではなく、存在の力である。それは個人であれ、一つのものであれ、宇宙であれ、力あるものすべての中にある力である[35]。「ある」ということの中にある「力」、つまり存在の力である。

したがって「神は存在それ自体」という事は同時に、神はありとしあるすべてのものの中と上にある存在の力であり、存在の無限の力という事ができる[36]。

そこで存在それ自体としての神について、いくつかの特色をのべることができる。何と言っても、「存在それ自体としての神は、本質的存在と実存的存在の対照（コントラスト）を越えている[37]」のである。論理的に言えば、存在それ自体は有限的な存在を性格づけている本質と実存の分離よりも前にあるといえるし、又その分離に先行しているともいえる。ティリッヒ神学では、実存状況の中で、それをこえる新しい存在としての救主をキリスト論で述べ、また本質と実存との分離を超える霊のはたらきとして聖霊論を展開している。

もう一つの「存在それ自体」の特色は、両極性を超えるという点である。ティリッヒは、「存在それ自体とは、無限性（infinity）ではない。存在それ自体とは、有限性と無限な自己超越との両極性を超えている[38]」と主張し、存在それ自体を展開するときには、有限的な存在に、それ自体を明らかにする。それも、有限的なものが、それ自体を超えて無限の推進力（the infinite drive）の中にあることを明らかにするのである。

それだけではない。神のいのちは、両極性に支配されないと主張する。彼は言う、「存在論的要素の両極的性質は、神のいのちの中に基礎づけられている。しかし神のいのちは、この両極性に支配されない。神のいのちの中で、あらゆる存在論的要素はその両極性を完全に含んでいる、それもその中で緊張関係もなく、解消の恐れもなく。なぜなら神は、存在それ自体であるからである」[39]。そこで神のいのちのために用いられる象徴はすべて、人間の神との関係という具体的な状況からとられているけれども、それらの象徴は神の究極性を意味している。その究極性とは、その中で、存在のさまざまな両極性が、存在の根拠の中で、つまり存在それ自体の中で消え去るのである[40]。

こうしてティリッヒは、三つの両極性を示しつつ、彼の神学を展開している。個別化と参与（individualization and participation）、ダイナミックスと形式（dynamics and form）、そして自由と運命（freedom and destiny）であるが、これらの両極性は、存在それ自体では消えているのである。

最後にティリッヒの「存在それ自体」理解はダイナミックに捉えられていることを指摘したい。基本的には、存在するものはいかなるものも、永遠から除外されることはないという点である。そこで彼は言う、「神は自らを否定できない。それ故にすべて積極的なもの（everything positive）は、存在それ自体の表現である。そして単に否定的なものは何もないが故に、存在をもつものは何物といえども究極的に無に帰することはない。しかしそれが非存在と混同されたり、非存在から解放されることがなければ、永遠から除外される。」[41]

そこで神が存在それ自体であるといえば、それは休息（rest）と生成（becoming）との両面を含み、静止的な要素とダイナミックな要素とを含む事になる[42]。

そのために「いかなる被造物も存在それ自体の力においてのみ、非存在に抵抗することができる[43]」のであり、破壊の脅迫に対しても、創造的に抵抗できるのである。

したがって存在それ自体の力こそが、否定的要素とともに存在する勇気を受け入れ、またその勇気を与えるのである。これは、神秘主義も、個人的出会いも共に超越している[44]。

したがって、そこにはありとしあるすべての深み（the depth）に動く特色がある。ティリッヒは、ここに参与できるのが存在の力であって、私たちはそれを断片的にしか表現することができないと言う[45]。又それは、人間にとっては、つねに信仰の冒険（the risk of faith）である。それは、「神や人間や世界について、完全に立証されないばかりでなく、将来立証されるかもしれないか、あるいはされないかもしれないというような事を受け入れるのではなくて、無制約的な要素が、一つの具体的な現実にあらわされる時にのみ、究極的なかかわりとなる事実に基礎づけられている[46]」のである。

このような考え方から、ティリッヒは、具体的にさまざまな表現をしている。たとえば、「永遠的なよろこびは、表面的に生きることによって到達されるのではなくて、むしろ表面をつきやぶることによって得られるのである。それも私たち人間、世界、神の深みに浸透することによって[47]」とか、神いましたもう時、「希望が悲劇にしみわたり、」さらに悲劇と希望の間を行きつ戻りつしながら、その中に、希望だけではない、「神の怒りと人間の罪とかが究極的に克服される現実[48]」があると主張する。

それはまた、神の時が人の時の中に突入する時であって、その時の最も深い意味は、虚無が時をのみこむ上にあるのではなくて、永遠が時を肯定する上にあるとも言う[49]。

それは霊のはたらきであると、彼はいう。「深い不安の意味において、私たちの存在の深みから、ことばがわき上がり、……存在の深みにおいて、しかも大きな不安の真只中で強くうち、新しい事態へと導くのである」[50]。これは私たち人間のうちに宿る神の霊いますこと（divine Spiritual Presence in our spirit）なのである。

＊　＊　＊

ティリッヒは、いつもあるがままの自分をしっかり見つめることを求め、その自分の存在、それがたとえどんなに弱くても自らを肯定する勇気のうちに、自らの内にある存在それ自体、神の根拠を見出すと主張しているのである[51]。

注

（1）Paul Tillich, "The Nature of Religious Language," （1955） Theology of Culture （New York : Oxford University Press, 1959），（以下 T C.と略す）,61.
（2）loc. cit.
（3）Paul Tillich, Systematic Theology vol.I. （Chicago : The University of Chicago Press, 1951）（以下 ST.I と略す）， 209.
（4）loc. cit.
（5）loc. cit.

（6）Cf. ST.I, 210.
（7）T C. 61.
（8）Cf. T C. 61-62.
（9）Cf. T C. 62.
（10）T C. 63.
（11）ST.I, 230.
（12）ST.I, 234.
（13）Cf. ST.I, 3.
（14）ST.I, 4.
（15）ST.I, 8.
（16）ST.I, 164.
（17）Paul Tillich, Love, Power, and Justice（Oxford: Oxford University Press, 1954）（以下 Love, Power, and Justice と略す）, 125.
（18）Paul Tillich, Systematic Theology vol.III.（Chicago : The University of Chicago Press, 1963）（以下 ST.III と略す）, 399.
（19）ST.I, 242.
（20）Paul Tillich, The Courage To Be（London: Nisbet & Co., 1952）（以下 The Courage と略す）, 182.
（21）Cf. The Courage, 185.
（22）Paul Tillich, Systematic Theology vol. II.（Chicago: The University of Chicago Press, 1957）（以下 ST. II と略す）, 12.
（23）Love, Power, and Justice, 109.
（24）loc. cit.
（25）Cf. Paul Tillich, The Shaking of the Foundations（New York : Charles Scribner's Sons, 1948）（以下 The Shak-

ing と略す), 1-11.

(26) The Shaking, 18.

(27) Cf. Paul Tillich, The New Being (New York : Charles Scribner' Sons, 1955) (以下 The New Being と略す), 7.

(28) ST.I, 186.

(29) ST.I, 188.

(30) loc. cit.

(31) loc. cit.

(32) ST.I, 189.

(33) ST.I, 191.

(34) ST.III, 399.

(35) Cf. T C. 25-26.

(36) Cf. ST.I, 236.

(37) loc. cit.

(38) ST.I, 191.

(39) ST.I, 243.

(40) Cf. ST.I, 244.

(41) ST.III, 399.

(42) Cf. ST.I, 247.

(43) ST.I,261.

(44) Cf. The Courage, 185-186.

(45) Cf. The Courage, 189.

(46) T C. 28.

(47) The Shaking, 63.

(48) The Shaking, 74.
(49) Cf. The New Being, 167-168.
(50) Paul Tillich, The Eternal Now (New York : Charles Scribner' Sons, 1963)（以下 The Eternal Now と略す）, 82.
(51) Cf. The Eternal Now, 152-153.

ティリッヒの根本的問いと思想の発展史(1)

芦名定道

I 問題

本論文の目的は、ティリッヒの宗教思想——神学あるいは宗教哲学と限定せずに両者を包括するものとしての宗教思想——を、その中心的かつ根本的な問いから理解することである。そのために選ばれたのが、ティリッヒとドイツ観念論、とくにシェリングとの関係というテーマである。なぜなら、ティリッヒの宗教思想はルター派の神学とカント以降のドイツ古典哲学という二つの思想的伝統をその基盤としており、その中でもシェリングは中心的な位置を占めているからである。

「わたしの研究生活の開始と彼の死んだ年との間には五〇年の隔たりがあるにもかかわらず、彼はわたしの師であった。わたし自身の思想の発展において、シェリングに依存していることをわたしは決して忘れることができない」(Tillich[1955], S.392)。

この言葉は、ティリッヒが半世紀ほどもさかのぼる自分の思想的営みの発端を振り返って述べたものであるが、これはシェリングに対する大げさな外交辞令ではない。ティリッヒの宗教思想の発展過程とその発展を突き動かしている根本的問いをシェリングとの関わりで論じることは、ティリッヒ研究の中心テーマに属している。当然のことながら、シェリングとの関連をあつかった研究は少なからぬ数に上る。ここではこうした諸研究を参照しつつ考察が進められるが、(2)本論に入るに先立って、以下の考察の前提となる方法論を説明し、議論の道筋をあらかじめ示しておくことにしたい。

まずティリッヒ研究の方法論について次の三つのポイントを指摘したい。(3)

(1)批判的読解(発展史と根本的問い)

本論文で留意する方法論の第一のポイントは、ティリッヒの思想の変遷(発展史)と統一(体系性)の両面を整合的に理解し、そこからティリッヒの宗教思想の核心へ迫るという方法論的態度である。それはティリッヒのテキストの批判的読解と言い換えることができる。つまり、無反省に外部視点を設定し、それによってティリッヒにレッテル——神学の存在論化とか——をはったり、一定の立場を読み込んだりしない。しかもティリッヒの単なるパラフレーズにとどまらない。これは、研究者自身を規定する解釈学的循環をできるだけ意識化しつつテキストの分析を進めることを意味しており、そのためには、ティリッヒのテキスト自体からティリッヒ解釈のための諸概念や枠組みを取り出し、それがティリッヒにおいて明証的にあるいは整合的に使用されているかを批判的に吟味し(ティリッヒの示す定義と実際の用法との比較)、その後で主題となっている事柄に対するティリッヒ思想の妥当性を具体的に検証するという手順が踏まれねばならない。これは、相関、神律、存在論などのティリッヒ思想の基本概念を分析する際の手続きに他ならない。また、ティリッヒ自身の自己理解を尊重しつつもそれに引きずられないように注意する必要がある。ティリッヒが自らを常に適切に説明しているとは限らないからである。例えば、第一次世界大戦の体験がティリッヒの思想に対していかなる意味で、あるいはいかなるレベルで影響を与えたかについては、ティリッヒ自身の言葉を慎重に検討する必要がある。こうした方法論的態度を保持するためには、様々な立場からなされている先行諸研究を相互に比較検討し、自らの研究の位置づけを常に再確認しなければならない。

(2)思想の発展史的研究という方法論について(4)

ティリッヒの思想の発展史を再構成しその中にこれから解釈すべきテーマを位置づけることが、発展史的研究の目標となる。それは次のように進められる。

①思想の諸発展について、次の三つのレベルを区別しつつ、それらの相互連関に留意する。ティリッヒ自身の現実理解（歴史的状況の理解など）のレベル／ティリッヒの思想の方法論・枠組みのレベル／個別的問題や概念のレベル

②思想の発展史について、過去、現在、未来という時間発展の三つの契機を区別し、その中にティリッヒの思想発展を位置づける。つまり、歴史一般（近代史・ドイツ史）と思想史（近代から現代、哲学思想＋神学）、ティリッヒの思想の形成史とその展開過程（ティリッヒの現在）、そしてティリッヒの影響史（ティリッヒの未来）、という時間発展の諸連関のなかでティリッヒの思想を理解する。

(3)根本的問いについて

ティリッヒの根本的な問いから、ティリッヒは誰だったのか――ティリッヒの思想をその共時的レベルで体系的に理解することを可能にしている焦点となる事柄――を解釈する。これは、ティリッヒの思想的営みの全体を一つ

の連関へと統合し支えていたものは何かという問題であり、例えば、ティリッヒをキリスト教の弁証家と理解することや、意味の問い（さらには意味への信仰・信頼）からティリッヒの諸思想を体系的に論じることなどが、この問題圏に属している。

こうした方法論的態度にしたがって、以下の考察は進められるが、その順序は次のようになる。まず、ティリッヒのシェリング論の基本的主張を解明し、それとの関わりでティリッヒの根本的問いを、初期ティリッヒの諸文献に即して明らかにする（Ⅱ）。続いて、こうして明らかになった根本的問いに基づいて、初期のシェリング論から後期の組織神学に至る思想発展の線を具体的に取り出してみたい（Ⅲ）。そして最後に、今後のティリッヒ研究の展望を論じる（Ⅳ）。

Ⅱ　ティリッヒの根本的問いとシェリング

1　ティリッヒのシェリング論

まずティリッヒのシェリング論の要点を確認してみよう。

(1) 実存主義との関連――ヘーゲル批判の文脈――

ティリッヒはシェリングをカント以降のドイツ観念論の文脈に位置づけると共に、とくに後期シェリングの思想をヘーゲル的な本質主義に対する批判としての実存主義の起点と捉えている。[5] ティリッヒの言う実存主義は、それがそのもっとも典型的な思想家であるキルケゴール（狭義の実存主義）を含むのは当然であるが、キルケゴールに限定されない。すなわち、後期シェリング、フォイエルバッハ、マルクス、ニーチェから、さらにはディルタイ、ベルグソンなどの生の哲学やウィリアム・ジェームズのプラグマティズムまでを包括する「広義の実存の哲学」(in a lager sense) として論じられる。このような実存主義の思想史的理解は必ずしも一般化しているわけではないが、ここで確認しておきたいのは、人間の現実や実在を本質存在から区別された「実存」(現実存在) ――この実存の内容をどう理解するのか、つまり実存の基本的メルクマールを何にするかについては様々な立場が存在する――として規定し、人間存在の生きた現実を合理的に把握可能な諸本質あるいはそれらからなる論理学の体系から演繹することはできないとする思想的立場を実存主義と解している点であり、またこうした論理体系において合理的に演繹される諸本質から人間を理解する立場 (ヘーゲルに典型的に見られる汎論理主義) を哲学思想に広く見られる主要な思想的動向と捉え、こうした本質主義への反抗の起点として後期シェリングを位置づけている点である。

「今日、実存哲学と呼ばれている特別な哲学の在り方は、ワイマール共和国下のドイツ思想の主流の一つとして現れた。その指導者にはハイデッガーやヤスパースといった人が数えられる。しかし、その歴史は少なくとも一世紀、一八四〇年代まで遡る。その主要な論争はシェリング、キルケゴールそしてマルクスといった思想家による、ヘーゲル学派の支配的な〈合理主義〉あるいは〈汎論理主義〉への鋭い批判において定式化されたのであり、次の世代では、ニーチェとディルタイがその提唱者に加わるのである」(Tillich[1944], p.354])。

こうした思想史的理解について次の二点を指摘しておきたい。

①ティリッヒによれば、シェリング哲学の実存主義的性格は、絶対者の中に自己矛盾あるいは非合理的契機を認める点に端的に現れている。「〈絶対我〉(das absolute Ich) の原理をシェリングはフィヒテから受け継ぎ、この原理からシェリングの思索は開始されたのであるが、はじめからそれは、シェリングにとって、フィヒテにとってと

は別のことを意味していた」、「フィヒテが自我は自我であるという自我の自己措定の原理から絶対者の道徳的自己実現（Selbstverwirklichung）の二元論を導き出したのに対して、シェリングは彼の初期の著作において絶対者の哲学すべてが内的矛盾を持っていることを見ていた」（Tillich［1955］, S.395）。フィヒテにとって自由は絶対者の自己実現として、本質論的に捉えられており、絶対者には自己矛盾は存在しない。しかし、シェリングは自由のなかに恣意性、つまり自らの本質への離反の要素、本質的なもの（Essentielles）から実存的なもの（Existentielles）への移行の可能性を認めている。絶対者が自由な存在であるならば、それは内的矛盾を抱え込まざるを得ない。後に見る哲学学位論文でティリッヒが詳細に分析しているように、この絶対者における諸原理の内的緊張の問題は、中期以降の思索において再度思索の中心に浮上してくることになる。

②ティリッヒの捉える「広義の実存哲学」の特徴は、それに属するとされた諸思想家において確認される近代的な自己意識の明証性への懐疑あるいは批判に見ることができる。人間の意識が、無意識、階級性、力への意志など直接的には意識化されない要因によって根本的に規定されており、自己は自己自身にとって不透明であるという議論は、十九世紀後半から二十世紀にかけての現代思想の有力な潮流を形成している。ティリッヒの議論はこの思想史的文脈において理解されねばならない。(6)

(2)消極哲学と積極哲学の相補性

ティリッヒおいては、(1)で見た本質主義（ヘーゲル）と実存哲学（後期シェリング→キルケゴール）の関係が、シェリングの言う消極哲学と積極哲学の関係に重ね合わされている。しかし、ヘーゲルとシェリングの関係は、ティリッヒによれば決して単純ではない。(7)

「ヘーゲルの死後長い間、彼はヘーゲルの最大の批判者であった。……しかし、シェリングはヘーゲルと自らが行ったこと（同一哲学）を廃棄しなかった。彼は本質の哲学を保持した。これに対して、彼は実存の哲学を対置した。実存主義はそれ自身の足で立つことのできる哲学ではない。それは常に、現実の本質構造のヴィジョンに基づいている。……この意味でそれは本質主義に基づくのであり、それなしには生きられないのである。……シェリングの後期においては、実存主義に主要な強調点が置かれていた。しかしながら、本質主義は展開されなかったものの、その前提とされていたのである」（Tillich［1962/63］, p.438）。

確かに、後期のシェリング自身が自らの前期の同一哲学を消極哲学に分類しており、こうした前期と後期の間に存在する変化を解明することがシェリング研究の重要なテーマである点は疑いもない。しかし同時に、消極哲学と積極哲学との間には緊密な連関が存在することも否定できない。ティリッヒはシェリングにおける後期の思想の意義を高く評価するが、しかし、その場合に、ティリッヒは消極哲学、とくに初期からのポテンツ論の展開が後期の積極哲学の神話・啓示論の前提であることを忘れない。後に見るように、後期シェリングにおける神話と啓示を含む宗教史が学位論文において分析される際に、議論はポテンツ論の発展史から開始されている（学位論文・第一部）。これは言い換えれば、シェリング哲学を動機づけていた事柄が最初からフィヒテやヘーゲルと異なっていたこと、積極哲学への展開の可能性が思惟の発端において既に存在していたことを意味する。すなわち、シェリング哲学を後期の実存論的転換（積極哲学）へと導いた諸動機は思想の発展過程の途中で突如現れたものではなく、思想の発展過程に一貫して内在していた、という理解である（Tillich［1955］, p.393）。後期シェリングにおいて、消極哲学と積極哲学とは相補的に位置づけられるべきものなのである。

2　ティリッヒの根本的問い

多くの研究者あるいは読者がティリッヒの思想から受ける第一印象は、そこで扱われるテーマの驚くべき広がりと多様性であろう。ティリッヒはこの多様なテーマにおいて何を追求していたのか、ティリッヒにとって根本的問いとは何だったのか。これはティリッヒ研究の根本問題に他ならない。ティリッヒは実存主義者であったのか、あるいは本質主義者であったのか、という問題も、このティリッヒが追求した根本的問いから論じられねばならない。

この点に関して、本論文では次の仮説に基づいて考察を行ってみたい。それは、ティリッヒにおいてはその長い思想発展と思索の広範な広がりにもかかわらず、根本的問いがその思想発展の最初期の段階ですでに明確に示されており、この問いが思想の発展史の全期間と多様な思想内容を根底で支えそれらに統一性を与えている、という仮説である。具体的に言えば、聖職叙任の第一次神学試験のために用意されたと言われる「一元論的世界観と二元論的世界観との対立はキリスト教的宗教にとっていかなる意義を有しているのか」という論文（1908）における「一元論と二元論」という問題設定、あるいはまたハレ大学に提出された神学学位論文「シェリングの哲学的発展における神秘主義と罪責意識」（1912）における「神秘主義と罪責意識」という問題設定によって示された根本的問いである。(8) とくにこの「神秘主義と罪責意識」というテーマが初期ティリッヒの中心的な関心事であったことは、ベルリンのモアビット（労働地区）での副説教師時代（1912-14）に友人リヒャルト・ヴェーゲナーらと行った「理性の夕べ」（Vernunft-Abend）における討論テーマとしてこの問いが登場することからも容易に想像することができる。(9)

「神秘主義と罪責意識、絶対者との統一の感情と神との対立の意識、絶対的精神と個別的精神の同一性の原理と聖なる主と罪深い被造物の間の矛盾の経験、これら二つのものの間のアンチノミー、これが教会の全時代にわたってこれまでの宗教的思惟がその解決のための努力を続けてきた、そしてまた今後繰り返し努力しなければならないアンチノミーなのである」([1912], S.28f.)。

つまり、「神秘主義と罪責意識」という問題は、単なるキリスト教思想の個別的な研究テーマとしてではなく、神と世界の関係、あるいは神と人間の関係という、まさにキリスト教思想の中心的問いとして設定されており、ティリッヒの宗教思想はこの問いをめぐって展開されていると言って過言ではない。以下、この問いがどのように追求されるかを、一九〇八年の論文によって確認してみよう。

この論文の意図はその表題に端的に現れている。つまり、この論文は哲学的世界観とキリスト教神学あるいは信仰との積極的な関係付け(前者は後者にとっていかなる意義を有するのか)をめぐるものであり、これはティリッヒにおいて繰り返される議論(哲学と神学、存在論とキリスト教の関係など)の原型と言える。ティリッヒの宗教思想を弁証神学という観点から見るとき、ティリッヒの方法論の特徴は、キリスト教思想を哲学的世界観あるいは形而上学との積極的関係において再解釈する点に認められる。なぜなら、絶対的なものの概念はキリスト教神学にとって必然的であり、キリスト教は形而上学と関わらねばならないからである。[10] その点でティリッヒの問題意識は最近のパネンベルクのドイツ観念論に関する諸著作のそれと類似していると言えよう。[11] これはティリッヒの文脈で言えば、十九世紀の自由主義神学において顕著な反形而上学的神学(リッチュルを含めた広義の新カント主義)へのアンチ・テーゼと解することができ(Tillich[1908], S. 28ff./98ff.])、まさに本論の問題であるティリッヒのシェリング論は直接この点に深く関わっている。一九一二年の神学学位論文では、神と世界あるいは神と人間の関係をめぐる問いが、同一性の原理と両者の矛盾・対立という二つの立場のアンチノミーとして提出されているが、これは一九〇八年の論文でいう「一元論と二元論」の対比に他ならない。

ティリッヒはまず思想史の概観（古代ギリシャからドイツ観念論まで）を行い、神と世界の関係をめぐる議論を一元論と二元論の類型にまとめ（ibid., S. 34-60／102-121）、続いて、一元論と二元論の関係とそれらのキリスト教神学に対する意義を体系的に検討して行く（ibid., S. 60-91／121-152）。そのアウトラインは次のようになる。「物質的一元論→二元論的批判→精神の目的論的一元論→目的論的一元論の高次の宗教的段階」。つまり、大きく一元論と二元論という二つの類型を設定した上で、前者は物質的あるいは自然的一元論（素朴な実在論的一元論）と精神的あるいは目的論的一元論にわけられる。そして、キリストのペルソナ理解（キリスト論）にふさわしい形へと、つまり高次の宗教的段階へと精神の目的論一元論を変革するという課題が提示されるのである（この文脈で神律概念が登場する）。次に、説明を補いながらティリッヒの議論をまとめて見よう。

①中心問題あるいは根本的問い。「世界に対する神の関係についての一般的な問いは、問いの本性にしたがって、次の二つの分けられる。つまり、広義の自然に対する神の関係と人間の人格的生に対する神の関係である」（［1908］, S. 47／109）。一元論がすべての個別的現象を最高の原理から必然的なものとして演繹するのに対して、二元論は二つの独立した原理の根本的必然性を承認する。こうした一元論と二元論という二つの類型で展開される絶対者と世界の関係の問い（形而上学的問い）は、西洋の思想世界においてははじめから神思想との結びつきの中におかれていた。しかし、その場合、広義の自然と神との関わりと人間の人格性と神との関わりのいずれに焦点を当てるかによって、議論はさらに細分化されることになる（物質的・存在論的・実在的・自然的と精神的・目的論的・歴史的）。問題は、こうした一元論と二元論という対比がキリスト教神学にとっていかなる意義を有するのかということになる。

②キリスト教の創造論（無からの創造）は、世界（の存在）の神的意志への依存と、神の世界からの分離（Geschiedenheit、神と世界との質的差異性、断絶）という二つの契機から構成されるが、まず一元論は世界が神的本性（神の永遠性）に与っていることを手掛かりとして、それとの同一性へと論を進める。それに対して二元論は世界の神的本性（永遠性）への非依存性、あるいは両者の分離や対立から、二つの根本原理の措定に向かう（例えば、神の精神性と世界の物質性との二元論や、神の善性と世界の物質性・悪との二元論など）。ティリッヒは、こうした整理に基づいて、「キリスト教的世界創造の思想は、原理的に一元論と二元論との中間に立つのではなく、二元論に反対して一元論の側に立つ」と述べる（ibid., S. 48/110）。これがティリッヒの基本的スタンスであって、それは世界が神的実体に対立する（あるいは独立した）形而上学的実体性を有しないという主張に他ならない——ここから悪の存在をいかに説明するのかという難問がティリッヒに対しても生じることになる——。

③ここで重要になるのは、自然一般と人間（あるいは人格、歴史）との区別である。自然一般と神との関係という問題を一元論的に論じる場合、思想史的にはまず物質的一元論と呼ばれるものが登場する。これは素朴な一元論という言い方で示唆されるように、もっとも古いいわば一元論の原形であり、自然神学などはこの議論に属し、また汎神論（スピノザ）もこの系譜に入る。ティリッヒは中世思想において緻密に展開され近代へと受け継がれた自然神学、つまり物質的一元論を退ける。それは、自然神学によっては「神と世界」の関係についてのキリスト教の議論（創造論）の適切な理解に至ることはできないということを意味する（ibid., S. 53f./114f.）。これを哲学的文脈で説明するならば、神と世界を因果関係によって結合し（この結合が一元論の特徴となる）、世界の存在から神の存在を論証する宇宙論的な神の存在論証がカントの批判哲学（カントの立場は二元論となる）によって決定的に論駁され、それによって、もはや物質的一元論は哲学的な妥当性を失ったということに他ならない。悪の存在や罪責意識に現れた神と世界との深刻な断絶や対立は、二元論が主張するように、物質的一元論では説明できない。

④しかし、二元論も神と世界の関係を論じるには不十分である（ibid., 57ff./118ff.）。例えば、精神的な魂の実体と身体的実体を人間の人格性における二つの独立した実在性として区別する心理的二元論は、人間の可死的部分と不死的部分の二元論を帰結する点で不適切な人間理解と言わねばならない。これは身体が十全な意味における人格性に必然的に属していることを指摘することによって克服されねばならない。この二元論の問題性は、後のティリッヒの思想においては、宗教的な超自然主義の批判として展開される。つまり、精神と自然（魂と身体）との二元論的対立を神と世界に適用するとき、自然から質的に区別される神は超自然的存在者として把握され、自然の諸連関や歴史のプロセスとは無関係にいわば世界の外に存在し、そして世界の様々な事象との関わりなしに突如世界に干渉してくるということになる。こうした神と世界の関係を二元的対立で捉える超自然主義によっては、歴史において働く神との人格的関係を核心とするキリスト教信仰は表現不可能である。

⑤物質的一元論に対する二元論の批判を経て、そこからもう一つの別のタイプの一元論が生じてくる（ibid., S. 61ff./120ff.）。ここでティリッヒの念頭にあるのはドイツ観念論であり、こうして議論はスピノザの一元論からカントの二元論を経て、シェリングの一元論へといたる。この二元論的批判に耐えうるものとして構想された一元論は、神と世界との関わりについての問題の焦点を、自然の領域から歴史・精神の領域に移すことによって成立する。つまり、自然一般から人間の人格的生への議論の転換である。実際、ドイツ観念論においては、絶対精神の展開過程としての世界史のプロセスを通じた神と人間との和解（ヘーゲル）、あるいは宗教史のプロセスにおける神と世界・人間との対立の克服（後期シェリング）というように、神と世界（とくに人間）との関係は歴史という人間の行為や活動の領域に即して論じられ、二元論の強調する対立性は歴史のプロセスを通して和解に向かうと考えられている。これは歴史において働く神と救済史というキリスト教信仰の主張に対して、これまでの諸立場よりもふさ

わしいものと言えよう。しかし、この思想の発展史の初期の段階においてすでにティリッヒはドイツ観念論の問題性を鋭く捉えている（ibid., S. 73f., 80f., 82ff., 89f./134f., 141ff., 144ff., 150f.）。ドイツ観念論に対するティリッヒの不満は、神と人間の関係を「にもかかわらず」という逆説性において捉える義認論的信仰、あるいはこの逆説性において捉えられる信仰の主体性と神との人格的関係を、したがって、キリストのペルソナの本質を、ドイツ観念論が適切に捉えていないという点に向けられる。これは先にヘーゲルの本質主義に対する実存主義的批判と述べた事柄にも関連している。

⑥以上のように、ティリッヒの基本的な問題意識（根本的問い）はこの初期の文献においてすでに明確に示されている。つまり、神と世界、神と人間との関係を、歴史のプロセスという人間の活動領域に定位した一元論によって捉えると共に、この一元論をキリストの人格性、逆説性、あるいは神の恩恵にふさわしく転換するという課題である——前期の言い方を借りるならば、逆説の宗教＝恩恵の宗教の問題——。この思索が神学思想として結実するのは初期の諸文献より一五年あまり後の前期ティリッヒ（とくに一九二五年の宗教哲学とマールブルク講義）においてであり、さらに一般にそれが認知されるようになったのは初期の思想から半世紀も後の後期ティリッヒ（『組織神学』）においてである。こうした中でティリッヒが提出するものの一つが、例えばキリスト論における「新しい存在」の概念である。ドイツ観念論の場合と同様に「新しい存在」は歴史のプロセスにおいて進展し人間の精神性あるいは人格性において現実化する。しかし同時に、歴史のプロセス内部における新しい存在は終末の先取りとして断片的なものにとどまり、逆説性は解消されないことが繰り返し主張される（Tillich［1963］,pp. 140-141, 150, 156, 158, 160）。こうした根本的な問いは後期の思想、例えば次の『組織神学』の議論においても確認できる。

「ここで示唆されている人間論は人間の本性の二元論的理解に対立する〈一元論的〉理解を含意している。人間は全体としての人間（whole man）である。その本質的存在は夢見心地の無垢という性格を有しており、またその有限的自由は本質から実存への移行を可能にし、その目覚めさせられた自由は人間を自己喪失の脅威となる二つの不安の間におき、その決断は夢見心地の無垢の保持に反対して自己実現へ向かうのである。神話論的に言えば、誘惑の木の実は感覚的であるとともに精神的なのである」（ST. 2, p.36）。

このように後期の思想でも初期の「一元論と二元論」という根本的問い——この『組織神学』の引用は、内容的には先の④に対応する——は反復されている。以上のように、「一元論と二元論」「神秘主義と罪責意識」として提起された神と世界あるいは神と人間の関係理解をめぐる根本的問いは、二元論的批判を一元論（あるいは神秘主義）に基づいて統合しさらにそれを高次の宗教的段階へと高めるというプログラムに従って追求されるのである[12]。これをどのようにして理論化するかは思想発展の各時期によって異なっているが、問いと答えの基本的方向付けはほぼ一貫していると言ってよいであろう。前期ティリッヒにおいては、この問いと答えは「意味の形而上学」に基づく神律的な宗教哲学として展開され、また後期ティリッヒにおいては、存在論的人間学（人間存在の存在論）に基づいて追求される。例えば、五十年代の思惟において登場する「参与と距離の両極構造」は先に見た「一元論と二元論の統合」を後期ティリッヒの思想の枠組みにおいて表現したものであり、宗教哲学の二つの道（存在論的と宇宙論的）の統合も同様に解釈できる[13]。

以上から明らかになった「一元論と二元論の統合と高次の宗教的段階へ移行」というこのプログラムの神学的なポイントは、「創造論②③→キリスト論⑤⑥」の展開に認められるが、これがシェリングの「消極哲学→積極哲学」に形式的に対応するのは決して偶然ではない。この点に留意しながら、次にティリッヒの初期のシェリング論に向かいたい。

Ⅲ　ティリッヒ思想の発展史とシェリング

1　初期ティリッヒのシェリング論

ティリッヒに対するシェリングの影響は様々な点で確認できるが、以下においてはシェリングの積極哲学についてなされたティリッヒの哲学学位論文の内容を紹介することにしたい。[14] なお、ここではティリッヒのシェリング解釈のポイントをポテンツ論と神論にしぼって説明を進める。このテーマに関してティリッヒが採用する方法論は、本論文で最初に述べた発展史的方法（Entwicklungsgeschichte）であり、この点で本研究の方法論はティリッヒ自身のそれと一致している（Tillich[1910], S. 158ff.）。ティリッヒは、まずシェリングの思想（ポテンツと神という思想の基礎概念）の発展史の分析から議論を開始し（第一部）、次に宗教史の全体像（第二部）と宗教概念と歴史概念の解明（第三部）を試みるのである。それゆえ、以下のシェリングのポテンツ論と神論をめぐるティリッヒの議論の分析は、初期シェリング、中期シェリング、後期シェリングという順序で進められることになる。なお、シェリングのテキストからの引用は、ティリッヒが学位論文で参照している版からティリッヒの表記に従って行いたい。[15]

(1)初期シェリングの思想（Tillich[1910], S. 160-165）

「精神は根源的な意欲（Wollen）である」（1. I, 395）と主張されるように、ティリッヒによればシェリングにとって意志こそが実在の究極原理であり、これはシェリングの初期・前期から後期までの一貫した基本的立場である。それゆえ、初期のフィヒテ的観念論（先験的観念論）から自然哲学への思想の展開、さらに両者を統合する同一哲学においても、実在は互いに対立し拮抗する意志的諸原理の活動において捉えられている。自然は活動性（Tätigkeit）自体、創造的意志、意識への戦いであり、意識なき活動性に対する意識的活動性の前進的勝利に他ならない。つまり、自然には、「意識なき活動性＝実在的（reelle）で拡張的」と「意識的活動性＝観念的（ideelle）で牽引的」、あるいは主観的と客観的と言われる二重の意志、二重の原理が存在しているのである。この「自然哲学的定式はシェリングの宇宙生成論とロゴス論の根本思想をもっとも明瞭に含んで」おり、「フィヒテ的時期においては諸活動性の抗争は観念的活動性の優位の下で、また自然哲学の時期には実在的活動性の優位の下で考察されている」（Tillich［1910］, S. 163）。こうした活動性の二つの形態のいずれが優位にあるかによって特徴づけられる自然過程の発展の諸段階（Stufen）がポテンツと呼ばれるものであり（展層、勢位としてのポテンツ）、ポテンツの進展は自然の意識化の上昇的な諸段階に他ならない。

⑵中期シェリングの思想（Tillich［1910］, S. 166ff.）

中期の『自由論』では、「意志自体の中に非合理的契機、自己自身との対立が認められる」（ibid.,S.166）。つまり、実在の基本原理としての非合理性の主張にこそ『自由論』の議論の特徴が存在するのであって、この場合、自由はこの自己矛盾の力（Macht）として理解される。それは神における三重のポテンツの議論として展開される。

①第一のポテンツ

これは非合理的なもの、自己を生み出そうとする一者の憧憬であり、先に実在的活動性・力と言われたものに他ならない[16]。この第一のポテンツ（神の内なる自然）は次の二重性によって特徴づけられる。つまり、非合理的なものは闇を克服して自らを現実存在にもたらす意志であると共に、いっさいの形態が存在できない混沌（飢え・狂気）でもある。

②第二のポテンツ

これは、観念的な力、不定形なものに形を与え、自己を顕現する原理であり、第一のポテンツに対して、観念、悟性、言葉、あるいは光の原理と呼ばれる。「世界過程における両ポテンツの戦い、第二のポテンツによる第一のポテンツの段階的な克服と変容を、シェリングはベーメ的神知論の色彩を帯びた自然哲学のカテゴリーにおいて物語る」（ibid., S. 167）。観念的なもの、つまり言葉が発せられるときに始めて、混沌は形態の分開へと、被造物へと至る。

③第三のポテンツ

人間においては、以上の二つの対立的な諸原理の統合（Vereinigung）としての精神という新しい原理が現れ、それによって、人間はこれら二つの原理から自由になる可能性を獲得することになる——これは人間における悪の可能性を意味する——。これが第三のポテンツである。他方、それは先行する二つの原理を結び合わせる愛の原理であり、「精神は最高のポテンツにおける自由であり、目標のポテンツである」（ibid.）。

以上がティリッヒが示す『自由論』におけるポテンツ論の概要であるが、二つのポテンツの対立（実在的活動性と観念的活動性）こそが実在を規定するものであるとする点では、初期の思索がその前提とされていることは明らかであり、またこの対立と対立の克服が世界過程・プロセスとして叙述される点で後期の思索への大きな転換が見られる。世界過程は第三のポテンツの現実化という目標をめざし進展する第二のポテンツによる第一のポテンツの漸進的な克服と変容のプロセス（個別化・意識化＝意識と無意識との統合）であり、このプロセスの中に悪の現実化と宗教史を核とする歴史過程が含まれるのである。

(3)積極哲学・後期シェリングの思想（Tillich［1910］, S. 168-172）

中期シェリングにおける三重のポテンツという議論は後期においても反復される。[17] まず中期から後期のシェリングの思索の展開を論じるティリッヒの議論を補足説明を加えながらまとめて見よう。確かに、『自由論』は後期思想のいわばスケッチとして、あるいは後期思想のプログラムとして読むことができるが、しかし後期の積極哲学では経験的アプリオリズム――「もの」が在るという「こと」の論理（「こと性」）をアプリオリに解明する――という立場が明確に表明され（単なるプログラムでなく）、その上で議論が組み立てられて行く。つまり、後期シェリングの思想的課題は、哲学的経験論という仕方で表明された「汎論理主義批判」（とくにヘーゲル批判）とカント以降のドイツ観念論において共有された「観念論」（アプリオリズム）という二つの異なったモチーフをいかに統合するかにあったのである。[18] ここで問題とされているのは、存在するもの（das Seiende）が思惟に先立って現に存在しているということを論理の問いとしていかに分析するのかということであり、具体的にはそのために次の三重の原理が取り出される。なお、この論理構造は人間存在においても神的存在においても同型であり（『自由論』の場合と同じ）、したがって、精神的存在者であるためには、神も人間もその存在は三重のもの――主観、客観、精神（主観-客観）の三つのポテンツ（ibid., S. 169）――として措定されねばならない。

①可能的存在（das Sein-Könnende）

第一のポテンツ――存在するものが「ある」という「こと」を成り立たせる第一原理――は、現実的存在（wirkliches Sein）に対して、「あり得ること」、「ただ偶然にあること」と言われる。現実的存在者はその実在の根底

（実存的な意欲）において、つまり「あり得ること」に基づいて存在しているのである。これは『自由論』においてなされた実在の神と神の内なる自然との区別に他ならない。存在するものはまず無定形な意欲（Wollen）、何かを生まんとする意欲であり、これは形在る存在である現実存在の基体（Subjekt、ヒュポケーメノン）であるが、それ自体はこれから何かになろうとする可能性にすぎない。このポテンツは実在の有無についてはまったくの無差別であり、メー・オン（絶対的な無としてのウーク・オンではなく、相対的非存在。あり得てまだないという不安の無）である（ibid., S. 170）。これは在ることもないこともできるという意味で、恣意的で根源的な自由、無限の可能性（die unendliche Möglichkeit）とも言われる。

②必然的存在（das Sein-Müssende）

第一のポテンツを含め、すべてのポテンツは実際には意志（Wille）にすぎない（意志＝ポテンツ）。つまり、「意志は意欲することへと移行しなければ、ポテンツにとどまる」。しかし同時に、「意欲することは意志にとって本性的であり、意欲することは意志の本質である」（ibid./2, Ⅲ, 206ff.）。意志はそれ自体としては未だ論理的可能性のようなものであるが、しかし、今やそれは単なる可能的存在ではなく、その本性にしたがって現実存在へ向かう動性の中に見いだされねばならない。つまり、可能的存在は単なる無限の可能性から外へと踏み出し（ekstatisch）、混沌から形態へと進展せざるを得ない。ここに、可能的存在から現実存在への移行があり、それを突き動かしているのは、「せざるを得ない」（müssen）という意欲である。この「在らねばならない」「在らざるを得ない」（ein Sein-Müssendes）という事実（Faktum）が、第二のポテンツとしての必然的存在の意味である。存在するものは単なる可能的存在ではなく現に在るものとならねばならない。しかし、これはなおもポテンツである。つまり、存在するものが在ることの一般的な規定（存在の位相）であり、これ自体は現実存在そのものではない（ibid., S. 171）。これら二つのポテンツの間で、主観性のポテンツ（第一のポテンツ）が客観性のポテンツ（第二のポテンツ）の基礎、担い手であるかぎり、絶対的同一性の安定性は持続するが、主観性のポテンツ自体が前面に現れ、客観性に取って代わろうとするとき、すべての差異（Differenz）が現れる。これが、相対的非存在である第一のポテンツからの個別的世界（理念世界として）の創造（無からの創造）に他ならない。

③当為的存在（das Sein-Sollende）

存在するものが在るということ、あるいは神の創造行為は、それが精神の働き、つまり人格的行為として捉えられるためには、根源的自由の放棄といった単なる必然性（自動的なメカニズムへの依存）としてではなく、自由の現実化として、つまり、無限の恣意的自由を克服しつつもこの可能性を失うことなくそれ自身にとどまるもの（das bei sich Bleibende）として理解されねばならない。これが、第一のポテンツ（純粋なポテンツ＝可能性、力）と第二のポテンツ（純粋な現実性）との結合としての第三のポテンツであり、主観性—客観性と言われるものに他ならない。つまり、存在するものが存在するということは、単なる可能性でないというだけではなく、また単なる必然性の事柄ではもない。そうではなく、それは二つのポテンツの統合として、いわばそれがそのようになるはずのなるべく定められていた存在であり、ティリッヒの後の定式を用いるならば、自由を可能にする運命の事柄として理解されねばならない（逆に言えば、この運命を自らの運命として自由な決断によって選んだということ。つまり、運命と自由の両極性）。神の世界創造は単なるきまぐれや恣意性という意味における自由の行為でも、あるいは機械論的な必然性に支配された行為でもなく、神の主体的自由が自らの神としての運命を肯定しつつ行う人格的決断として遂行されるのである。この存在の相においてはじめて精神、人格性が成立する。

したがって、この第三のポテンツの上昇がそこに向けられている目標のポテンツであり、先行する二つのポテンツのそれぞれの一面性から自由になった存在の相なのである（ibid., S. 171）。

この当為的存在は三つのポテンツの中でおそらくもっとも理解しにくいものであり、とくに第二の必然的存在との相違が重要である。この当為的存在については、神と愛との関係に注目することによってある程度の理解を得ることができるかもしれない。つまり、神の愛は必然性によって愛するという義務論的愛でも、また神の本質とは無関係に恣意的な自由として選んでも選ばなくても神にとってはどうでもよいといった愛でもない。なぜなら、それは、まさに神が神であるという神自身の運命に基づいてなされる神の主体的人格的な決断の事柄だからである。神における当為的存在とは神的自由に基づく神的運命（あるいは神にとっての運命の極）と言えよう。ただし、ティリッヒも繰り返し強調しているように、こうした人間の経験との類比による神についての議論は所詮類比にすぎず（象徴論、アナロギア論）、自ずとその限界があることに留意しなければならない[19]。ともかくも、神にも三つのポテンツが存在し、神もポテンツ化のもとにあることがこうして確認された。

以上のように、ポテンツ概念は初期から後期のシェリングの思想の発展史全体の中で多義的に用いられており、少なくとも次の三つの意味が区別できる。第一の意味は、目標を目指して上昇する発展過程の諸段階としてのポテンツ（勢位）であり、第二の意味はこの発展過程を推進する力（意志）としてのポテンツである。また、ポテンツは意志それ自体としてのポテンツ、つまり可能性という存在の相、現実性への移行における可能性としても理解できる。これが第三の意味である。敢えて図式化するならば、それぞれのポテンツの意味は、それぞれ初期、中期、後期に特徴的なものと解することも可能であるが、より重要なことはそこには基本的な一貫性が見いだされるということである。すなわち、存在するものにおける、可能性から現実性への移行とその諸段階（あるいは諸相、諸位相）、そしてそれを推進する意志・力、これがポテンツ論のポイントであり、こうした議論は、人格的存在者の存在、人格的存在者が存在しているという事実が、どのように論理的に分析され、理解できるかという点に向けられているのである。ティリッヒは、哲学学位論文において以上のようなシェリングの思想の発展史の分析に基づいて、後期シェリングにおける宗教史の議論の意味（人格化・意識化のプロセス、絶対者との対立の克服としての歴史過程）を解釈して行くのである。

また、「ポテンツ論の発展は神概念の発展と緊密な関係にある」（ibid., S. 173）と言われるように、以上の諸ポテンツの構造と神の存在形態とは無関係ではなく、それどころか、神あるいは絶対者における三重性はキリスト教神学における三位一体論と次のように緊密に結びついているのである（ibid., S. 183f.）。まず、先に言及した世界過程は、その全体が重層的な三一構造をなしている。[20] さらに、実在的で非合理的なポテンツとの対立とこの対立を克服する第三のポテンツという三つのあるいは三重のポテンツは、第一から第三に向かう世界過程であるに先立って、同一のプロセスの中において区別された三つの位相と考えられねばならない。神的存在における三つのポテンツの統合は内在的三位一体論に、またそれに基づいて論じられる世界過程（神の人格化のプロセス）を規定する三一的構造は、経綸的三位一体論に相当する。ここに現れているのは、存在（在ること・もの）を構造秩序と歴史的発展段階という二つの視点から見ること——構造性は消極哲学に、歴史性は積極哲学に対応し、これらの結節点が創造・堕落と言える——、つまり、二つの基本的な思考方法の結合に他ならない。

2　シェリング論から生の次元論へ

シェリングの自然哲学あるいはティリッヒの初期のシェリング論から、ティリッヒ自身の思想発展へと考察を進めよう。シェリングに限らず、ドイツ観念論の思想家の特徴として、カント的な二元論、つまり自然と精神（道徳、自由、歴史）の二元論的分離に対する批判を挙げることができる（つまり、ティリッヒのいう精神的一元論）。この議論を展開するには、必然性や偶然性を基本的カテゴリーとする自然的領域と、自由や運命を基本的カテゴリーとする人格性あるいは精神の自由の領域との区別を超えて、両者の積極的な関わり、あるいは両者の統一性を論じなければならない。これがドイツ観念論における「自然と精神」というテーマであり、例えばシェリングのカントあるいはフィヒテに対する批判は、フィヒテにおける非我としての自然は死んだ自然にすぎないという点に端的に示されている（シェリングの理解する自然とは自己産出性を有する有機体的自然＝生ける自然である）。むしろ、自然は自我と根源を等しくする存在領域であり、絶対者が主観の側に現れると自我になり、客観性の側に現れると自然になる。したがって自然の体系と精神の体系は二元論的に把握すべきではない。これがシェリングの自然哲学、同一哲学の基本テーゼに他ならない。確かに自然は意識を欠いた産出性であり自らを見ることはできない（自己意識がない。あるいは自己参照性がない。キルケゴール的に言うならば精神のレベルにおいて始めて自己関係性は生じる）。しかし、自然は次第にその潜在性を現実化し高め（可能性の現実化。これは、世界過程の一環であり、進化論とも矛盾しない）、それによってこの自己産出過程は可視的となるに至るのである。自然過程の頂点における人間の出現はまさにこの自然がその自己意識に至ったことを意味しており、したがって自己意識の出現において確立する自我を基本原理とする観念論と自然哲学とは同一哲学において統合されることになるのである。[21]「自然は見える精神であり、精神は見えざる自然」である（1, Ⅱ, 56）。精神とは「まどろみ状態」から目覚めた自然に他ならない（1, Ⅲ, 453）。われわれの内なる精神と外なる自然とは絶対的に同一である。ヘーゲルにおいても、自然は因果律に規定された機械論的現象の総体ではなく、そのうちに絶対精神が顕現するプロセスに他ならない。

このようにドイツ観念論における自然理解の特徴は、自然と精神を二元論的対立において理解するのではなく、両者を自然から精神への連続的展開として、つまり可能性の現実化のプロセスの中で統一的に捉える点に認められる（啓蒙的近代の自然観との対立）。いわば、それは眠っている精神としての自然が覚醒するプロセス——先に見たポテンツ論の示す人格化、意識化——と言うことができよう。しかし、こうした自然哲学の難点は、自然過程の展開における精神の出現という事態の持つ問題性、とくに人間の出現によって現実化した悪あるいは罪の問題を説明できないということである。後期シェリングの言い方を借りれば、ドイツ観念論の消極哲学は人間存在の現実性・事実性を把握するに至っていないということに他ならない。これは、世界過程の内部において行われる自然過程から歴史過程への展開が、人間の我性の高揚による理念世界の堕落（＝歴史の開始）として解される際に、質的飛躍（根源的超越論的事実）として論じられる問題であり、シェリングの『自由論』の中心テーマに他ならない。

以上のようなドイツ観念論の自然哲学は一見すると旧式な形而上学的思弁であり、現代においてはまったく意味をなさないという印象を抱かせるかもしれない。しかし、むしろ問われるべきは、自然と精神との統合において人間存在を把握しようとする態度であって、これはまさに現代思想の中心問題に他ならない。生命、環境、性といった諸問題が一挙に噴出する中で、人間の精神や人格性や自由を自然との全体論的関係性において根本から問い直すことが求められており、これはキリスト教思想とも無関係ではない。こうした視点からティリッヒの思想を見るとき、シェリングについての以上の初期ティリッヒの議論との関連で、後期の生の次元論が注目すべきテーマとして浮かび上がってくる。そこで、次にティリッヒの生の次元論へ考察を進めよう。ただし、ここでは議論を「自然→精神」の展開過程との関連に限定したい[22]。

生の次元論は後期ティリッヒにおける自然哲学に相当するものであり、一九五〇年代の後半から病、健康、治療という問題連関においてしだいに展開され、『組織神学』第三巻（Tillich［1963］, pp.11-30）でその全体的構図が提示された(23)。そのポイントは、人間の現実を本質と実存の混合（mixture）としての「生」（life）と捉え、この人間的現実を現象学的に記述することであるが、そこでこの現実を記述するために選ばれたのが「次元」（dimension）のメタファーである。次元メタファーによってティリッヒが記述する生とは、無機的次元、有機的次元（生命）、心の次元、精神の次元からなる多次元的統一体としての生である。問題はこの「生の多次元的統一性」（the multidimensional unity of life）がどのように現実化するかであり、ここに先に見た「自然→精神」の議論を確認することができる。まず、ティリッヒは生の現実化を説明するにあたって、アリストテレスの「可能性」（dynamis, potentiality）と「現実性」（energeia, actuality）の枠組みを使用する。つまり、生とは、可能性が現実性へと現実化するプロセス――このプロセスは「自己同一性」（self-identity）、「自己変化」（self-alteration）、「自己への帰還」（return to one's self）の三つの契機において構成される――と考えられる。精神（道徳、文化、宗教という歴史的な意味世界の領域）は人間においてはじめて現実化する生の次元であるが、それはこれらに先行する諸次元を含む諸領域（＝先の自然と言われた領域）のなかに可能性として存在していたものであって、精神の次元の現実化とは、まさに眠っている精神である自然が目覚めた自然である精神へと現実化するプロセスに他ならない。続いて、ティリッヒは「自然→精神」という生の諸次元の現実化のプロセスを進化論に重ね合わせる。「ここでアリストテレス的と進化論的という二つの観点が対立することになる。前者はデュナミス、可能性という言葉によって種の永遠性を強調し、また後者はエネルゲイア、現実性ということで種の出現条件を強調する。しかし次のような仕方で定式化するならば、この相違は対立を生み出す必要がないことが明らかになる。すなわち、有機的次元は無機的次元の中に本質的には存在しているが、その現実的な出現は生物学や生化学によって記述される諸条件に依存している」(ibid., p.20)。このようにティリッヒは、後期の生の次元論において初期にシェリングから学んだ「自然→精神」の自然哲学を展開しているのであり、進化論を含めた生命科学はこの諸次元の現実化の具体的な条件の解明と解されることによって、生の次元論に組み込まれるのである。

Ⅳ むすび――研究の展望――

現代神学の状況は、バルトやティリッヒ、ブルトマンなどの二十世紀の指導的神学者の死後、つまり七十年代以降、多様な神学的諸傾向へと急激に分解し、今や混沌とした状態にある。その中で、哲学や倫理の場合と同様に、伝統的なキリスト教神学へのラディカルな批判が様々な仕方で生じており、神学においてもポスト・モダンは今や一つのキー・ワードとなっている。(24) この状況下において必要な作業の一つは、近代世界においてそもそもキリスト教とその神学とはいかなるものであったのか、またポスト・モダンに対するモダンとは神学的に見て何だったのかを、正面から論じることである。この神学とモダンとの本質的関わりを理解する上で、避けて通れないのが、十九世紀の近代ドイツ神学である。

近代ドイツの神学思想は、キリスト教思想史において、とくに現代神学を理解する上で決定的な位置を占めている。(25) 現代神学のいわゆるポスト・モダン的状況を積極的あるいは消極的に規定しているのは、まさに近代ドイツ神学に遡る歴史的連関であって、その思想的な影響力と意義を無視しては、現代神学の問題状況を理解することは困難である。もちろん、近代神学の正当な評価は、単に近代ドイツ神学の遺産を反復することによってではなく、むしろ、その批判的継承という視点からなされねばならないであろう。二十一世紀を迎えようとしている現代の状況から、近代ドイツの神学思想を批判的に総括することが必要なのである。

近代ドイツのキリスト教思想の際だった特徴の一つは、哲学と神学の動的で錯綜した影響関係の中に認められる。そこで、近代キリスト教神学とは何であったのか、という問いに答えるためには、ドイツ啓蒙思想からカントやロマン主義そしてドイツ観念論に至るドイツの古典哲学と、ルター派の信仰に依拠するキリスト教神学との相互連関について思想史的な考察を徹底的に行わねばならないことになる。これは、近代神学とは何であったのかを理解する上で不可避的かつ決定的な問いであるにもかかわらず、同時にきわめて困難な問いである。なぜなら、近代ドイツの思想世界においては、哲学と神学とは単なる対立や区別をこえて、現実には入り組んだ相互連関の中にあるからである。例えば、ティリッヒについて、本論文の冒頭においては近代ドイツの古典哲学とルター派の神学という二つの思想史的な前提を指摘したが、それはより限定して言えば、シェリングとケーラーの関係と言い換えることができる。しかし、シェリングが制度的なキリスト教会を批判しつつもキリスト教神学の決定的な影響を受けていることは明らかであるし、また神学者として知られるケーラーもまたその思想形成の初期の時期にシェリング哲学の影響を強く受けているのである。[26] したがって、ティリッヒの思想的源泉をたどる場合、ここまでが哲学（シェリング）、ここからが神学（ケーラー）という仕方で、単純化して思想の影響関係を分析することは不可能である。さらに、ここにはシェリングとケーラーだけでなく、さらに多くの他の哲学者や神学者が関係しているのである。

以上より、近代ドイツ神学を十分な意味で研究しようとする場合、こうした思想史の錯綜した影響関係を、全体として視野にいれながら、個々の思想家の思想形成を一つ一つ解きほぐしてゆかねばならないことが明らかになる。ティリッヒ研究も以上の思想史研究の文脈に位置しており、ティリッヒとドイツ古典哲学との関係という問題設定は、いわばその一つのモデル・ケースに他ならない。これまでは、主としてシェリングとの関わりについていくつかの先駆的な研究がなされてきたが、今後は、ティリッヒとカント、フィヒテ、ヘーゲル、シェライエルマッハーといった思想家との関係も十分に視野に入れて研究を押し進め、その後にもう一度、シェリングとの関係を再考し、十八～十九世紀にかけてのドイツの哲学思想との、さらには二十世紀のドイツの神学思想との関係を含めた思想史全体の理解に迫らねばならないであろう。本論文は、以上の視点に立って行われたささやかな研究報告であるが、今後のティリッヒ研究の一つの展望を示すことはできたものと思う。

文献

本論文の本文および注において略記号で引用されるティリッヒの文献は以下の通りである。なお、シェリングのテキストからの引用については、注15を参照。

EN: *Ergänzungs und Nachlaßbände zu den Gesammelte Werke*, de Gruyter 1971-

MW: *Main Works・Hauptwerke*, de Gruyter 1987-1998

1908: Welche Bedeutung hat der Gegensatz von monistischer und dualistischer Weltanschauung für die christliche Religion?, in: EW.IX

1910: *Die religionsgeschichtliche Konstruktion in Schellings positiver Philosophie, ihre Voraussetzungen und Prinzipien*, in: EW.IX

1912: Mystik und Schuldbewußtsein in Schellings philosophischer Entwicklung, in: MW.1

1944: Existential Philosophy, in: MW.1

1955: Schelling und die Anfänge des existentialistischen Protestes, in: MW.1

1962/63: Perspectives on 19th and 20th Century protestant Theology, in: *A History of Christian Thought* (Ed. by Carl E. Braaten), Simon and Schuster 1972, pp.297-541

1963: *Systematic Theology vol.3*, The University of Chicago Press

注

(1)本論文は一九九九年三月二十三日に聖学院で行った講演「ティリッヒの宗教思想の発展と根本問題」を圧縮し、自然哲学に関連した部分を中心に書き改めたものである。

(2)シェリングとの関わりをめぐるティリッヒ研究の状況については、次の文献を参照。
Hannelore Jahr, *Theologie als Gestaltmetaphysik*, de Gruyter 1989, S.20-26

(3)ティリッヒ研究の現状と方法論とに関しては次の拙論を参照。なお、以下の方法論は本論文にその全体が直接反映しているというよりも、本論文の論者によるティリッヒ研究の方法論とご理解いただきたい。
芦名定道『ティリッヒと現代宗教論』(北樹出版)十八~四十八頁

(4)本論文では次のようなティリッヒの思想発展の時代区分を念頭において考察が進められる。

初期ティリッヒ: ~一九一八 (思想形成期)
前期ティリッヒ: 一九一九~一九三三
　前半: 一九一九~一九二四 (体系構築1)
　後半: 一九二五~一九三三 (移行期1)
中期ティリッヒ: 一九三四~一九四五 (移行期2)
後期ティリッヒ: 一九四六~一九五九 (体系構築2)
晩年期ティリッヒ: 一九六〇~ (移行期3)

(5)シェリングと実存主義との関係をいかに理解するかについては、研究者の間でも意見が一致しているわけではない。ビーチは後期シェリングついての次の論考の中で、ハーバーマスとシュルツのシェリング論を比較しつつ、シェリング研究における実存主義との関係をめぐる論争に触れている。
Edward Allen Beach, *The Potencies of God(s). Schelling's Philosophy of Mythology*, State University of New York Press 1994, pp.163-176

(6)ティリッヒのシェリング論においては、シェリングを実存主義と関連づけるだけでなく、主意主義の系譜に位置づける議論も見られる（Tillich［1962/63］, p.487f.）。これは、『カイスロとロゴス』(Kairos und Logos, in: MW. 1269-272)において、西欧精神史の主流（Hauptlinie）——方法論的流れ、神秘的な形而上学の流れ、数学的プラトン主義的流れ、イギリス経験論的流れ——に対する傍流（Nebenlinie）と呼ばれた思想系譜である（中世末期やルネサンスの神秘主義・自然哲学→スコトゥス、ルター→ヤコブ・ベーメ→ロマン主義→シェリング→生の哲学）。これは、ティリッヒが理解するシェリングの思想史的位置づけであるのみならず、ティリッヒを現代思想の文脈で論じる際にも、重要な論点であるように思われる。

(7)この点については、次の拙論「前期ティリッヒとヘーゲル」（組織神学研究所編『パウル・ティリッヒ研究』聖学院大学出版会所収）一八八～一九一頁を参照。

(8)一九〇八年のテキストの成立事情に関しては、ドイツ語全集版補遺遺稿集第九巻の編集者による解説（EW.IX, S.20-23）を参照。なお、このテキストからの引用は、この補遺遺稿集に収められた初稿版（S. 24-93）と清書版（S. 94-153）の双方の頁を併記することによって行うことにする。また、このテキストについてのまとまった研究書としては次の文献が存在する。
Anton Bernet-Strahm, *Die Vermittlung des Christlichen. Eine Theologiegeschichtliche Untersuchung zu Paul Tillichs Anfängen des Theologisierens und seiner Christologischen Auseinandersetzung mit Philosophischen Einsichten des Deutschen Idealismus*, Peter Lang 1982

(9)副説教師時代のティリッヒの思想的関心については次の研究書を参照。

Wilhelm & Marion Pauck, *Paul Tillich. His Life & Thought. Volume 1: Life*, Harper & Row 1976, pp.30-39
Werner Scüßler, Die Jahre bis zur Habilitation（1886-1916）, in : R. Albrecht/W. Schüßler, *Paul Tillich. Sein Werk*, Patmos 1986, S.18ff.

（10）ティリッヒの後期の思想において、この問題は神学における存在概念の必要性あるいは存在論と神学との関係性という観点から繰り返し論じられる。
Biblical Religion and the Search for Ultimate Reality 1955, in : MW.4
Systematic Theology. Volume II, The University of Chicago Press 1957, pp.10-12

（11）この点については、パネンベルクの次の論文集の諸論などを参照。
Wolfhart Pannenberg, *Metaphysik und Gottesgedanke*, *Vandenhoeck* 1988

（12）このプログラムが組織神学において具体化された最初の記録として、一九一三年の「組織神学草稿」を挙げることができる。「思惟、体系、概念、絶対的宗教、神秘主義」（絶対的立場）と「反省、懐疑」（相対的立場）の対立を克服する「逆説―義認―キリスト」という図式は、まさにここで見た一九〇八年のプログラムにきれいに対応している。
Systematische Theologie von 1913, in : EW.IX, S.278-434

（13）参与と距離、宗教哲学の二つの道については次の文献を参照。
Participation and Knowledge. Problems of an Ontology of Cognition 1955, in : MW.1
The Two Types of Philosophy of Religion 1946, in : MW.4

（14）この哲学学位論文の成立事情については、パウクやシュッスラーの伝記的研究（注9参照）の他に、ドイツ語全集版補遺遺稿集第九巻の編集者による解説も参照（EW.IX, S. 154f.）。また、この学位論文の構想は次の未刊行テキストからも知ることができる。
Gott und das Absolute bei Schelling, in : *Religion, Kultur, Gesellschaft. Erster Teil*, 1999（EW. X/1）, S. 9-54

（15）ティリッヒによるシェリングからの引用は次の版によって行われている。
F. W. J. Schelling, *Sämmtliche Werke*（Hrsg. v. K. F. A. Schelling）. Erste Abtheilung, 1856-1861, Zweite

Abtheilung, 1856-1858, Stuttgart/Augsburg
シェリングからの引用は、Abtheilung, Band, Seite の順で、1. I. 395などと表記する。

(16)中期の『自由論』における自由は自己自身と矛盾する力・ポテンツであり、この点では、非合理的なものこそがもっとも卓越した意味におけるポテンツである。したがって、この意味における最高のポテンツは第一のポテンツに属することになる。しかし、初期前期における発展の諸段階という意味では、この第一のポテンツは最下位に位置するのであって、ここにポテンツ概念の展開が見られる。

(17)ティリッヒによれば、同じ三重のポテンツの議論でも、中期と後期においては、明かな相違が見られる。つまり、『自由論』では、神の精神性がいわば世界過程に組み込まれているのに対して、積極哲学では、神の精神性が世界過程の思想とは独立に議論される（内在的三位一体論の強化！）。世界過程の展開に先立って、神の内なる永遠の生成の概念において生じる質的な時間概念がシェリングの後期の体系には存在しており、これを基礎として神の自由が理解されるのである。「神が精神であり、人格性であることは現実の世界過程を通して始めてそうなのではなく、未来の過程の諸ポテンツを通して既にそうなのである」（[1910], S. 177）。

(18)後期シェリングの思想的課題について、ティリッヒは次のように論じている（ibid., 168f.）。存在するもの（das Seiende）はもっとも根源的で包括的かつ必然的な理性（思惟）の内容であるが、それは対象一般の概念からは演繹されない（＝経験論、事実主義。思惟に先立つ「もの」が「ある」という事実）。しかし、思惟（合理的哲学）は存在の無限のポテンツの内に互いに継起する諸ポテンツの内的組織（eine inneren Organismus aufeinanderfolgender Potenzen）の発見を目指すのであって、この継起する諸ポテンツの内的組織（主観・客観・精神）とは理性の内的組織に他ならない。すなわち、「この組織を顕わにすることが合理的哲学の事柄」（2, Ⅲ, 76）であり、この手段が知的直観と呼ばれる純粋な思惟経験（Denkerfahrung）なのである。こうした哲学的経験論と合理的分析との統合はきわめて困難な課題であり、ここに後期シェリングの難解さの一因がある。これは体系的思想の提示という点ではいわば破綻を予感させるものと言えるかもしれない。

(19)神について象徴によってアナロギア的に語る際の限界は、ティリッヒが繰り返し指摘する問題であるが、自由と運命に関しては、次のテキストを参照。

Systematic Theology vol.1, The Univ. of Chicago Press 1951, pp.248-249

(20) 哲学学位論文では後期シェリングにおける宗教史（神の人格化・ポテンツ間の調和の回復を通した神と人間との和解のプロセス）の問題を再構成することが試みられるが、それは次のような世界過程の見取り図に組み込まれた上で、重層的な三一構造をなすものとして示される（Tillich[1910], S. 185-231）。

〈世界過程の見取り図〉

神 ⟶ 世界過程
　↓自然過程・理念世界の創造
　堕落
　↓歴史過程＝宗教史（神話過程・合理的過程
　↓啓示〈ユダヤ教・キリスト・教会〉）

消極哲学 ⟶ 積極哲学

〈宗教史における神話過程〉

Erste Epoche:　Relativ vorgeschichtliche Zeit (Uranos)
Zweite Epoche:　Perser, Babylonier, Ababer (Urania)
Dritte Epoche:　a) Erste Periode: Kanaanäer und Phönizier (Kronos)
　b) Zweite Periode: Phrygier und Thrakier (Kybele)
　c) Dritte Periode　α) Ägypter: Typhon, Osiris, Horos
　β) Indier: Brama, Schiwa, Wischnu
　γ) Griechen: Hades, Poseidon, Zeus

(21) シェリングの自然哲学についての初期ティリッヒの分析としては、[1912], S. 49-56に詳しい議論が見られる。

(22) ティリッヒの生の次元論については次の拙論を参照。

芦名定道　「ティリッヒ　生の次元論と科学の問題」（『ティリッヒ研究』創刊号二〇〇〇年現代キリスト教思想研究会）

(23) 生の次元論の形成過程を理解するには次の論文が重要である。
Dimensions, Levels, and the Unity of Life 1959, in : MW.6
The Meaning of Health 1961, in : Paul Tillich, *The Meaning of Health. Essays in Existentialism, Psycho-analysis, and Religion*, Exploration Press 1984, pp.165-173

(24) この点については次の拙論を参照いただきたい。
芦名定道　「キリスト教と近代自然科学――ニュートンとニュートン主義を中心に――」（『京都大学文学部研究紀要』第三十八　京都大学文学部）一四八～一五八頁

(25) 近代ドイツ神学のキリスト教思想史における意義については、次のパネンベルクの議論を参照。
Wolfhart Pannenberg, *Problemgeschichte der neueren evangelischen Theologie in Deutschland. Von Schleiermacher bis zu Barth und Tillich*, Vandenhoeck & Ruprecht 1997, S.17-24

(26) ケーラーとシェリングとの関わりついては次の文献を参照。
Hans-Georg Link, *Geschichte Jesu und Bild Christi. Die Entwicklung der Christologie Martin Kählers*, Neukirchener Verlag 1975, S.27-77

ティリッヒにおける伝道論

朴　憲　郁

〈はじめに〉

E・ブルンナーと同様に、二十世紀において弁証学的関心を示した代表的神学者にP・ティリッヒを挙げることができる。彼はキリストにおける特殊啓示から出発しながら、非キリスト教的思想や宗教との対決、また哲学や他の諸学との対話に意を用い、いわゆる「相関の方法」(method of correlation)によって「キリスト教的使信の内容を実存的問いと神学的答えとの相互依存関係によって説明する」ことを貫いた。そして事実、彼の神学は今日もなお、現代の諸領域の問題に対する洞察力と、人間と歴史の究極的な救済について語り得る言葉を残している。それゆえに新世紀、新千年紀に向けたポストモダンの幕開けを迎えたとはいっても、我々はこれを期してポスト・ティリッヒを叫び、彼の神学を容易に捨て去るというわけにはいかない。

ところでこのたびの論考においては、筆者にとって常に神学的、実践的な関心と課題になっている日本およびアジアにおける伝道論的関心から、ティリッヒにおける福音伝道の理解とその展開を解明することを試みたい。一般には、ティリッヒは先に述べた意味での弁証神学者(apologetic theologian)であって、キリスト教の不変の真理としての使信を強調してそれを宣べ伝える宣教神学者（kerygmatic theologian）ではないと言われる。[1]さらに、近代における世界宣教の実践・歴史・理論に直接携わる優れた報告書と研究論文と研究所はカトリック、プロテスタントを問わず他に豊富にあり、その中で例えばオランダ改革派教会の宣教師・宣教学者として南アフリカで活躍したD・J・ボッシュの著書、『宣教のパラダイム転換』（一九九一年）[2]などは注目を集めている。これに比べるならばその半世紀前に、しかもティリッヒ自ら語っているように伝道論の専門家の筆によらないこの種の論述は、確かに容易には注目され評価され得ないということになろう。しかしティリッヒは彼の弁証学的な展開の中で、明らかに彼の存在論的な思考に基づく福音の告知もしくは伝道・宣教を教会の本質行為として正しく把握し、それを随所で論じている。否、彼にとって現代人への伝道は、「聖書と伝統の中に供給されているような宗教的目録の直接的な」伝達であってはならず、[3]むしろ人間の限界状況を真剣に受けとめてそこに立ち向かう弁証学的な業となるべきである。それゆえに伝道論は弁証学において最良に生かされ、またその逆もしかりとなる。ティリッヒにとって伝道は弁証神学的に押し進められ、また弁証神学は伝道論的に展開されるべきものと考えられる。弁証神学者（apologetische Theologen）と宣教神学者（kerygmatische Theologen）とが従来から存続した相互の対立を克服して、相互を関係づけることこそ重要であると、ティリッヒ自身が『組織神学』第一巻（一九五一年）の序論で言明している。[4]このような方向性をもつ彼の神学展開に呼応して、事実、宗教史および宣教学の代表的な一学者であったH・クレーマーもいち早く彼の主著『宗教とキリスト教信仰』（一九五六年）[5]において、多宗教への伝道的関心からティリッヒの神学との積極的かつ（聖書的現実主義の立場からの）批判的な対話を開始した。[6]

振り返ると、若きティリッヒは、ベルリンの労働者地区モアビット（Moabit）の教会（Erlösergemeinde）で最初の牧師補として説教し、堅信志願者準備や結婚・葬儀の司式などに従事し、労働者生活の現実問題に係わり、また多様な知識人との対話の時（Vernunft Abende）をもった時期に、すでに弁証学的に福音の告知を方向づける必要性を感じていたのである。[7] このように、現代社会の各層に生きる人間への実践的な伝道の業と不可分な仕方でティリッヒの弁証学が形成されていることに、人々はもっと留意すべきであろう。実践的、伝道論的視点からのティリッヒ神学の再考があまり試みられていないだけに、[8] 今回の我々の論考がそのための一助となれば幸いである。

ところで、多数者としてイスラム教徒、仏教徒、もしくはヒンズー教徒が国民生活と密着して存在している非キリスト教のアジアにおいて、少数者であるキリスト教徒の信仰生活とその伝道活動は政治的、社会的のみならず、宗教的にも容易ではないものがある（一例：東北アジアの儒教文化における先祖崇拝問題）。固有の真理主張をするキリスト教にとって、伝道の前線で直面する他の宗教とその儀礼をどのように受けとめたらよいのであろうか。これは、宣教師たちが過去において一様に直面した困難な問題の一つであった。さらにそれに付言するならば、アジアへのキリスト教宣教を背後から支えた欧米諸国の国家的進出と利害がその前衛で衝突した時に、アジアの伝統的宗教は対抗的なナショナリズムと容易に結びついて力を得てきた。そのような中で、土着化しようとする少数者としてのキリスト教徒は、宗教的にも政治的にも苦しい闘いを強いられてきた。キリシタン殉教史を内にかかえて今日に至っている日本もその例外ではない。

ティリッヒはその『組織神学』（一～三巻）のいずれにおいても、まさに宗教のテーマと取り組んでいる。その中で当然アジアの諸宗教を、一つ一つ個別的に丁寧に扱ってはいないが的確に言及し、とりわけ日本にまで赴いて、仏教との個人的な対話の道によって伝道の実践を試みた。[9] もちろん我々はここで、今日直面する伝道の諸問題をすべてティリッヒにぶつけて批判をし、あるいは解答を得ようというのではない。むしろ我々は、福音の告知という行為が何を意味し、どのような歴史的地平をもつのかという、伝道の根底にある啓示と宗教の根本問題に関する彼の考察を丁寧に跡づけ、それを積極的にまたは批判的に受けとめることを意図している。それは「宗教の神学」として展開する方向をもっているが[10]、今回はそのテーマを正面から取り上げることはできない。

さて、伝道に関するティリッヒの代表的な講演もしくは講義を収録したものに、『プロテスタントの宣教と現在の人間』（一九二八年）[11]、『福音の告知』（一九五二年）、そして最も基本的なものとして『宣教の神学的基礎』（一九五四年）などがある[12]。そこで取り上げられる宗教としてのキリスト教と諸宗教との関連における伝道の概念は、ティリッヒの晩年の論文である「キリスト教と世界的諸宗教の出会い」（一九六三年。一九六一年のBampton 講義に基づく）にもう一度現れるので[13]、初期の考えと比較してそれとの一貫性や相違などを知る上で重要になる。彼が伝道理解のために取り上げるべき概念や事柄としては、一方において「相関」の解釈学の問題として、ロゴス・キリスト論、理性概念と啓示への問い、啓示の媒体としての経験、究極的啓示などがあり、他方において宗教概念の問題として、神への問いとしての宗教、「新しい存在」を問う場としての宗教、両義的で曖昧な生を問う宗教、受肉キリスト論と聖霊キリスト論、宗教を止揚する霊的共同体、などがある[14]。それらを一つ一つ丁寧に扱うわけにはいかないが、ティリッヒの伝道理解を考察する手助けとして、我々はそれらの内容全体を次に要約し、共に確認しておきたい。それらの多くは、我々がすでにティリッヒの『組織神学』の第一巻から第三巻に亘って共同研究しながら学び、把握してきた事柄の中に含まれているものである[15]。

I　相関の方法における宗教概念

ティリッヒは伝道の主題を扱うとき、宗教そのものと具体的な諸宗教とが一定の価値と役割をもつことを指摘する。宗教とは問いと答えがなされる優先的な場、すなわち神への問いを発しかつ諸啓示によって可能とされた諸解答を与えるまず第一の場所である。具体的な諸宗教は宗教のこの本質に与っていて、それらは一方では宗教の名(を用いること)によって必要不可欠な啓示の媒体として立ち、他方では曖昧(両義的)で啓示を枯渇させる諸現象として立つにちがいない。積極的に言うならば、諸宗教は啓示に基づいており、諸宗教の中に啓示と救済が存在する。キリスト教と同様、それらの中に新存在の先取りがある。だが同時に否定的に言うならば、キリスト教を含む諸宗教はその曖昧性(両義性)において、この啓示を繰り返し歪める。それゆえに諸宗教は総じてキリスト教と同じく、啓示と同一化されたり、またそれとは逆に、自己救済として否定的に評価されたりすることはできない(16)。

従って、キリスト教徒たちは伝道に際して、一括的な分類によって他宗教の信奉者たちとの関係をもつことはできない。むしろ彼らは自分自身の啓示理解との類推において、他の諸啓示を理解するように努めなければならない。それが進展するのは、他の諸宗教の実践と教えと生活への実存的な関与によってのみである。なぜならばキリスト教と同じく諸宗教は、言語と文化と宗教的・社会的諸領域といった媒体によって伝達されるからである。これらのすべて表出したものへの生きた関与以外には、他の一宗教は理解され得ないからである。そう言いつつもティリッヒは確かに、キリスト者は現在的かつ同時に究極的な啓示に与って、それに関係づけられているゆえに、別の啓示の諸表出に完全には関係し得ないということの中に、解釈学的な限界を見ている。しかしそうとはいえ、彼はこの裂け目を、至る所（の内）に働くロゴス（→後に用いる「霊」）の教説によって調停する。そうするとこの着手によって、他者として留まる異質性は均質化されてしまうのか、という問いがもち出される。しかもさらに、いかにして「他者なるもの」が「内なるもの」によって理解し得るのか、という問題が提起される。

いずれにしても、ティリッヒが彼の神概念から引き出す啓示の基準は、我々に無条件的に係わるもの（→「神」概念）[17]に向けて複雑な現実を透明にする啓示の能力であり、しかも同時に、この啓示経験をその媒体と同一視するのを防ぐ啓示の能力である。キリストとしてのイエスにおける啓示の出来事の卓越性は、まさにこの能力に基礎づけられる。それゆえに「自己相対化」の思考形式はキリスト論的であり、それはキリスト者に対して、自己の信仰を放棄せずに他の種々の啓示の特性に対して開かれている可能性をもたらす。これが、逆説的な思考形式である。ただティリッヒの取り組みにおいて不明瞭なのは、どちらかというと均質的に作用する「ロゴス教説」と、今述べた自己相対化の仕方の中にある種の（他者との）相違をもたらす「キリスト論」との組み合わせである。我々はこの思考を、本論として扱うティリッヒの伝道理解との関連でさらに跡づけることにしたい。

Ⅱ　伝道理解

ティリッヒの伝道論は、教会論とキリスト教的歴史解釈という二つの問題領域に関係する。そこでまず彼にとって伝道は、教会がそこで自己の本質たる霊的共同体に相応しいものとなるための不可欠の機能である。この霊的共同体は、歴史の中に働く神的諸力と悪魔的諸力との戦いにおいて、歴史神学的な関連へと組み入れられる。そして、闘いの中にある歴史がその目標・完成としての「神の国」から（歴史の）意味を獲得するのに対して、究極にある神の国は「曖昧でない（非両義的な）状況の象徴」として、歴史の曖昧性と戦ってこれを克服する。キリスト教会はまさにこの神の国のために戦う「道具、先取、断片的な実現」として、神の国を歴史的に代表する存在である[18]。

1　歴史の地平における伝道的な教会

教会の課題は、先に述べたキリスト教的な歴史解釈の関連において初めて理解できる。それに従えば、イエスはキリストとして、新しい存在として、いわば全歴史がこの出来事の以前と以後とに分かれる歴史の「中心」である。確かに、キリスト以前の時が準備の時として、また神の国の担い手が潜在的である時として—すなわち「潜在的な教会」の時として—理解され得る限りにおいて、この「以前」と「以後」は年代順的な意味においても妥当する。しかし新しい存在の出現以後も、また潜在的な教会からまさしく「顕在的な教会」が生起する時期に、つまり新しい存在を受容する時においても、依然として準備の時期に生きている多くの人間と集団と民族がなおも存在する。なぜならば、彼らはいまだキリストの出来事について聞いていないか、あるいはいまだそれを理解していなかったからである。

2　伝道概念

従って、ティリッヒは伝道を次のように規定する。「伝道とは、それによって全世界で「潜在的な教会」が「顕在的な教会」へと変えられる教会的な行為である」[19]。

この規定から次のことが演繹される。すなわち伝道においては、個々人が社会集団から離れては考察され得ないゆえに、個々人の回心が問題なのではないし、また（予定説に従って）そうでなければ永劫の罰に予定されてしまう

（救われるべき）人間（↓「潜在的教会」）の救済が問題なのでもない。さらに伝道においては、文化的進歩の伝達や、また相異なる諸宗教の一致の試みということが問題なのではない。むしろ「伝道とは、世界諸宗教の中に……すでに現存する潜在的な教会をある新しいもの、すなわち〈キリストとしてのイエスにある新しい現実〉へと変える試みである」[20]。

潜在的教会から顕在的教会への変化をもたらす業としての伝道は、他の諸宗教に対して係わるだけでなく、キリスト教に対しても、それが何度となく潜在的な教会へと逆戻りしてしまう限り、係わりをもつ[22]。それゆえに伝道は、教会の不可欠で尽きることのない課題として留まり得るし、またキリスト教の内外に押し進められねばならず、押し進められるべきである[21]。

その変化は、キリストとしてのイエスにおいて現れた新しい存在（The New Being）の普遍性に基づく。新しい存在は、存在（単数）という概念からすぐ思いつくように、それが唯一であるゆえに普遍的である。キリストとしてのイエスにおいて全ての人間のための普遍的な新存在が現れた、という証明は理論的にでなく、ただ実践的に（伝道によって）なされ得る。つまりその証明を行うのは伝道であって、それは教会の活動としてなされる。教会の伝道活動によってキリスト教の「潜在的な普遍性」は日増しにあらわとなり、さらにキリスト教の普遍性は全ての新たな伝道の成果によって証明される（TGM 281）。

我々は、ティリッヒのこのような定式化にみられる実践的、実用的な特徴に驚きを覚える。むしろ彼にとって、「キリストとしてのイエス」の出来事の普遍性の「証明」が重要なのではないか。そしてそのような証明はいったい、啓示の事態への実存的な参与による以外に行われ得るのであろうか。だがもしそうだとすると、キリスト教の伝道的成果による証明とはどのような意味なのであろうか。ティリッヒが主張するように、啓示史と宗教史に進展がないとするなら、そのような伝道実践的な証明は総じて必要なのであろうか？　我々はこのような疑問をティリッヒに対して抱かざるをえない。

他方において伝道は、ティリッヒが言うように、教会が神の国の道具として有効な奉仕の務めをすることを証言する。伝道は、教会によって歴史の中で実現する神の国の力の表現である。顕在的な教会の伝道は、神的なものが活動してもいたキリスト教以外の宗教や文化の中で「解明されずに隠されたままである」ものを、明るみに出す。[23]　この伝道状況について、ティリッヒは次のように解説する。「どの人間も何らかの形で、自分の実際の破れた現実とは反対の、新しい現実に憧れている。人間は神なしにはありえず、彼らが捉えられ得るのと同じ仕方で神によって捉えられている。それは聖なるものの領域で起こるのであって、我々にとって聖なるものを表す彼らの表象がどんなにはなはだしく原始的で偶像的に見えたとしても、そこで彼らは祭儀を執り行うのである。彼らの宗教はたしかに戯画であるが、しかしそれは宗教なのである！　神的なるものがそのうちに活動しており、異教の内においても顕在的な教会の到来と、それによって神の国の到来に対する地盤を備えたのである。このような状況のみが伝道を可能にする。全ての古い民族の内に存在するこの準備段階を、これらの民族の〈旧約聖書〉と言い表すことができる」。

しかし、どこまでこの隠された神的なものが独自の権利をもつのであろうか？　そして、どのようにそれは顕在的な教会の伝道において明るみに出されるのであろうか。「キリストとしてのイエス」の出来事が、たぐいまれな強烈さをもって神の奥義を指し示すことによって自ら規定され、同時に自己を相対化するとすれば、他の諸宗教に付与された種々の啓示に対する開かれた率直な態度は、諸宗教にある種の独自権を認めねばならないであろう。従って、諸宗教は究極的な啓示の単なる「準備」として理解されてはならない。他方、この背景からは、どうしてティリッヒが主張するようにキリスト者が神学的な円環の中で、「キリストとしてのイエス」の出来事における究極的な出来事にのみ関係して、他の諸宗教における霊によって活動する諸啓示には関係すべきでないのか、その点は明らかにされない。そこで、伝道の出来事における相互関係の可能性に対して次の問い、つまり他の諸宗教がなす伝道はキリスト者たちに与えるべき何かをもっているか、という鋭い問いが出される。ティリッヒはこれに対して、キリスト教伝道の中に非キリスト者によるキリスト者への「伝道的な奉仕」が存在することを指摘して、肯定的に答える。(24) しかし、非キリスト者がキリストとしてのイエス（＝新しい存在）の使信を「キリスト者に宣教する奉仕も存在する」と主張することは、先に彼が「伝道的な教会」について述べた事柄、すなわち、「潜在的教会」に属して「いまだキリストの出来事について聞いていないか、あるいはいまだそれを理解していなかった」人々に対する教会の不可避的な伝道の課題（↓伝道は顕在的教会への変化をもたらす教会的業として規定される）であると述べたことと矛盾するのではないであろうか。あるいは、「（キリスト者に）宣教する奉仕も存在する」というその表現によって、歴史の中心としてのイエスの使信を前にしてキリスト教徒（↓ティリッヒの表現を用いるならば、問題に満ちた「歴史的現実としてのキリスト教」）も非キリスト教徒も相対化され、自己検証されつつ、その中で非キリスト教徒が間接的にもしくは無意図的にイエスにおける新しい存在の使信を告知することがある、とティリッヒは考えているとも解することもできる。しかしそうであれば、この伝道はキリスト教徒または教会による自覚的な伝道との対等な相互関係にあるとはいえないであろう。

いずれにせよ、「伝道の目的はアジア文化とアメリカ文化との相互浸透でも受精でもなく、全人類史に対する試金石である一つの現実を伝達することである」（TGM283）。この基準（↓新しい存在）の下に全人類はある。だが本来の問題として残るのは、この基準の構造である。ティリッヒの比較的短いこの論文（「宣教の神学的基礎」）からは、その問題に十分には答えられない。この点で我々はむしろ、他の諸宗教との関連よりも西欧社会の世俗的環境との関連で書かれた別の小論文を引き合いに出すのがよいであろう。

3　告知と参与

「福音の告知」という論文の主要な問いは、「今日において福音はどのように告げ知らされ得るのか」ということである。ここでは、単にキリスト教の使信とは何かではなく、告知される現代の人間の状況との係わりが問題となる。「告知」はその際に、福音の受容もしくは真の拒否を可能にする理解の促進を意味する。「本当の福音の告知は、福音に対する賛同か反対かの明瞭な決断を可能にすることである」（VE 265. 邦訳は二六七頁）。ある事柄の「理解」を前提にして初めて、その事柄を放棄するということが成り立ち、意味をなす。従ってティリッヒは次のように述べる。「福音を本当には知らないで拒絶する人や、福音に本当に近づけられていなかったので正しい判断をすることができなかった人と出会う時、痛みを覚えるのである」（VE 265. 邦訳二六六頁）。

ティリッヒは告知されるべき人間を、すべて人間的実存に関与しているという点で特質をもつと見ている。だが実存の諸条件はまったく時間的に制約されているので（→不運、運命、死などへの不安）、ティリッヒは福音を、自己の困窮を理解する人間に関する使信として（告知することを）引き合いに出す（VE 267）。福音によって人間のもつ不安と分裂と罪責の構造を具体的な人間に指し示すということは、大胆なもくろみであり、相手に語る告知者／宣教者自身を謙虚にする。ティリッヒは「どのような福音を我々は宣べ伝えるべきか」という問いに対して、福音の告知は告知者が彼の受取人たちの状況に関与している所でのみ可能である、と答える。「関与とは、彼らの実存的状況［すなわち種々の集団の状況］に参加することを意味し、その状況からいろんな問いが出され、それに我々が答えを与えるべきなのである」（VE 268）。

従って問題なのは、まずは人間の生と問いに関わり合うことである。そこでは、人間がどの文化や宗教や社会層に属するかは、何ら問題ではない。ただ重要なのは、その伝道者／宣教師が彼らの生に参加し得るということである。別様に定式化するならば、伝道者がその受取人の生に参与することができないところにおいて、彼は伝道を推進することができないし、してはならないし、すべきでもない。興味深いことにティリッヒはこの小論文において、福音として告知され得るものは共生の文脈において初めて解明されることを示唆している。ティリッヒはこの箇所で、彼の組織神学第一巻と第二巻の相関の方法に代表された核（内容）―殻（形式）モデルから離れているように見える。

関与の課程を、ティリッヒはさらに次のように叙述する。「それは我々が原始民族の間で伝道する際に行うことにきわめて似ている。我々は彼らの問いに対する答えを探し、それをしている間に、我々は同時にゆっくりと彼らの実存を変えて、その結果彼らはキリスト教的使信がそれに答えるような問いを立てるに至る」（VE 269）。この問いと答えが真になされるための「参与」は、ティリッヒの考えによれば人間の生の中に多すぎるほどある。

思考過程がこのように続く中で、いろんな問題が提起され得る。第一に、今引用した一文によれば、伝道者／宣教師だけがその出来事の立て役者であるように思われるが、伝道者の存在の変化についても語られる必要はないのであろうか。上で示唆された福音の新たな理解は、伝道者の自己同一性と自己理解のみならず自己感知にも大きな影響を及ぼさないのであろうか。つまり、その参与において起こっていることの中で、両パートナーの存在が変えられるのではないのか。[25] ティリッヒはこの論文の中で、そのような問題をそれ以上は追求していない。

だが彼は（マタイ五・三―一〇における イエスの山上での）祝福に基づいて、最初に人間のおかれている状況を指し示したイエスの実践を指摘する。それによれば、イエスはまず言葉と行為において人間の問題と困窮に答えた。この「方法」に従うことは、それが人間の実存的な葛藤へ注意を喚起するので、今までよりもはるかに重要である。

ティリッヒにとって関与は、人を見下げる態度として誤解されてはならない。むしろ、人間の困窮の分与が問題である。だがその場合にも、人間の困窮に対するキリスト教的な答えは、人が彼らと自己同一化しないところでのみ支持される。それは、医者が病人にならないようにしてこそ、その病人を癒すことができるのと似ている。非自己同一化においてのみ、分与としての関与は意味をもつ。そして、この関与は出会いから始まる。この意味において、他の人間をその自己保全の塔から引き出すために、出会いから経験することがもっと投入されてよいのだが、残念ながら多くの人間は、いわば福音の問いかけに対して自己を護ろうとする。それゆえにティリッヒは、福音の批判的な衝迫を考慮する。そして彼はこの成り行きの諸局面の一つについて、次のように語る。

「我々は関与しなければならないが、同化してしまってはならないのであり、我々がこの二種の態度をとるのは、自分たちがすべての答えを知っていると思いながら自分自身の実存的な葛藤には気づいていない、そのような人々の自己満足を論駁するためである」(VE 270. 邦訳は二七四頁)。

伝道者が受取人の状況とまったく自己同一化する場合に、福音のこの批判的な衝迫が失われるのは明かである。もちろん、ティリッヒのこの定式化は不満足である。なぜならば、人はある程度まで相手の人間と係わらないならば、どのようにその人間の状況に真剣に係わり得ようか。あるいは、関与の概念に同一化の概念は含まれず、両者は区別されているのであろうか。

いずれにせよ、ティリッヒが持ち出す分類は実に静的に作用している。彼の言う関与は、相互の提供と取得、同情と自己変化としては考慮されていない。残念ながら、関与の成行きの力動的な関係に対して何の指摘もみられない。しかしそうとはいえ、根本的に妥当するのは、様々な状況が様々な答えを人々に要求するにしても、「人々にただまったく共通なこととして、キリスト教の使信は、我々が関与し得る新しい救済的現実を告知するということである」（VE270f.）。

4　世界的諸宗教への対話的姿勢

ティリッヒは晩年の小論文である「キリスト教と世界的諸宗教との出会い」（一九六三年）[26]において、潜在的な教会を顕在的な教会へと変える業としての「伝道」という彼の初期の理解を弱めているように思える。この傾向は、ティリッヒ最後の講演の「組織神学にとっての宗教史の意味」（一九六六年）[27]にも見られる。（だがそれは、宗教史への「力動的・類型論的なアプローチ」によって、ティリッヒがすでに他の箇所で論述したことを決定的に超え出てはいない。）このことは、世界諸宗教との出会いにおいて「回心」ではなく「対話」が問題であるという、彼の提題において明かとなる。[28]その場合に、彼は対話の四原則を区分する。(a)他人の宗教の価値は否定されてはならない。(b)しかし人は自己の宗教的な立脚点を代表しなければならない。(c)出会いの共通の基盤が存在する。(d)双方は相互の批判に心を開いていなければならない。[29]全体としては次の点において、対話の目的は伝道の目的と一致しているように思われる。すなわちどちらの場合も、啓示が諸媒体を用いることは忘却されないにしても、諸宗教における啓示の枯渇および歪曲と戦うことがキリスト者の側において肝心だということである。これらの努力が成功したかどうかの基準は、キリストとしてのイエスであり続ける。

そのことと関連して、ティリッヒの次の考えは留意されるべきであろう。「人は確かな正当性をもって、（狭義における）宗教の二つの本質特性は神話と祭儀である、と言うことができる」（CBW94．邦訳一三二―三頁）。しかしその神話と祭儀が今述べた啓示の枯渇と歪曲とをもたらすゆえに、キリスト教が単なる一宗教以上であろうと望むならば、自分の中にあって自分を一宗教に陥らせるあらゆるものと戦わなければならない。事実、旧約時代の預言者らは祭儀と多神教的な傾向とを激しく攻撃したし、新約聖書の福音書物語においてイエスは儀礼上の律法を破って愛を表した。パウロも同様にキリストの出現によって儀礼上の律法全体が破棄されたと見ている。歴史の中で起こった宗教改革運動もそれと同じ精神に立っている。いわば神話と祭儀に対抗する運動において、「宗教に抗する宗教的あるいは擬似宗教的な戦いが表現されている」。啓示を正しく媒介することを止めた神話と祭儀を攻撃するために、人は歴史の中でやはり「宗教的ならびに世俗的な他の神話や儀礼によってしなければならなかった」。非神話化と非儀礼化のあらゆる試みにもかかわらず、人は神話と祭儀を避けることができない。従って問題は、神話と祭儀そのものではなく、繰り返しそれらが究極的な基準に服従しなければならないということである。「宗教に抗する神のための戦いにおいて、神の防衛者は自分が逆説的な状態の中にあることに気づく」(CBW 96)。

相関の方法が「弁証的」神学の中でなおも、キリスト教の啓示事件の真理を他のあらゆる宗教に優るものとして証明することを目指したのに比べ、ティリッヒは彼の後期の著作においては明らかに、諸宗教が神的真理へ共通に歩み寄る可能性の諸条件に集中する。対話はそれに適した手段と思われる。

5　回心概念

ティリッヒは「キリスト教と諸世界宗教との出会い」において回心ではなく対話について扱ったが、彼が『組織神学』第三巻でなおも「伝道」について語る時、回心概念をどのように理解しているのであろうか。

回心とは「霊的共同体が潜在的段階から顕在的段階に推移すること」であり、その場合に「絶対的」回心、つまり何かまったく新たなものの受容が問題なのでなく、結局は人間がすでに潜在的に霊的共同体に属しているゆえに、「相対的」回心が問題である。それゆえに伝道は、霊的共同体への相対的回心に仕えるべきである。その際に、従来の運動方向を否定して新たな運動方向を肯定すること、つまり不義と偶像崇拝を去って神とその義に向かう方向を肯定することが問題である。この出来事は突然の回心体験によってというよりは、むしろ（人間を考慮して）どの啓示状況にも適う恍惚的／脱自的（ekstatisch）な性質によって特徴づけられる。[30]

従って、伝道の働きには流れるような推移が生じる。つまり、伝道が潜在の霊的共同体から顕在の霊的共同体への変換に仕える時、人間が特定の教会に加わって合流しない所でも、部分的な変換がなされ得る。[31] それゆえに、すでに組織神学において少なくとも一方では、回心を「宗教交換」という意味（例：他宗教の信者がキリスト教会の信条と職制を受け入れて完全にその特定の教会員になること）で理解する伝道概念の課題へと導き得る道が敷かれている。ティリッヒのこのような回心理解は、アジア伝道に携わる宣教師たちがしばしば実際に身をもって経験し、認識していることに符合する。

しかしそれに代わって他方では、宗教交換を必ずしも含めない霊的共同体への変換としての回心を目指す伝道の理解もそこには見えてくる。その場合には変換が問題ではなく、他の諸宗教の人間と集団（ユダヤ教徒、イスラム教徒、人道主義者、神秘主義者など）の中に今もなお潜在する霊的共同体の集中的強化という方向での回心が問題となる。否、むしろ回心というよりも、基本的に彼らには「キリストとしてのイエスを受容しようとする願望（Wunsch）」がある。[32] それゆえに彼らに対して、「教会の側では何らの留保なしに、愛の共同体への扉を開く」ことが求められる。

この最後の点は確かにもっともなことであり、潜在的なキリスト教同調者もしくは求道者に多く囲まれている少数集団としての日本のキリスト教会は留意すべきであろう。しかしその二つ目の回心理解に基づく伝道は、受取人の間で果たして「不義と偶像崇拝を去って神とその義に向かう方向を」決定的に肯定する出来事となるであろうか。

それは、啓示の真の媒体となるべき歴史的宗教としてのキリスト教共同体を形作る方向を取らず、反対に諸宗団に内在する不可視的、汎神論的な霊性の探求を促すことになるのではないか。

〈結び〉

P・ティリッヒの取り組みの強みは、キリスト教の啓示の出来事が（キリスト教を含む）諸宗教における啓示の顕現に向けて横切っていることにある。ただその場合に、キリスト教的啓示の出来事は究極的な啓示として、他のあらゆる啓示の基準である。宗教神学的に見ると、それによって、今まで構想されたすべての関係規定、つまり一方のキリスト教（信仰）もしくは神的啓示と他方の諸宗教との関係の諸規定は拒否される。基本的にこの両領域の区別から出発するすべての試み（例：キリスト教に特殊な宗教概念を当てること［M・ケーラー］、キリスト教の中に啓示史における最高の発展段階を認めること［トレルチ］、福音と宗教の対置［アルトハウス］、啓示と宗教の区分［バルト］）は効果を失う。[33] だがティリッヒの取り組みの宗教神学的な広がりは、できるだけ一般的に定式化されているとはいえ、やはりキリスト教的特性を表に出すような神概念に基礎づけられる。それはティリッヒにとっても、別の仕方では基礎づけられない。なぜなら、神についてはただ啓示の出来事からのみ語られ得るからである。

伝道神学的に見ると、ティリッヒはその人生の終わりに初めて、とりわけ彼の日本での滞在に刺激されて、諸宗教間の理解と対話の問題を強力に追求した。[34] 彼の思考は高齢に至るまで、一貫性における柔軟と流動の中にあった。我々のこの論考において逐次考察するわけにはいかなかった諸概念の内、特に彼の聖霊キリスト論は諸宗教間対話と他者理解に関して、神学的な新しい思索の手がかりを提供し得るのではないか。ただし、ティリッヒにとって対話が伝道に取って代わって現れるのか、あるいは両者が単に補い合うべきなのかは、厳密に解明できない。

上の考察において言及したように、ティリッヒの弁証神学的な伝道論には、その初期と後期の思索との間に微妙な変化や相違が見られ、また各論文におけるいくつかの疑問と批判を我々に引き起こさせた。しかし我々の伝道前線を考えるならば、世界的諸宗教が伝統的に根をおろして共存し競合し合うアジアにおいて、少なくともキリスト教伝道はそれぞれの宣教師が所属する各教派・宗派の拡張運動ではなく、また不信仰の世界の人間への単なる救済福音の伝達でもないし、またそうであってはならない。その点において、他の神学者たちと違って、異なる種々の文化と宗教の神学的意味を弁証学的、対話的に掘り下げて解明しようとしたティリッヒの試みは、H・クレーマーを初めとする少なくない鋭い批判を受けつつも、福音伝道の本質と目的を模索するための決定的な布石を投じたと言える。二十世紀に残した彼の伝道論の深みと広がりは、グローバル化における多元化が益々進行する次世紀の日本・アジアと世界の中でケリュグマの課題を担う教会に対して、尽きない反省と洞察を提供するに違いない。

注

(1)佐藤敏夫、「弁証学」、『キリスト教　組織神学事典』、東京神学大学神学会編、教文館、一九七二年、三一〇頁。

(2)David J.Bosch, Transforming Mission. Paradigm Shift in Theology of Mission, New York 1991. この書物の前半部が最近邦訳された。デイヴィッド・ボッシュ（東京ミッション研究所訳）『宣教のパラダイム転換、上』――聖書の時代から宗教改革まで――、新教出版社、一九九九年十一月。

(3)P. Tillich, Die protestantische Verkündugung und der Mensch der Gegenwart. Vortrag, gehalten auf der Aarauer Studentenkonferenz im März 1928, in: GW Ⅶ,80. （邦訳）『プロテスタントの宣教と現在の人間』（一

九二八年)、『ティリッヒ著作集』第5巻、一九七八年、一〇六—一〇七頁。

(4)ST I (1955, Stuttgart [8]1984, 12-15. Systematic Theology I, Illinois 1951の独訳)。鈴木光武訳、『組織神学　第一巻上』、新教出版社、一九五五年、一五—一八頁。

(5)H. Kraemer, Religion and the Christian Faith, London 1956, P.418-439, 442-448.

(6)クレーマーは聖書的な現実性（聖書の語る歴史的・人格的な神概念、神人関係、人間の信仰など）の立場から、神学的な諸主要概念がティリッヒの存在論的な哲学と宗教概念に置き換えられる危険を指摘しようとする。

(7)Wilhelm Marion Pauck, Paul Tillich ; His Life and Thought, 1976, p.37.(出丸徳善邦訳、『パウル・ティリッヒ　1　生涯』、ヨルダン社、一九七九年、五四頁)。この若い時代をも含めたティリッヒの手紙、手記、教会日誌などの貴重なドキュメントを収録した書物として、Paul Tillich, Ein Lebensbild in Dokumenten, Briefe, Tagebuch-Auszüge, Berichte, Hrsg. von Renate Albert und Margot Hahl, Stuttgart 1997, がある。

(8)しかし最近この点に着目した日本語論文として、菊地順、「ティリッヒの伝道論」、学校伝道研究会紀要『キャンパス・ミニストリー』第一二号、学校伝道研究会、一九九九年、二二—四二頁、がある。このたびの我々の論考においても、Verkündigung/Missionを一応伝道と訳したが、特に邦訳上の厳密な規定区分をしないで、時には宣教もしくは告知という訳語をも用いる。

(9)Cf.P.Tillich, Das Christentum und die Begegnung der Weltreligionen (1964. CBWと略記)(Übers.von : Christianity and the Encounter of the World Religions.New York and London 1963. Bampton Lectures 1961に基づく)、in : GW V, Stuttgart, 51-98. 邦訳（野呂芳男訳）は「ティリッヒ」著作集第4巻、『絶対者の問い』、白水社、一九七九年、に収録の「キリスト教と諸世界的宗教との出会い」（六九—一三八頁）。特に邦訳の一一二—一一三頁を参照。

(10)宗教の神学としてティリッヒ神学を手堅く扱っている書物の一書は、古屋安雄、『宗教の神学』、ヨルダン社、一九八六年、（特に二三二—二五四頁）である。

(11)P.Tillich, Die protestantische Verkündigung und der Mensch der Gegenwart.（注3参照）

(12)P. Tillich, Die Verkundigung des Evangeliums (1952. VEと略記。原題はCommunicating the Christian Message), in ; Gesammelte Werke (14 Bände, Stuttgart 1959-75. GW と略記) Ⅷ, 265-275 ; ders., Theologische Grundlagen der Mission (1954. TGM と略記。原題は Theology of Mission), in GW Ⅷ, 276-284. 邦訳（大宮溥訳）はティリッヒ著作集第6巻、『懐疑と信仰』、白水社一九七九年、に収録の「福音の告知」（二六六―二八〇頁）および「宣教の神学的基礎」（二八一―二九一頁）。

(13) P. Tillich, CBW.

(14) それらに関するティリッヒの他の文献として次のものがある。The Meaning of the German Church Struggle for Christian Mission (1946), in : W. K. Anderson (Hrsg.), Christian World Mission, Nashville : Commision on Ministerial Training. The Methodist Church, 130-136 ; ders., Die Überwindung des Religionsbegriffs in der Religionsphilosophie (1922. ÜdR と略記), in:GW Ⅰ, 365-388; ders.,How we communicate the Christian Message (1959), in : The Christian Advocate (3), H.5, Chicago, 12-17 ; ders., Das Christentum und die Begegnung der Weltreligionen (1964. CBW と略歴), in:GW Ⅴ, 51-98; ders., Systematische Theologie (^{8}1987.ST. Ⅰ-Ⅲと略記), Bände Ⅰ-Ⅲ, Berlin/New York ; ders., The Significance of the History of Religions for the Systematic Theology (1966), in : C. H. Ratschau (Hrsg.), Paul Tillich, Main Work/Hauptwerke (6Bände, Berlin-New York 1987. HW と略記。1911-1966のものを収録)、Bd.6, 431-446. ティリッヒ神学の諸テーマの理解のために、『パウル・ティリッヒ研究』、聖学院大学出版会、一九九九年、は大いに役立つ。

当該文献の邦訳書を重んじあるいは引用することもあるが、基本的には原書から筆者が直接翻訳することにした。

最近、ティリッヒにおける伝道の問題を扱った研究書に次のものが挙げられる。Pan-Chiu Lai, Toward a Trinitarian Theology of Religions : a Study of Paul Tillich's Thought, Kampen-The Netherlands 1994, especial. p.84-87 ; W. Schüssler, Das kopernikanische Prinzip und die Theologie der Religionen. Zu Paul Tillichs religionsphilosophischem Beitrag zum interreligiösen Dialog, in : ZMR 77 (1993), 137-151 ; Henning Wrogemann, Mission und Religion in der Systematischen Theologie der Gegenwart, Göttingen 1997 (Diss., 1995, Univ. Heidelberg), 105-127. なお、伝道との関連で Tillich を部分的に扱ったものとして、John A. Sims, Missionaries to the Skeptics. Christian Apologists for the Twentieth Century, Georgia 1995, も参照せよ。

(15)ST I, 247-272, II, 87-106, III, 107-130, 167-171, 191-281を参照。

(16)ここに、一方のバルトと他方のアルトハウスとに反対する立場が明示されていると思われる。ティリッヒはまたトレルチに対して、啓示は歴史の発展に依拠しないと反論し、さらに彼はキリスト教と諸宗教とを同順に並べることをもって、M・ケーラーからも一線を画す。

(17)ST I, 247.

(18)歴史には三つの謎がある。1. 歴史は歴史内で実現されることのない一つの目標に立ち向かっている、2. 歴史は不可逆的な方向に走っている、3. 歴史は歴史の純化と成就により、またその統一として、何か新しいものへと動いて行く。神の国は、歴史のこの三大謎を解く(TGM 276f.)。

(19)TGM 278(邦訳、「宣教の神学的基礎」、ティリッヒ著作集第6巻、二八四頁)。この論文においてティリッヒは、「キリストとしてのイエス」の出来事に基づく霊的共同体としての教会と、社会的領域として理解される教会とを、まだ区別していない。

(20)TGM 279.(邦訳、前掲書、二八五頁)

(21)「霊的共同体は、キリストたるイエスにおける中心的な啓示に出会っていない限り潜在的であるが、そのような出会いが起こった後は顕在的である」(ST III, 180)。「潜在的な御言葉は否定的かつ積極的な要素を含む。潜在とは、ある部分では現実的で他のある部分では潜在能力的であるような状態のことである。……潜在の状態においては、現実化する諸要素と現実化しない諸要素が存在する」。潜在の状態にある霊的共同体には、両義性(曖昧さ)への抵抗という最後的な原理が欠如している(ST III, 181)。

(22)ティリッヒは別の箇所で、宣教において起こる事柄を「プロテスタント的原理」という概念のもとにこう要約する。「〈プロテスタント的原理〉とは、神的霊による宗教の克服の表現であり、それと同時に宗教の両義性—その世俗化と悪魔化—に対する勝利の表現である。……とはいってもプロテスタント的原理だけでは十分ではなく、カトリック的な実体、つまり神的霊の現在の体現化が同様に必要である。しかしこれはプロテスタント的原理の基準に投じられるべきである。プロテスタント的原理によって、神的霊は宗教に勝利するのである」(ST III, 281). ST III, 207(邦訳　二二六—二二七頁)も参照のこと。

(23) TGM 280（大宮溥訳、二八八頁を参照）。

(24) TGM 283（大宮溥訳、二九〇―二九一頁を参照）「宣教はけっして一面的なものでないことが明らかになった。キリスト教の宣教が向けられる非キリスト教徒による、キリスト者に対する宣教も存在する。キリスト教宣教が提供すべきものは、『キリスト教』ではなく、……キリストとしてのイエスの使信、新しい存在の使信である。そして口々宣教によって証されているのは、歴史の中心としてのイエスの使信である」。従ってティリッヒにとって、それは他の諸文化にも妥当する。「他の文化圏における若い諸教会が自立的に発展して、特定の形式のキリスト教を神の国と同一視することに反対しているという事実は、おそらくキリスト教伝道の意義を最も大きく確証するものであろう」（TGM 284. 邦訳は二九一頁）。

(25) ティリッヒがこの可能性を見過ごしていることは、他の箇所で明らかなように、彼が他者を自己の像に従ってのみ知覚することに原因がある。例えば彼の次の言葉がそれである。（神的霊によって断片的に克服される主体・客体の分裂に妥当するのと）「同様のことが、人格と人格との出会いにも妥当する。他の人格は見知らぬ人であるが、それは偽装した見知らぬ人に過ぎない。実はそれは疎外された自己の一部なのである。それゆえに、自己の人間性は見知らぬ人との再結合によってのみ実現される。…神的霊の作用によってのみ、自己閉鎖の殻は貫通され得る。自己の疎外された一部としての見知らぬ人は、彼が自己と同じ根底からきている者として経験される時、見知らぬ人であることをやめる。神律はあらゆる人間的出会いにおいて、人間性を救う」（ST Ⅲ, 300）。土居真俊訳、『組織神学』第三巻（生と霊、歴史と神の国）、新教出版社、一九八四年、三二七頁。

(26) ＣＢＷ（注９及び13参照）〉

(27) P. Tillich, Die Bedeutung der Religionsgeschichte für die Systematischen Theologen (1992) (Übers. von: The Significance of the History of Religions for the Sytematic Theologian, 1966), in: HW, Bd. 6, 431-446.

(28) CBW 97f.

(29) CBW 81.

(30) ST Ⅱ,252ff.

(31) ST Ⅲ, 212.

(32) ST Ⅲ, 212. 邦訳二三二頁。「この願望は信条的命題に取って代わる」（同頁）。

(33) 注16を参照。

(34) Vgl. P. Tillich, Meine Vortragsreise nach Japan 1960, in : ders., Impressionen und Reflexionen. Ein Lebensbild in Aufsätzen, Reden und Stellungsnahmen, Stuttgart (GW,Bd.8) 1972, 490-517.

ティリッヒは実存主義的な神学者なのか？

ティリッヒの思想の根本構造としての「本質と実存」の両義性

深井智朗

問題設定

パウル・ティリッヒのことを「プロテスタント神学者であると同時に実存哲学者である」と見なすことが、彼がドイツで最後に教えたフランクフルト大学、とりわけ社会研究所周辺にあり[1]、また亡命先のアメリカでも同じように見られていたことは良く知られている[2]。哲学史家ジョン・ハーマン・ランドールが「パウル・ティリッヒは、私は現代のもっとも有能なプロテスタント神学者のひとりであるが、同時にもっとも説得力をもった実存哲学の代表者であり、さらに現代の形而上学の復興に寄与した人物であるように思われる[3]」と述べているのはその典型的な例である。

しかしティリッヒは本当に「実存主義的な哲学者」、あるいは「実存哲学の代表者」なのだろうか。もしそうでないならば、何であるのか。本論は、まずこの最初の問い、彼は「実存主義的な哲学者なのか」という問いに取り組む。しかし結論を先取りして言うならば、彼を「実存主義的な哲学者」と言うことはできないというものである。これが第一部の課題である。そうであるなら、彼は何であるのか。これが第二部の課題である。そしてこの二つの作業を通して、われわれはティリッヒの思想を構成する根本的な枠組について考えてみたい。それは「本質‐実存」構造であり、それが第三の課題である。

1．ティリッヒにとっての実存主義の意味

この問題を考える場合に重要なのは、まず彼が実存主義ということで何を考えているかということを明らかにすることであろう。彼は一九五六年に公にされた「近代芸術の実存主義的様相」(4)という論文の中で彼自身が「実存主義であると信じているもの」について、その「意味と歴史」を論じ、「実存主義」という「用語に三つの意味を与え、それを区分して」用いている。それはまず第一に「あらゆる思索において普遍的な要素としての実存主義」であり、第二に「一九世紀の産業社会のいくつかの特徴に対する反逆としての実存主義」、そして第三に「二〇世紀における感性豊かな人間の状況の鏡としての実存主義」である。(5)その三区分を用いてティリッヒが「実存主義」ということで何を考えているのかということを明らかにしてみたい。

①あらゆる思索において普遍的な要素としての実存主義

ティリッヒが実存主義の第一番目の用例で言うとしたことは、彼が「実存主義」ということで繰り返し述べてきたことであり、もっとも包括的な定義である。別の言葉で置きかえるならば、「実存主義哲学は西洋哲学史の大部分に見出される本質主義的要素の優位に対する反乱である」(6)という見方のことである。

ティリッヒによれば実存主義の開始は「実在（reality）における可能性（potentiality）と現実性（actuality）

の分裂、あるいは葛藤の発見にある」[7]という。彼はこの区別は既にピタゴラス学派やアナクシマンドロス、ヘラクレイトス、あるいはパルメニデスによって意識されていたが、プラトンにおいて典型的に見出されるものだと考えている。プラトンにおいてはじめて「実存的存在と本質的存在の対立が存在論的、倫理的な問題」となったのであり、そこに実存主義の開始を見出すことが出来ると彼は言うのである[8]。

ティリッヒの見方によれば、プラトンにおいては「実存（existence）は、単に憶見・誤謬・悪の領域」であり、それは「真の実在性（reality）を欠いて」いる。「真の実在とは本質的な存在なのであり、それは永遠であるイデアや本質の領域にこそ存在する」[9]ことになっており、「人間は本質的存在に達するために、実存の中にそこへと落ちた本質的な領域に立ち返らねばならない」[10]ということになっている。しかしティリッヒによれば、プラトンにおいては本質の喪失は完全な喪失とは見なされていない。なぜなら人間は可能性（potential）としては人間の本質存在の中に立ち、それを想起することによって、真なるもの、あるいは善なるものに参与しているからである。ティリッヒによればこのようなプラトンの考えがあらゆる実存主義的なものの出発点であり、それは形相と質料との動的相互依存の説によって本質と実存の間を埋めようとしたアリストテレスの努力によっても埋められることなく、古代末期の思想的な態度を支配したのである。ヘラクレトス、ソクラテス、プラトン、ストア派、新プラトニズムは実存主義的な傾向をもっているが、アナクザゴラス、デモクリトス、アリストテレス及びエピクロス派は逆に本質主義的な傾向を持っていると彼は言うのである[11]。

このようなプラトン解釈にティリッヒの実存主義の定義が典型的に示されていると言ってよいであろう。つまり彼によれば「過去の偉大な哲学者においては通常本質主義的なアプローチが優位を示している」[12]が、その内部には大抵同時に「実存主義的な要素が含まれており、それを見出すことができる」[13]という。その最初のそして典型的な例がプラトンだというのである。ティリッヒによれば、プラトンが実存から本質への、あるいは本質から実存への移行について語る時、霊魂の転落について語る時、また見せかけと見解の世界のうわべだけの、しかし真実でない性格について語る時に、あるいはまた、影の洞窟における霊魂の束縛について語るとき、彼はまさに実存主義的用語を用いているのだという。それだけではなく、「その他多くの例において、プラトンは自らの哲学に実存主義的要素をもち込んでおり、そしてきわめて賢明にも、このことが本質主義的分析によってはなし得ないということを知っていたのである[14]」とティリッヒは言うのである。そしてこの実存主義的な要素はアウグスティヌスの創造論に、中世やプロテスタンティズムの人間論の中に、また近代の人間観の中にも見られるものだというのである。

②一九世紀の産業社会のいくつかの特徴に対する反逆としての実存主義

ティリッヒの実存主義、あるいは実存という用語の第二の用例は「反逆としての実存主義」である。ティリッヒの解釈によれば一九世紀において台頭した実存主義は、具体的にはヘーゲルの本質主義に対抗して登場した。彼によれば一九世紀の実存主義者たちは「ヘーゲルの中にある本質主義的な理念そのものに対して、またそれに基づく近代的な人間の自己理解と世界に対するヘーゲルの態度全体に対して反逆した[15]」のであり、さらにその攻撃は同時に「近代産業社会における人間の自己解釈に対する反逆[16]」をも意味したという。

彼によれば一九世紀の実存主義者たちの特徴は、既に概観した第一の用例にも関連しているが、「人間の実存的状況は本質的な性格からの疎外状態であるという主張[17]」を展開したことにある。もちろんヘーゲル自身もこの「疎外」を知らないわけではなかったが[18]、ティリッヒによればヘーゲルは人間は「この疎外を既に克服され真の存在と和解させられていると信じていた[19]」ことによって、実存主義者たちの批判を受けることになったという。実存主義者たちがヘーゲルを批判したのはヘーゲルの「この種の信念」であり、それが「ヘーゲルの根本誤謬である」とティリッヒも言うのである。「和解は期待であり、希望の事柄であって実在ではない[20]」のである。それがキェルケゴールが、マルクスが、そしてショーペンハウアーやニーチェが、そして後期のシェリングがそれぞれの文脈の違いはあるにしても（すなわち実存の基本的な内容を何にするかはさまざまな立場がある）語ったことであるという[21]。

ティリッヒはこの第二の用例の典型的な例をシェリングが行った「消極哲学と積極哲学との区別」の中に見出している[22]。ティリッヒはシェリングの「消極哲学と積極哲学との区分」を、彼が広義の実存主義の定義で行った「本質主義の哲学と実存主義の哲学との区別」に対応させている。シェリングの消極哲学とは「本質主義のことであり、それは、事物の本質つまり事物の『何であるか』、プラトン的に言いかえれば事物のエイド、つまり永遠的なものの原型であり、キリスト教的に言いかえれば創造にかなった事物の本性であるが、それを目指す哲学のことである[23]」。「その典型的なものはヘーゲルの哲学体系である。それは本質論的哲学である。しかしヘーゲルでもそれは純粋な本質哲学ということはできない。なぜなら彼はヘーゲルは実存に属する問題である歴史を本質の中に取り入れているからである」。また積極哲学とは「実存主義のことであり、自己の本質との矛盾の中に立つ限りでの事物の実存、つまりプラトン的キリスト教的に言えば、自己自身からの離反の中に立つ事物であるが、それを目指す哲学のことである[24]」。シェリングはこのような区別によって自分の以前の弟子であり友人であるヘーゲルに対してだけでなく、初期のシェリング自身に対しても抗議することになったのだとティリッヒは見ている。そしてシェリングはこの抗議を通して、今日の実存主義が用いている諸カテゴリーの大部分を導入したのであり、それを受け継いだ人々は、それを用いて「ひとが事物になる危険にあった産業社会の本質的構造にのみ込まれることから、人々を救おうとした」のだとティリッヒは言うのである。

③二〇世紀における感性豊かな人間の状況の鏡としての実存主義

さらにティリッヒは、一九世紀において、とりわけシェリング以降の実存主義的な哲学においてなされた人間の実存状況の記述が二〇世紀になり「より一般化」されたことを指摘している。これがティリッヒが実存主義の第三の用法と呼んだものである。すなわち一九世紀の人間の状況の実存的な記述を試みた人々は、人間が物化する危険にあった産業社会の本質構造に飲み込まれてしまうことから人間を救済しようと願ったのであり、「近代産業社会の圧倒的な形式に対して絶望的で無益な戦いを試みたのであり、しばしば絶望状態にあり、狂気との境界線上にあった孤独な預言者であった」[25]という。ティリッヒはそのような人々の系譜としてキェルケゴール、フォイエルバッハ、マルクス、ニーチェ、ベルクソンなどの名前をあげていることは既に見てきた通りである。

しかし二〇世紀になるとその実存的な人間記述はむしろ一般化し、哲学の分野では「ハイデガー、ヤスパース、サルトル、マルセルなどの偉大な哲学の主題」となり、「演劇のトピックになり、詩作の有効な手段になり」、「一九世紀のボードレールとランボーの実存主義の後、エリオットとオーデンが、そしてカフカの『城』や『審判』が」[26]、さらに近代の芸術家たちがこの実存主義的な人間記述に基づく芸術活動、たとえば表現主義のようなものを展開するようになったというのである。

それは一方では実存主義の一般化、あるいは非宗教化と言えるかも知れないが、他方では実存主義の本質主義からの自律という出来事でもある。近代の実存主義は本質主義への反抗として開始されたが、この反抗はさらに二十世紀になり実存主義の自律へと導いた。それ故にそれらにおける実存の記述は表面的にはもはや本質との関係を必要としなくなった。すなわち実存は本質と切り離され、人間の分析や問いに留まるようになったというのである。これが実存主義の第三の用法の表面上の特質である。しかしティリッヒは、実存哲学は人間の分析、あるいは人間の状況の問いということにおいて確かに深い洞察力をもっているが、その実存的な人間の分析が答えを求める時に、それは必然的に何ものかを必要としているのであり、具体的には宗教的、あるいは擬似宗教的な伝統の中に答えを見出さざるを得なくなっているということも同時に見ているのである。

確かに今日芸術の諸活動や哲学的な人間分析が、世俗化によってリアリティーを持たなくなってきた宗教的な諸シンボルに変わって、人間の実存的な問いへの回答を与えるようになっているように見える。しかしティリッヒはこのような見方を否定する。また彼はこのような見方に基づいて「無神論的な実存主義」と「有神論的な実存主義」との区別をすることにも反対しているのである。なぜなら「実存主義には有神論も無神論もないのであり、実存主義は実存するとは何かを分析するのであり、その点ではそれはただ本質主義との対立があるだけ[27]」だからである。

しかしティリッヒは既に述べたように実存主義者は実存の問いの中にとどまって答えを見つけ出すことはできないのだという。なぜそのようなことが言い得るかということであるが、ティリッヒによれば実存主義者はその問いに対する答えを得ようとする場合には、「その答えはいつでも彼らの分析からは導き出されずに、それは宗教的、あるいは疑似宗教的な伝統から導き出されている[28]」からだと言うのである。たとえば「パスカルはその答えをアウグスティヌス的な伝統から、キェルケゴールはルター的な伝統から、マルセルはトマス主義的な伝統から、ドストエフスキーはギリシア正教的な伝統から、あるいはマルクス、サルトル、ニーチェ、ハイデガー、そしてヤスパースはヒューマニズムの伝統から答えを引き出すのであり、彼ら自身の実存の分析や問いからではなかったのである。最後のグループは宗教ではなく、ヒューマニズムから答えを出しているが、その答えには隠された宗教的な源泉があり、それはたとえどれほど世俗的な衣をまとっていても、やはり究極的な関心、すなわち信仰の事柄である[29]」とティリッヒは考えているのである。それ故に「人間の困窮の中に含まれている問題に対するその答えは、それが隠れているにしても露であるにしても、宗教的なものなのである」[30]とティリッヒは言うのである。

④ティリッヒにおける本質主義と実存主義

それではティリッヒ自身はどのような立場にあるのだろうか。これまでの三つの類型を見る限り、ティリッヒは実存主義的なものの意義を認め、高く評価しているものの、彼を実存主義者と呼ぶことはできないように思われる。確かにティリッヒへの後期シェリングの影響や、彼の神学体系への自伝的な要素の影響について考えるならば、ティリッヒを実存主義的神学者と呼ぶことは可能であるかも知れない。しかし事柄はそれほど単純ではない。彼自身は実存主義について語るときに、常に本質主義についても語り、また実存の本質への依存と、両者は切り離せない仕方で結びついていると考えているのではないだろうか。つまり本質主義なしに実存主義の定義を行なっていないということである。実存主義は常に本質主義を対に持ってこそ意味を持つものとしてティリッヒは考えているのではないだろうか。そうであるなら、ティリッヒを単に実存主義者な神学者、あるいは実存哲学者と呼ぶことができるであろうか。

実はパウル・ティリッヒ[31]は一九六三年の春学期に「一九世紀と二〇世紀におけるプロテスタント神学」という講義をシカゴ大学で行った。この講義は既にハーバード大学時代から行っていたもので、ティリッヒの「お気に入りの講義」のひとつであった[32]。この講義は彼の学生であったカール・ブラーテンの手によってテープから起こされ、編集され、出版され、現在ではその他の講義録と合わせて『キリスト教思想史――そのユダヤ的・ヘレニズム的起源から実存主義まで』という題で版を重ねている。この講義の中でティリッヒは一九世紀以後の神学における実存主義の導入について扱い、最後に「私はよく『あなたは実存主義的神学者か』と質問される[33]」と述べている。この自ら立てた問いにティリッヒは何と答えたのであろうか。ティリッヒの答えは「それは半々です」と言うものであった。また別のところではもう少しこの問いに対して丁寧な回答を与えている。すなわち「私は本質主義者でもなく、実存主義者でもなく、神学者です」。しかしその意味は決してネガティヴなものではなく、それは「本質主義者でもなく、実存主義者でもなく、私は両者と連帯関係」にあるという意味である。[34]

ティリッヒの考えによれば、純粋な本質主義者はヘーゲルのように自己を神の玉座にすえるという知的高慢であり、それは不可能であるという。それと同じような意味で、純粋な実存主義と言うのも不可能であるという。なぜなら実存主義はその実存を記述するために言語を使うからである。言語の使用は普遍概念であり、普遍概念は本質主義者の仕事である。彼は哲学者としてではなく、神学者としての使命を果たそうとした時に、「人間の本質的な善と実存的な疎外との矛盾を克服する道を探ろう」とした。その際彼が見出した道は「本質主義と実存主義とを結合することなしには決してあり得ない」という考えであり、「神学は楽園物語ですばらしく象徴的に表現されている人間の本質と、罪、罪責、死のもとにある人間の実存の分析との両方の側面を見ていなければならない」というものである。それが彼の「それは半々です」という答えの意味である。

⑤ティリッヒにおける本質と実存

そうであるならば彼を単純に実存主義者と呼ぶことはできないであろう。彼は神学者としてその課題を果たすために、「実存主義とも、本質主義にも連帯した」というのである。いやむしろティリッヒは両方の要素を結びつけることで、あるいはこの二つの視点を結びつけることで、彼の神学を構築しようとしたのではなかったのか。

ティリッヒはその神学を存在論的に構築したとき、彼はその思想の中で「本質」と「実存」との両義性を常に強調している。ティリッヒによれば「本質」とは「事物の価値評価抜きの本性を意味[35]」するものであり、「それは事物の特徴を示す普遍的な概念」であり、「実存的な事物にとって、それが関与しているイデーを意味している」し、それによって「事物に対する判断が下されるべき規範を意味する」。また ティリッヒは次のようにも定義している。「それはすべての被造物の根源的善性をも意味する」。それ故に「それは神的精神におけるすべての事物の典型を意味する」。つまりそれは運命なき認識である。それに対して「実存」は次のように定義される。「実存は諸本質の領域における潜在的なものの現実化を意味する」し、また「それは『頽廃した世界』を意味し」、「実存的な制約を意識し」、「本質を完全に排除するところの思考類型などを意味する」。また次のようにも定義されている。「実存するものはすべて、単なる潜在的なものから『外に出ている』ものであり、それは単なる潜在性の状態にある以上のものであり、またそれは本性の力にあるよりはそれ以下のものである」。

しかしティリッヒによればこの本質と実存とはそれ故に「互いに結合されない」が、「両者は切り離すことはできない」。「本質は実存するものを力づけ、また審判する。本質は実存に存在の力を与えると共に、それはまた命令する方として実存に対立する」とティリッヒはいう。しかし哲学史を見渡せば両者の関係の強調はさまざまであり、たとえば「プラトンにおいては、実存に対する否定的な見解が優性であり、善なるものは本質的なものと同一であり、実存は何ものをも付加しない」ものであり、オッカムにとってはまったく逆に「実在はすべて実存し、本質的なものは人間精神における実存の反映にすぎない」ということになるし、アリストテレスは中間的であり、「現実的なものは、実在するが、本質的なものが存在の力を提供しているのであり、最高の本質においては潜在性と現実性とはひとつ」ということになる。

ティリッヒは本質主義でも、実存主義でもないと先に述べたが、それは彼がその思索の根本的な構造として、常に「本質と実存」の両極構造を考えていたことと関係している。彼は両者の両極性を認識した上で、その境界線上で思索する。それは存在そのものの性格でもあるからである。たとえば彼は存在の問題を論じる中で「哲学的思惟や神学的思惟は本質的存在と実存的存在との区別を立てざるを得ない」[36]というのであるが、しかしそれは存在の性格に依存した考察であり、どちらかの立場をとるのではなく、むしろ彼は「キリスト教神学は常に本質的存在と実存的存在との区別を止揚してきたのであるが、キリスト教は存在の問題を取り扱う場合には、常にその間を行くのである」[37]と述べているのである。ティリッヒによれば存在の問題のみならず、神学的な考察はこの本質と実存の両極性を用いるのであるが、それは彼によればあらゆる存在における「実存的諸要素は常に本質的諸要素と両極的であるが、結合している」[38]からである。そのことはティリッヒによれば、人間の「生」が実存と本質の結合であることから来るのである。存在の問題というのは、「生」の問題の具体的、抽象化であるが、この生それ自体が「本質的な要素と実存的な要素の混合」だと彼は考えており、キリスト論に先立って議論される創造と堕落の問題もまた、本質から創造の堕落へという議論ではなく、この両極性に基づいて論じられるのである。また終末論において展開される実存の本質への「高揚」も、（後にその問題点は扱うが）基本的にこの構造に基づいた議論である。

すなわち彼は実存主義的でもなく、また「実存」の分析者でもない。あるいはまた単なる実存主義的な神学者でもない。彼の構築した神学とはこのような「本質と実存」の両極構造を基本構造にして建ち上げた神学ということになる。この視点を神学全体に適応したのが、彼のいう存在論的な神学ということになる。それ故に彼は次のように述べることができたのである。すなわちティリッヒによれば「本質と実存との関係、あるいは区別についての議論は神学体系の課題と完全に一致する」[39]。なぜなら「本質と実在との区別は宗教的に言えば、被造世界と現実世界との区別」であるが、これは神学に部分的に応用されたり、適応されたりするものではない。「これは神学的な思想全体の中心を構成する」課題であり、「神学諸科はこの問題をそれぞれの部分で前提としてその課題を仕上げる」ような基本構造を持っているというのである。

それ故にここで短い中間的な結論を述べるならば、われわれはティリッヒを実存主義的な神学者と呼ぶこともできないし、本質主義的な神学者と呼ぶこともできない。彼はその両者と連帯する。それは彼の思惟構造が常に「本質と実存」という構造を持っているからである。そうであるならば、彼の思想の核心を探る試みとしては、この「本質と実存」という構造が彼の体系と方法においてどのような意味を持っているのかを明かにし、またその問題点について検討してみる必要があるのではないだろうか。

2. ティリッヒの体系と思惟方法における本質と実存

以上の考察を通してティリッヒの思索の根本構造としての「本質―実存」概念を明らかにした。それではそれはティリッヒの神学体系と思惟構造においてどのような意味をもっているのであろうか。彼の主著である『組織神学』における「本質」と「実存」の概念、あるいは「本質主義」と「実存主義」理解を検討することでこの問題について考えてみたい。

①ティリッヒの神学における「体系」の意味

しかしその前にまず、なぜティリッヒの『組織神学』を検討することで、そのような考察が可能になるのかということの理由を述べておかねばならないであろう。[40]

ティリッヒの主著である『組織神学』はその死の二年前の一九六三年にかろうじて完成することになったが、彼は自らの「体系」を完成させることに情熱を奉げ、極端な言い方をするならばその「体系」を完成させるために生涯を奉げたと言っても過言ではない。ヴィルヘルム・パウクによれば「ティリッヒは常に首尾一貫性への要求を持っており、神学を全体として考えたいという願望、象徴や概念の連関を見出したいという願いが、彼を体系という形式へと駆り立てたのであり、彼は生涯体系への愛を失わなかった」[41]。それどころか、パウクは「ティリッヒは自分をその体系とすっかり同一化してしまっていた程で」、「友人たちはティリッヒが頭の中にあった体系をすっかり吐き出してしまったら、彼の人生は意味のないものになってしまうのではないか」[42]と心配した程であったという[43]。そのような見方はおそらく正しく、ティリッヒ自身が『組織神学』を書き始める際にまず次のように述べていることからも明らかであろう。すなわち「過去四半世紀の間、私は組織神学を書きたいと思ってきた。私にとって体系的な仕方による以外には神学的に考えることは不可能であった。どんなに小さな問題にしても、それが真面目に徹底的に考えられる場合には、私を他の全ての諸問題との関連へと向わせ、その諸問題の解決の場が見出されるはずの全体の予想、すなわち体系へと向わせたのであった[44]」。

このようなティリッヒの思想のみならず、ティリッヒ自身とさえ同一視することができると思われるこの「体系」において、「本質」と「実存」という概念、あるいは「本質主義」と「実存主義」はどのような意味を持っているのであろうか。

②本質存在と実存存在の区分の神学体系への適応

ティリッヒはその『組織神学』の第一巻の第二部の「存在と神」について扱った部分で、既に見た彼独自の本質実存概念の根底にある「本質と実存との区別と関係」を神学体系における根本的な構造として受け取ったことを示している。すなわちティリッヒによれば「本質と実存との関係、あるいは区別についての議論は神学体系の課題と完全に一致する」[45]。なぜなら「本質と実在との区別は宗教的に言えば、被造世界と現実世界との区別」であるが「これは神学的な思想全体の中心を構成する」課題であり、「神学諸科はこの問題をそれぞれの部分で前提としてその課題を仕上げる」ようなものだからであると述べている。[46]

この説明はティリッヒが繰り返し述べていた「本質と実存の区別」と、「実存の本質への参与」という構図が、彼の『組織神学』の各部分の構造を規定しているということと、同時にその方法論である「相関の方法」もまたこの構図に依存していることを示しているという点で重要なものである。もしそうであるならばティリッヒの組織神学の体系とは、既に見たティリッヒの「本質と実存の区別」という構成に基づいた体系と方法ということが言えるのでないだろうか。さらに言うならば、それは組織神学の諸項目を、「本質と実存」という構造によって説明し、体系化しようとしたものである、ということも可能だということになる。以下においてその点についてもう少し詳しく見てみることにしよう。

まず方法論についてである。ティリッヒは彼の「組織神学」の方法論として「相関の方法」を用いた。[47] それはティリッヒによれば「体系が要求した方法」[48]でもある。この方法は彼の言葉によれば「人間の実存的な問いと神学的な答えとの相互依存を通してキリスト教信仰の内容を説明する」[49]方法のことである。具体的には「相関の方法を用いる組織神学」は、ティリッヒによれば「実存的な問いが生じる人間状況の分析をなし、キリスト教の使信に用いられている象徴がそれらの問いに対する答えであることを検証するという仕方で進められる」[50]。そしてこの「人間状況の分析は今日『実存論的』と呼ばれる概念でなされる」[51]というのである。「神学者はこのようにしてなされた人間状況の分析を材料として、それをキリスト教の使信から与えられる答えと連関させて体系化する[52]」のである。ここに明らかにティリッヒがわれわれがこれまで見てきた、彼の言うところの「実存主義」をその方法論に取り入れていることを読み取ることができる。しかもそれは方法論の核心部分においてである。

さらにティリッヒによれば「キリスト教の使信は人間実存に含まれている問いに答えを与える。しかしその答えはキリスト教の基礎をなす啓示的な出来事に含まれており、組織神学はそれを諸資料、媒介、あるいは規範のもとに受け取るのだ」という。しかし「重要なことは、その問いの答えは人間実存の分析そのものからは得られないということである。それは人間実存を超えたものから、実存に向けて語られる[53]」のである。しかしさらに重要なのは、この答えが問いへの答えであると分かるのは、問いと答えとの間に相関があるからであり、この答えは「内容に関してはキリスト教の答えはそれが現れる啓示的出来事に依存し、形式に関してはそれが答える問いの構造に依存する[54]」とティリッヒが考えていることである。ここに見出される構造はティリッヒが本質と実存の関係、とりわけ「実存の本質への参与」という議論で展開した議論と全く同じ構造である。すなわち相関の方法が成り立つのは、存在を本質的な要素だけではなく、また実存的な要素だけでもなく、「本質と実存の混合」として理解しているからである。実存は単なる本質からの堕落ではなく、本質が実存の力であるように、実存は本質に参与しているからこそ、実存の問いは、本質との相関の可能性を持つのである。

次に「体系」であるが、方法と体系とはティリッヒによれば相互依存的であり、「神学体系の構造は相関の方法から生じる[55]」ものである。すなわちティリッヒによれば「組織神学」の各部門は「人間実存と存在一般との分析によって問いが展開される部分」と「組織神学の資料、媒介、規範によって神学的な答えが与えられる部分[56]」との「二つの部分から構成される」という。ティリッヒはそれを五つの部分に区分して展開した。このような二部構成をとることの必然的な理由は「人間の実存が自己矛盾または自己疎外の性格を持っている限り要求される」からだからだとティリッヒは言う。それ故に組織神学の体系は「一方は人間が本質にある人間（あるべき人間）を取り扱い」、「他方は人間を自己疎外的に実存においてあるもの（あるべきでないもの）として取り扱う」というのである。これもまた「本質―実存」構造という仕方でティリッヒが提示した構造である。ティリッヒはこのような構想のもとに、「存在するあらゆるものの本質的性格と、人間の本質的性質の分析と、人間の有限性の中にある問題を示し、それに対して神の象徴をもって答える、『存在と神』」という第二部、「実存一般の自己破壊的な面と合わせて、人間の実存的な自己疎外の状況とそれに含まれる問題を分析し、その答えがキリストであることを示す第三部」、「本質的存在の力は全ての実存的歪曲の中に曖昧な二重性において現前しているという分析のもとに生の諸問題の答えが霊の問題であることを示そうとした第四部」を構成し、そしてその前後に「理性の問題に啓示が答える第一部」と「生の歴史的な側面を扱う歴史と神の国という第五部」とをそれぞれ付け加えたのである。

③本質から実存への移行としての「堕落」の象徴と本質と実存の両義性の克服としての「新しい存在」

「本質と実存」との関係をもっとも明瞭な仕方で読み取ることができるのは『組織神学』の第三部を構成する「実存とキリスト」である。ティリッヒはこれまで見てきたようにプラトンの時代から既に究極的な実在、真理、善は本質の領域に属するものであり、実存を本質から脱落した存在として区別してきたことを明らかにし、また本質からの逸脱を疎外として理解してきた近代の実存主義の歴史を明らかにし、さらに諸宗教においても実存は疎外状態として理解されてきた歴史をも明らかにしている。そしてその上で聖書はそれを「堕罪神話」によって描き出したのであり、そこではまさに人間の疎外状況を人間の自由と運命に由来させ、人間を救済されねばならない存在として描いていることにティリッヒは注目している。

ティリッヒの解釈によれば「聖書記者は神の創造を人間の創造において完成されるものとし、被造の善性の世界と、堕落した実存的有限性の世界とを対比させ、被造世界を有限性に制約されているものの、本質的性質を神によって与えられた世界として描いている」[57]。すなわちティリッヒは聖書の堕罪の物語を「本質–実存」構造によって解釈したのであり、そこに本質から実存への移行という構造を救済論的な構造として理解したティリッヒのキリスト教理解の特徴を読み取ることができるのである。そしてこの実存状態からの「新しい存在としてのキリスト」による救済は次のように定義される。すなわち「新しい存在とは、実存状況下にある本質存在であり、本質と実存とのギャップを克服している」[58]。これこそが、キリスト教的な救済ということになり、ティリッヒはそれを後には「本質化」とも呼んだのである[59]。

しかしここで二つのことが指摘されねばならないであろう。第一の点はティリッヒは「本質から実存」へという何か歴史的な事実を想定したり、人間に本質的な、すなわち「無垢な」状態があって、ある時、ある瞬間に人間が実存に落ちたと考えてはいないということである。ティリッヒは本質から実存への移行やその動機について論じる中で、「本質的な存在状態というのは、想像しなければならないようなものであり、直接的に、あるいは間接的に認識することができるような人間のひとつの現実的発展段階ではない」[60]と述べている。すなわち彼は「人間の本質的性質は人間のどの発展段階にもあるが、しかしそれは既に実存によって歪曲されている」[61]というのである。すなわち人間の本質的な性質というのは、歴史以前の歴史として過去の中に投影され、パラダイスや「夢心地の無垢な状態などというふうに解釈されるのであるが、しかし存在はそのような「場所をもたないし、時間ももたない」[62]のである。そのことは彼の創造論の特徴と言うことができるが、彼の「本質–存在」の両極性という思考構造からすれば、また存在は本質的要素と実存的な要素との混合であるという彼の主張からすれば理解できることである。

第二の点は、既に述べた第一の点から帰結する問題であるが、もしティリッヒが言うように、「創造された善性が現実化して実存性をもつに至った時間空間上の一点が存在しないとするならば[63]」、ティリッヒにおいては創造と堕落とは一致するということになる。ティリッヒはこの一致を認めている。それ故に彼は次のように述べているのである。「神の創造が今ここに行われているのであるならば、創造されたものはすべて本質から実存への移行に関与している。新しく生まれた子供は神の創造によるものである。しかしその創造がなされたときに、その子供は実存的疎外に既に落ち込んでいるのである。これは創造と堕落との一致点である[64]」。これもまた生の、あるいは存在の「本質–実存」の両極構造という点からのみ理解することができるものである。

④組織神学への象徴論の導入

既に述べた通り、ティリッヒは『組織神学』という彼の体系において「相関の方法」を採用した。その際ティリッヒはこの方法を規定して「相関の方法を用いる場合、組織神学では次のような段取りになる。組織神学は実存的な問いが生じる人間状況の分析をし、キリスト教の使信に用いられている象徴がそれらの問いに対する答えであることを論証する」と述べている[65]。つまりこの方法論においては「象徴」が重要な意味をもっている。人間の実存的な問いと、キリスト教の啓示とを切り結ぶのは「象徴」なのである。あるいは「象徴」は人間の問いと神的な答えの領域を「媒介」すると言ってよいであろう[66]。

ティリッヒはこのような象徴論的認識による神学的認識は一九世紀以後の「実存論」の復興によって可能になったと考えている。彼によれば「ルネッサンスと宗教改革の後で、もっと厳密に言うならばデカルト主義と神学的理性主義が勝利すると、実存哲学の諸問題は背後に押しやられてしまった。実存的な問いの意味を再発見し、その意味を今日の経験と洞察との光によって新しく表現したのは現代の実存哲学[67]であったということになる。そして「実存的な問いが傍らに押しやられ、忘れられていた時代には宗教的な象徴を認識するための通路は広範囲にわたって閉鎖されていたのであり、二十世紀の哲学や文学や芸術における多くの実存的な問いの発見が、宗教的な象徴への通路を再び新しく開いたのである[68]」というのである。

ティリッヒによれば「宗教的な象徴とはその一部では実存的な分析と関係をもつ人間状況の表現であり、また一部ではこの状況に含まれている問いへの回答を含んでいる[69]」という。つまり象徴論はティリッヒの方法論である「相関の方法」が「相関」であることの鍵を握っているわけである。ティリッヒによれば「実存的分析は宗教的な象徴を理解する助けになり、またそれは現代の哲学のために、宗教的な象徴にとっての新しい意味を与える」ものである。ティリッヒは「実存的分析と宗教的象徴」というこの論文の中では、「実存的な分析は本質と実存の区別を前提する」のであり、この認識が宗教的象徴の理解に役立つと述べている。これは既に繰り返し述べてきた通り、ティリッヒが「本質-実存」構造ということで考えていることである[70]。しかしティリッヒはこれまで見てきたように、両者はお互いを排除するような仕方で、たとえば「実存的な人間理解」と「本質的な人間理解」が存在していると は考えていないのである。実存的な人間理解が意味を持つのは「本質的な人間理解」があるからである。「実存的分析というのは人間及び世界の非本質的な、あるいは疎外された状況の記述であるという規定が重要なのであり、実存論的な分析は、本質論的な哲学の姿勢とは逆に、人間の具体的な状況に向けられているのである。そしてこの分析の出発点は自己の状況についての人間の直接的な意識である[71]」。そのために「実存的分析は人間は本質的に何であるかということと現存在において人間は何であるかということの間の対照を表現する経験内のあの要素を記述しなければならない」[72]というのである。つまり実存的な分析は、本質からの脱落としての、あるいは非本質的な状況にある実存の分析ということになるわけであるが、それは本質と対立するのではなく、むしろ本質に参与しているために本質についての何らかの意識を持っているから可能になるわけである。それがティリッヒによれば象徴的認識を可能にするというわけである。

宗教における象徴論的認識というのは、たとえば神を象徴によって認識するようなものである。神が神として認識されるのは、この世界を超越している場合である。そうであるならばこの世界の中にあるものを用いてこの超越を語ることはできないわけである。しかしそれが可能になるのは、この世のものであり、それが超越にも参与している象徴によってである。それ故に象徴は二つの違った次元を媒介することになる。実存的な人間分析は人間の実存状況、疎外状況を分析するのであるが、この問いがキリスト教的な答えを認識できるのは、この実存が本質と何ら関係のないものではなく、本質に参与しているからである。それ故にティリッヒによれば「実存的な分析は象徴を解釈するための決定的に寄与することができる」というのである。[73]

⑤終末論と「本質化」、あるいは「新しい存在」と「本質化」

ティリッヒの『組織神学』の第五部の最後は伝統的な教義学の区分で言えば「終末論」の問題が扱われている。しかしティリッヒはそこで時間の終りという文脈での「最後の事柄」について扱っているわけではなく、終末論を「時間的なものの永遠的なものへの高揚としての歴史の終り」という仕方で扱っている。彼はそのようなものとしての終末論を次のように説明している。「終末論の神学的な問題というのは、起こるであろう多くのことからなっているのではなく、ひとつの「こと」(thing)とは言っても「事」ではなく、時間的なものの永遠的なものへの関係から成り立っているのであり、さらに詳しくいうならば、それは永遠なものから時間的なものへの推移、創造と堕落の教義における本質から実存への推移、救済の教義における実存から本質への推移に似た隠喩である」(74)。終末論とは、創造論が本質から実存への無時間的な移行、あるいは推移を扱うのに対して、実存から本質への推移を扱うものだということになる。

ティリッヒはなぜこのような推移が起こるのかという問いに答えて、それは終末が創造の内的テロスだからだと答えている。しかしこの答えには二つの区分があり、時間的なものの永遠への推移、実存から本質への移行は人間以外のものや存在の場合と人間の場合とでは異なった意味合いを持つようになるという。なぜなら人間だけが「有限の自由」を持つからであり、創造の内的テロスに対しても自由を持つので、実存から本質への推移は、他の存在とは違った弁証法的な要素を持つようになるからである。それが終末論で最後の審判が問題になる理由である。またティリッヒはこの推移において何が起こるのかという問いに答えて、それは実存における否定的な要素が否定的なものとして、肯定的な要素が肯定的なものとして明かにされ、肯定的なものが実存に付加され、本質へと帰還するのだと説明している。彼の言葉で言うならば次のようになる。「時間空間において実現された新しいものは、それと実存の中に創造された肯定的なものとを結合することによって本質存在に何ものかを付加することができる。このようにして生産されたものは究極的に新しいもの、すなわち「新しい存在」であって、時間的生のように断片的なものではなく、全体として神の国の成就に貢献するのである」(75)。

ティリッヒはそれを「本質化」あるいは、「神の増豊化（Anreichnung）」と呼んだ(76)。一般にはここでティリッヒはシェリングの「本質化」の概念を採用したと言われているが、ティリッヒ自身が述べているように、シェリングの「本質化」は、単なる実存の「本質性、あるいは可能性の状態への帰還を意味しており、あらゆる実存の条件下での現実的なものを排除して考えるということを意味していた」のであり、ティリッヒの考えていることとは異なっている。それ故にそれはむしろ「増豊化」ということでよく言い表されていることである。すなわち終末論とは、創造論の本質から実存への推移に対して、実存から、それに何らかの付加されたものが本質へと帰還する出来事のことなのである。この付加はティリッヒによれば「新しい存在」であって、この帰還は単なる実存から本質への推移ではなく、それ故に本質化、あるいは増豊化と呼ばれるのである。

そしてティリッヒはこの動きを「上より来りて、下方と前方へに動き、『実存の今』の最深の点に達し、同じ筆法で、そこからそれが来たところへと前方に進み、上昇しつつ帰って行く曲線」[77]呼んだ。この図式は「時間的なものの創造、時間の始め、時間的なものの永遠的なものへの帰還、時間の終りを含蓄している」が、彼によれば「時間の終りは過去または未来における決定的な瞬間の意味では考えられていない。永遠においてはじまり、永遠において終わることも、物理的な時間の限定し得る瞬間の問題ではなく、神的創造がそうであるように、むしろ、あらゆる瞬間において進行しつつある過程である。創造も成就も、終りも常にある」[78]。つまりティリッヒはこの推移もまた創造論の場合と同じく無時間的なものとして考えており、それは基本的には「本質-実存」の枠組の中で考えているということなのである。

結びに代えて——本質と実存の克服、及びこの両極構造の問題点について

以上の考察によって、ティリッヒの思想の基本構造としての存在における「本質と実存」の両極性という構造が明らかになったと思う。それは彼の体系におけるあらゆる思考を規定している。存在の問題やキリスト、あるいは聖

霊論のみならず、教会論においても終末論においても同様である。その意味では彼の体系とは「本質‐実存」構造の展開と諸部分における徹底と言ってよいであろう。またこの構造は彼の思想史解釈にも典型的に現われ出る。彼の思想史を解釈する視点は基本的には本質主義と実存主義というものである。それが彼の思想史の解釈原理となっている。彼自身はこの解釈原理に基づいた思想史解釈の上に自らの思想の思想史的な位置付けをしていると言ってよいであろう[79]。その意味でも「本質‐実存」構造は彼の思想を理解するための核心であるということができるであろう。

①「本質‐実存」の両極性構造と「新しい存在」

さて本論は以上のような考察をもって終わるべきであろう。しかしここで二つの問題を結びとして述べておきたい。ひとつはこの両極性、あるいは分裂の克服の問題であり、もうひとつはティリッヒのこのような思考構造の問題点についてである。いずれも本論の構成からして断片的な指摘に留まらざるを得ないが、本論の結びに代えて、付け加えておきたい。

まず第一の点であるが、ティリッヒの神学によれば、存在におけるこの「本質‐実存の両極性」、あるいは「分裂」を克服するのが「新しい存在」(new being) である。「新しい存在」はキリスト教であるならば、「キリストとしてのイエス」において現れ出ているものである。ティリッヒによれば、この『新しい存在』[80]は本質存在と実存存在との分裂を直接に指摘するという点で、この組織神学体系全体の根底にある基本的な原理」である。しかし「新しい存在は本質存在と実存存在」の分裂を指摘するだけではない、それはティリッヒにおいては「実存の諸制約下における本質的存在」のことであり[81]、また「本質と実存が克服されている存在」のことをも意味することになる[82]。「新しい存在」は「実存の諸制約下における本質存在の歪みなき発見」という意味で生における本質と実存の両極性の克服であり、[83] またそれは「本質的存在の単なる可能的な性格ではなく」、また「実存的存在の疎外的な性格ではない」という点で「新しい」のであって、それは「実存の中にあって実存の疎外性を克服する」[84] ものなのである。また「新しい存在とは、実存状況下にある本質存在であり、本質と実存とのギャップを克服している」[85] ものなのである。そこにティリッヒは宗教の本質を見ている。既に指摘した通りこの新しい存在はキリスト教であるならば、キリストとしてのイエスに現れ出ているのであるが、彼が聖霊論の中で論じているようにあらゆる宗教において見い出させるものなのである。なぜなら、「宗教とは、人間の存在の根拠からの疎外の結果であり、同時に存在の根拠へ戻ろうとする試みの結果でもあるからである」[86]。

しかし問題はティリッヒが「本質-実存」の構造で展開して『組織神学』の最後になって持ち出してきた「本質化」という概念である。というのは既に述べた通り、この「本質化」は、実存から本質への推移、あるいは帰還における、ある付加物を想定しており、「このようにして生産されたものは究極的に新しいもの、すなわち『新しい存在』である」[87] と述べているからである。そうであるならば、存在のもつ「本質-実存」の克服はいつ起こっているのであろうか。それは「新しい存在」においてなのか、あるいは「本質化」においてなのか。また「本質と実存」の構造は、常に神学的な思惟を無時間的にする。創造のテロスが終末における成就であり、神の永遠性が「神がそれ自体の中に同一性と変化との統一性を持つこと」[88] であるならば、なぜ人間は本質から実存へという最初の推移をなさねばならなかったのだろうか。「本質-実存」の構造は存在論的説明としては可能であっても、救済の現実に合致しないのではないだろうか。

②「本質‐実存」構造の問題点――R・ニーバーのティリッヒ批判

ここで第二の問題に移らねばならない。それはこの「本質‐実存」構造の問題点である。

この構造の問題点を考える際に、ティリッヒとラインホールド・ニーバーとの間で交わされた議論が参考になる。ニーバーはティリッヒの『組織神学』第一巻が出版された後、それに応えるような仕方で「ティリッヒの神学における聖書的な思想と存在論的な思弁」という論文をC・W・ケグレー等の編集する『パウル・ティリッヒの神学』に寄稿した。[89]

その中でニーバーはティリッヒを「現代のオリゲネス」と呼びその、方法論は「常に形而上学がそれ自体の思弁を超えて実存の次元、すなわち『神の力ある業』についての聖書的な主張と認識、要するに信仰によってとらえられる啓示が妥当性を持ち意味をもつようになる次元を指し示すことが明らかとなるまで、存在論的疑問を追及すること」[90]にあると述べ、彼の体系に対する高い評価を与えている。しかし他方でニーバーはティリッヒの人間理解、とりわけ創造論の解釈については厳しい批判を提示している。すなわちニーバーは次のように述べている。「しかし私はあえて、彼の高度な緻密さにもかかわらず、彼の人間論の分野での存在論的な思弁が、聖書が描き出し、またわれわれの経験しているような人間についての見方を歪曲していないかという問いを持つのである」。この批判がここでは重要である。

この批判は既に述べた「堕罪の神話」の解釈に基づくものであり、ティリッヒの「本質‐実存」の構造による「堕罪の神話」の解釈が聖書的ではないし、人間の現実と符合しないというがニーバーの批判である。すなわちニーバーは次のように述べている。「ティリッヒの思想において、この逆説の存在論的基盤に対する強調は、『原罪』の概念に含まれている運命の意味を、歴史的なものから存在論的なものへ微妙に移動させているように思えるのである」[91]。つまりニーバーはティリッヒが堕落の出来事を人間の本質と実存との枠組みで語り、堕罪は歴史的な出来事ではなく、またそのような一点を歴史の中に見出すことはできないとしている点を批判しているのである。既にわれわれが見たようにティリッヒは堕罪の神話を、本質から実存への移行として、すなわち歴史的な事実や、歴史的なドラマとして見るのではなく、そのような事態は想定として想像することはできるが、そのような時間や場所をともなった移行はないと考えるわけである。それ故にニーバーはティリッヒにおいては本質は、実存の構造ではなく、創造以前に存在する時間的なプロセスを超越する、両者の複合体となっていると見るのである。確かにその通りであり、ティリッヒは人間の本性はこの「本質」と「実存」とによって構成されていると見ているわけである。

ニーバーの批判は明瞭であって、聖書はこのような意味で堕罪を見ていないというものである。彼は「端的に言って、キリスト教的堕罪論は、このようなティリッヒの定義によっては説明できない[92]」というのである。なぜならそれでは聖書的なドラマも、歴史的な次元も欠落してしまい、ティリッヒの手にかかると「存在論的なものが歴史的なものを凌駕してしまう[93]」からである。

この批判はティリッヒの存在論の根幹に関わるものであるが故に重要である。もしニーバーがどこまでも正しいというのであれば、ティリッヒの存在論的な神学は聖書的ではないと言うことになるし、「本質と実存」に基づいた人間論、あるいは存在論的な構造というのは、現実の人間理解に矛盾するということになる[94]。これに対してティリッヒはいかに応えたのであろうか。

ティリッヒはニーバーの批判にさまざまな機会に応えたが[95]、その中で存在論の問題と関連する部分、すなわち本論との関連でいうならば「本質と実存」に関する部分についてここでは注目してみたい。とりわけそれは「本質から実存への移行」という人間論、あるいは創造論をめぐっての問題である。

この問題をめぐっての両者の論点は「本質から実存への移行」の「時間性」、あるいは「歴史性」という問題である。ニーバーはそのような視点からティリッヒの存在論的な立場を批判したのであるが、ティリッヒ自身はそのような批判は的を得ていないと考えていたようである。[96] ティリッヒはニーバーの言おうとしていることは自分の言うところとそれほど変らないものだというのである。それはおそらく人間、あるいは創造における「両義性」ということであろう。

ティリッヒは『組織神学』の第二巻において創造と堕罪における「本質と実存」の構造に対するニーバーの批判に答えている。ティリッヒは「実存の悲劇的普遍性、人間的自由における運命的要素、あるいは堕落した世界の象徴は、罪は人間の人格的な責任と罪過の事柄ではなく、本質的責任の事柄とされてしまうのではないか」[97] という問いは、ニーバーの言葉で言えば「普遍から実存への普遍的な移行」への批判であり、ティリッヒ自身が言うように「創造と堕落とは論理的には個別なことであるにもかかわらず、お互いに一致点を有するということを主張する時に緊迫したものとなる」[98]。

ティリッヒはこの批判の顕著な例が「ニーバーの批判」であることを認め、この問いに対する答えは「創造と堕落とが一致するという命題の解釈から与えられる」[99] という。つまりティリッヒは「創造された善性が現実化して実在性を持つに至った時間空間上の一点があるのではない以上、創造と堕落は一致する」という。ティリッヒによれば失楽園の物語を文字通り解釈しないのならば、当然の帰結であるという。すなわち将来においてユートピアがなかったように、過去においてもユートピアはなかったのである。それ故にティリッヒによれば「現実化した創造と疎外した実存とは同一」なのである。そのことは歴史的な状況としての本質的善性の観念を否定する限り真実な命題ということになる。

同じように創造の問題を時間的なプロセスに適応する場合にさらに明かになる。神の創造において、創造されたものは全て本質から実存への移行に関与しているのであるが、創造されたものは、創造されたときに既に実存的な疎外状態に落ちこんでいるのである。それ故にティリッヒはここに「創造と堕罪の一致点」を見るわけである。[100] しかしそれは論理的な一致というよりは実質的な一致である、と彼はいうのである。

ティリッヒは確かに本質から実存への移行、すなわち創造と堕罪の現実はひとつの事実であり、そこにはなお「時間的な要素が含まれている」ことを認めているが、それは「時間空間におけるひとつの出来事ではない」というのである。ティリッヒによれば「創造はその本質的性格において善である。しかし創造はそれが現実化する時に、自由と運命とを通して普遍的疎外に落ち込むのである」。ニーバーの批判はこのように考える場合には、罪が純粋な本質体系の必然的な帰結のように考えられてしまうというものである。ティリッヒはそれに対して、神学はこの本質体系に依存するのではなく、「この種の本質体系に対して、本質から実存への飛躍が根本的な事実であること、それは飛躍なのであって、それは構造的な必然ではな」いのであり、「実存はその悲劇的普遍性にもかかわらず本質から演繹されるものではない[101]」と考えているのである。

ニーバーはそれに対して、罪の問題は自由と自然の逆説的な関係に基づく人間の本質的な性格であると考えているのであり、罪はそれ故に人間の創造的な性格と破壊的な性格との二つの可能性から生じると考えているのである。それ故にこの自由が人間においては問題なのであり、そこに歴史的ドラマの重要性と、歴史的プロセスの重要性が生じるとニーバーは見ているのである。

両者の視点の違いは明瞭である。両者の視点はティリッヒが指摘するように、同じものを見、また同じ観点を見つめている。しかし相違点は人間の理解にある。ニーバーは人間論を、あるいは創造と堕罪の問題を、自由の本性における「創造性と破壊性の逆説」の中に見た。それに対してティリッヒはそれを「本質と実存との両義性」の中に見たのである。「逆説」か「両義性」か。これが両者の見解の相違を生み出している。それは神学全体を貫くも問題でもある。ティリッヒはこの両義性に基づいて、神学の体系を構築したのであり、ニーバーは「逆説」という視点から現実を理解したのである。ティリッヒはそれを存在論的な神学として構築し、ニーバーはそれを歴史的ドラマの神学として構築した。

同じことは既に見た終末論においても言い得るのではないだろうか。それは終末論が創造論とキリスト論を線対称にした仕方で理解されているからである。

③妥当性と暫定性

本論ではそれらの評価について詳細な検討をすることはできない。しかし問題はどこまでも単純であり、どちらが「聖書的なのか」ということ、そしてその「妥当性の問題」であろう。この観点からティリッヒの試みを検討する時に、ティリッヒの思想を決して単純に非聖書的と判断することはできないであろう。むしろニーバーの言う通り、それは聖書的、伝統的キリスト教的である。しかしこの聖書的な構造をティリッヒがどこまで存在論的な構造に置き換えることに成功したのかということが問題点なのである。なぜなら神学が存在論を用いてはならないということはないし、存在論に限らず他の方法や思想についても同じことが言得るからである。もしそのようなことを主張することがあるとするならば、それは愚かなことである。たとえばティリッヒが指摘するように、ニーバーの思考の中にも既に隠れた存在論があるのであり、それらを排除することはできないからである。問題はその妥当性なのである。それがどれほど聖書的な現実の認識と、人間の認識において妥当性を持つものかということである。

その意味ではティリッヒの試みは、プラトン以来の伝統、そしてそれらを引き受けた中世的なキリスト教世界、そしてその残像を色強く残したヨーロッパの近代世界における神学のひとつの可能性であったと言えるし、「本質-実存」構造に基づく神学の構築自体は、妥当性の評価は別にしても、見事な構造物である。問題は一方で、その体系は、過ぎ行く近代とヨーロッパ的キリスト教世界の終焉という現実の前で、どこまで妥当性を持つかということである。他方で存在論的な思惟の妥当性の射程である。その問題自体はティリッヒが一番意識していたことである。普遍的な真理と、時代におけるその解釈がそれぞれの神学を構築するものなのである。その意味ではこのティリッヒの「本質-実存」構造に基づく神学が永遠に通用すると言うことはできないが、その試みの方向は意味を持ち続けるのではないだろうか。

注

(1) Gerhard Wehr, Paul Tillich zur Einführung. Hamburg 1998, 25f.

(2) Wilhelm and Marion Pauck, Paul Tillich. His Life and Thought, Vol.1:Life, New York 1976, 324（以下PTLTと略す）

(3) John H. Randall,Jr., The Ontology of Paul Tillich,in : Kegley and Bretall, eds. Theology of Paul Tillich, 161

(4) Paul Tillich, Existentialist Aspects of Modern Art, in : Christianity and the Existentialists, ed. Carl Michalson, New York, 1956, 128-47（=in : Paul Tillich, On Art and Architecture, eds. by John and Jane Dillenberger, New York, 1989), 90（以下CEと略す）

（5）CE 91
（6）Paul Tillich, A History of Christian Thought. From Its Judaic and Hellenistic Origins to Existentialism, ed. By Carl E. Braaten, New York, 1967,1968（1996）, 539（以下 HCT と略す）
（7）Paul Tillich, Systematic Theology, Vol.II Existence and The Christ, Chicago 1957, 21（以下 ST2と略す）
（8）ST2 22
（9）aaO. 23
（10）aaO.
（11）Paul Tillich, Systematic Theology, Vol,III Life and the Spirit, History and the Kingdom of God, Chicato 1963 187（以下 ST3と略す）
（12）HCT 540
（13）aaO.
（14）HCT 7
（15）HCT 540
（16）ST2 32
（17）aaO. 30
（18）ティリッヒは「本質主義的な要素は、ヘーゲルとその偉大な総合においてもっとも強力に表現されるようになった。しかしヘーゲルの中には実存主義的な要素もかくされていた。彼の弟子たちは、ついにそれを明るみに持ち出して彼に対置させ、このようにして反逆としての実存主義が始まった」と述べている（HCT540）。
（19）HCT 541
（20）ST2 33
（21）彼はこの系譜をもう少し拡大し、近代における実存主義の系譜として「クザーヌス、ピコ、ブルノー、ベーメ、パスカル、シェリング、ショーペンハウアー、ニーチェ、ハイデガー」をあげ、本質主義の系譜として「ガリレオ、ベーコン、デカルト、ライプニッツ、ロック、ヒューム、カント、ヘーゲル」をあげている（ST3, 187）

(22)ティリッヒがシェリングの哲学の影響のもとにその神学的な体系を構築したことは良く知られていることである。一九五四年九月二六日に行なわれたシェリング百周年記念会でティリッヒは記念講演を行なっている。そこでティリッヒは次のように述べている。「私の研究生活の開始とシェリングの死の間だにはちょうど五十年の隔たりがあるにもかかわらず、彼は私の師であった。私は自分自身の思索を展開していくとき、私がシェリングに依存していることを決して忘れなかった。いつでも、そしてアメリカといういわば異質な文化の地においても彼の根本思想は実にさまざまな領域で私を助けてくれた。組織神学の諸問題に関する私の著作は彼なしにはあり得なかった」(Paul Tillich, Schelling und die Anfänge des existentialistischen Protestes, in: Zeischrift für phjilosophische Forschung, 9(1955))。

(23)Paul Tillich, Schelling und die Anfänge des existentialistischen Protestes, in: Zeischrift für philosophische Forschung, 9(1955)(=Paul Tillich Gesammelte Werke, Bd.IV)176

(24)aaO.

(25)CE 91

(26)aaO. 92

(27)ST2 31

(28)aaO.

(29)aaO. 32

(30)aaO. Vgl. Paul Tillich, Estrangement and Reconciliation in Modern Thought, in: Review of Religion, 9(1944)(=Paul Tillich Gesammelte Werke Bd. IV) 249

(31)パウル・ティリッヒの生涯と思想とについてはGerhard Wehr, Paul Tillich zur Einführung, Junius 1998を参照のこと。

(32)PTLT 324

(33)HCT 541

(34)aaO.

(35)Paul Tillich, Systematic Theologie, Vol. 1,1951, 256
(36)ST1, 255
(37)aaO. 257
(38)ST3, 13
(39)Paul Tillich, Systematic Theology. Vol.1, 1951 Chicago, 259（以下 ST1と略す）
(40)ティリッヒの体系全体に関する議論としては Gunther Wenz, Subjekt und Sein. Die Entwicklung der Theologie Paul Tillichs. München 1978, あるいは Joachim Track, Der theologische Ansatz Paul Tillichs. Eine wissenschaftstheoretische Untersuchung seiner "Susyematischen Theologie", Göttingen, 1975を参照のこと。
(41)PTLT 282
(42)aaO.
(43)パウクはさらにティリッヒが「『組織神学』の草稿を列車の車室に置き忘れたことがあり、それが見つかって戻るまでは、慰めようもなく嘆きに沈んでいたこと」、また「テンプル主教が死んだ時、彼は『ああ、彼ならば私の体系を分かってくれたのに。これは大きな損失だ』と述べた」ことを紹介している（PTLT 281）。
(44)ST1 i
(45)Paul Tillich, Systematic Theology. Vol.1, 1951 Chicago, 259（以下 ST1と略す）
(46)aaO.
(47)この方法論については R.P.Scharlemann, Tillich's Methode of Correlation, in: The Journal of Religion, 46 (1966), 92-103を参照のこと。
(48)ST1 74
(49)aaO..
(50)aaO. 76
(51)aaO.
(52)aaO. 77

(53) aaO. 73
(54) aaO.
(55) aaO. 81
(56) aaO.
(57) ST2 6
(58) aaO. 118
(59) 「本質-実存」構造は組織神学の第一巻から第二巻までに見出される構造であるが、「本質-実存-本質化」という構造は、第三巻においてティリッヒが生の問題についての弁証法的な考察を展開する際に主として用いられた構造である。
(60) ST2, 41
(61) aaO.
(62) aaO.
(63) aaO. 54
(64) aaO.
(65) ST1. 76
(66) この点については拙論「ティリッヒにおける象徴的神認識——神は存在それ自体であるかという言述は非象徴的な言述か?」『パウル・ティリッヒ研究』（聖学院大学出版会）一九九八年、二三一頁以下を参照のこと。
(67) Paul Tillich, Existential Analyses and Religious Symbols, Comtemporary Problems in Religion, hrsg. von Harold A. Baselius, Detroit 1956（=Paul Tillich Gesammelte Werke, Bd.V）319
(68) aaO.
(69) aaO. 320
(70) aaO.
(71) aaO. 322

(72) aaO. 323
(73) aaO. 334
(74) ST3, 395
(75) aaO. 400
(76) この言葉はドイツ語版にしか出てこないものであり、ドイツ語版の453頁を参照のこと。ちなみにティリッヒの『組織神学』の研究においては、このような事情もあり、ドイツ語版を英語版とは異なったもの、少なくとも改定第二版と見なす必要があると思われる。
(77) aaO. 420
(78) aaO.
(79) この点については彼の哲学史に関する諸論文、とりわけ Paul Tillich, Philosophie und Schicksal. Schriften zur Erkenntnislehre und Existenzphilosophie,（=Gesammelte Werke Band IV）Stuttgart 1961に収録の諸論文を参照のこと。また彼のシェリングの評価と、その思想への依存はこのことと関係している。ティリッヒのシェリング論については Hannelore Jahr, Theologie als Gestaltmetaphysik, Berlin 1989, Anton Bernet Strahm, Die Vermittelung des Christlichen. Eine Theologiegeschichte Untersuchung zu Paul Tillichs Anfängen des Theologisierens und seiner christlogischen Auseinendersetung mit philosophischen Einsichten des Deutschan Idealismus, Berlin 1982などを参照のこと。
(80) ST2, 152
(81) ST2, 151
(82) aaO.
(83) aaO.
(84) aaO.
(85) aaO. 118
(86) ST3, 403

（87）aaO. 400

（88）aaO. 420

（89）R.Niebuhr, Biblical Thought and Ontological Speculation in Tillich's Theology,in : The Theology of Paul Tillich, ed. By C. W. Kegley and R. W. Bretall,（=The Library of Living Theology, Vol.1） New York 1964（以下 TPT と略す）

（90）TPT. 217

（91）aaO. 219

（92）aaO. 221

（93）aaO. 222

（94）ニーバーはティリッヒの思想が「きわめて強度な聖書的な性格を持っている」（TPT226）ことを見とめてはいるが、「その思想は彼本来の存在論的な思弁に強く色付けられていることも確かである」（aaO）という。その上で彼は以下のようにティリッヒを批判したのであった。「生のドラマ」、ティリッヒが言うように「本質と実存」の両極構造を持っているのではなく、「それが演じられる時間や永遠の舞台と同一でもない」。「このドラマには自由とともに宿命がある。しかしこの運命はさまざまな出来事や連関、そして並行性などから構成されており、それはただポエティックに理解することができるものである。というのはそれは（ティリッヒが言うように）存在論的な構造によっては規定されていないからである。自己や意識、また自己の罪やそれによって自己が罪から救われる愛の恩寵といったすべてのことがらは、ただドラマ的―ポエティックな形式においてのみ表現され得るのである。ティリッヒもそのことを知ってはいるが、彼の思想においてはドラマは存在論的に決定されている」（aaO）のみである。

（95）Paul Tillich, Reply to Interpretation and Criticism,in : TPT 338-339,ders.Reihold Niebuhr's Doctrine of Knowledge, in : Reinhold Niebuhr, His Religious, Social, and Political Thought, The Library of Living Theology II, ed. C.H.Kegley and R. W. Bretall, 1956, 36-43′ ders., Sin and Grace in the Theology of Reinhold Niebuhr,in : 等を参照のこと（以下 SG と略す）。

（96）ティリッヒは「ニーバーは依然として『本質から実存への普遍的移行』という私の言い方を好まない。私もそれをよいものとは思っていない。それ故に私は学生職員には、そのような用語を用いることを禁じているのである。それにもかかわらず、分析的な用語としては、それは状況に対してきわめて適切であり、ニーバーが意味しているものと変らないと思う」（SG37f.）と述べている。

(97) ST2. 53
(98) aaO. 54
(99) aaO.
(100) aaO.
(101) aaO.

大木　英夫（おおき・ひでお）

1928年生まれ。1956年東京神学大学大学院卒。1960年ニューヨーク・ユニオン神学校ドクターコース卒（Ph.D.）。組織神学・社会倫理学専攻。東京神学大学教授を経て、現在、同大名誉教授、聖学院大学・大学院教授、同総合研究所所長。

（著書）『新しい共同体の倫理学（上）（下）』（教文館）等多数。

茂　　洋（しげる・ひろし）

1930年生まれ。同志社大学大学院卒。オベリン大学大学院卒。神学博士、Doctor of Ministry。組織神学専攻。神戸女学院大学教授、チャプレンを経て、現在、日本基督教団仁川教会牧師、神戸女学院大学名誉教授。

（著書）『ティリッヒ組織神学の構造』、『ティリッヒの人間理解』（新教出版社）等。

芦名　定道（あしな・さだみち）

1956年生まれ。京都大学理学部ならびに文学部哲学科卒業。京都大学大学院文学研究科博士課程学修退学。現在、京都大学大学院助教授。文学博士（京都大学）。

（著書）『ティリッヒと現代宗教論』（北樹出版）、『ティリッヒと弁証神学の挑戦』（創文社）等。

深井　智朗（ふかい・ともあき）

1964年生まれ。アウグスブルク大学第一哲学部博士課程修了。現在、聖学院大学総合研究所専任講師。哲学博士（アウグスブルク大学）。

（著書）Paradox und Prolepsis, Marburg 1996, 1999（2. Aufl.),『アポロゲティークと終末論』（北樹出版）等

●翻訳者●

西谷　幸介（にしたに・こうすけ）

東北学院大学文学部基督教学科教授

相澤　　一（あいざわ・はじめ）

聖学院大学特任講師

●執筆者紹介●

（掲載順）

ラングドン・ギルキー (Langdon Gilkey)

1919年生まれ。ハーバード大学（B.D.）、ユニオン神学校＝コロンビア大学（Ph.D.）。ヴァンダビルド大学教授、シカゴ大学教授、ジョージタウン大学客員教授などを歴任。

（著書）Creationism on Trial (1998), Nature, Reality and the Sacred (1993) 等多数。

古屋　安雄（ふるや・やすお）

1926年生まれ。自由学園、日本基督教専門学校卒業。サンフランシスコ、プリンストン、チュービンゲンに留学。Th.D.（プリンストン神学大学）。組織神学・宗教学専攻。国際基督教大学教授、同大学宗務部長、大学教会牧師を歴任。現在、聖学院大学大学院アメリカ・ヨーロッパ文化学研究科長

（著書）『キリスト教国アメリカ』、『キリスト教の現代的展開』、『プロテスタント病と現代』、『激動するアメリカ教会』、『宗教の神学』、『日本の神学』、『大学の神学』等多数。

清水　　正（しみず・ただし）

1944年生まれ。東京大学文学部哲学科卒業。東京神学大学大学院博士課程学修退学。現在、青山学院高等部教諭。

（著書）『神学の方法と内容』（新教出版社）

朴　　憲郁（パク・ホンウク）

1950年生まれ。東京神学大学大学院修士課程修了。（ソウル）監理教神学大学大学院研修。（ソウル）大韓イエス教長老会神学大学大学院修士課程修了。チュービンゲン大学神学部博士課程修了（神学博士）。現在、東京神学大学助教授。在日大韓基督教会牧師

（著書）Die Kirche als Leib Christi bei Paulus, 1992、『朱基徹』（教会新報社）等

『パウル・ティリッヒ研究２』

2000年６月30日　初版第１刷発行

編　　者　組織神学研究所

発行者　大　木　英　夫

発行所　聖学院大学出版会

〒362-8585 埼玉県上尾市戸崎１―１
電話 048-725-9801
E-mail : press@seigakuin-univ.ac.jp

ISBN4-915832-33-3 C3016

自由と結社の思想

ヴォランタリー・アソシエーション論をめぐって

J・L・アダムズ
柴田史子訳

アメリカの著名な神学者・社会倫理学者、ジェイムズ・ルーサー・アダムズの社会理論・社会倫理に関する主要論文を集める。「本書が提起している問題は、現代の人間の自己理解、人間と共同体、神と人間性、歴史と社会倫理の関係について展開されている学問的論争にとっても有効性を持つ問題であることは明らかである」（本書「編者序文」より）。

四六判上製本体三八〇〇円

イギリス・デモクラシーの擁護者A.D.リンゼイ

その人と思想

永岡薫編著

リンゼイは、E・バーカーと並ぶ今世紀におけるイギリス政治哲学者の双璧であるが、我が国ではそのイギリス・デモクラシー論については知られているもののその政治哲学の基礎にある学問の拡がりについては知られていない。本書はリンゼイのひととなりと幅広い思想を多彩な執筆者によって紹介した初の研究書である。

A5判上製本体五二〇〇円

イギリス革命とアルミニウス主義

山田園子著

イギリス革命期の急進的聖職者ジョン・グッドウィンはカルヴァンの運命論的な二重予定説を批判したが、その思想の中核にあった神の選びは万人に及び、その摂理は人間の自由意志と矛盾しないと説いた16世紀オランダのアルミニウスの教説を詳説しイギリス革命に及ぼした影響を明らかにする。

A5判上製本体五八〇〇円

光の子と闇の子
デモクラシーの批判と擁護

ラインホールド・ニーバー著
武田清子訳

政治・経済の領域で諸権力が相剋する歴史的現実の中で、自由と正義を確立するためにはいかなる指導原理が必要か。キリスト教的人間観に基づくデモクラシー原理を明確にする。　四六判上製本体二一三六円

ラインホールド・ニーバーの歴史神学

高橋義文著

ニーバー神学の形成背景・諸相・特質を丹念に追い、独特の表現に彩られる彼の思想の全貌を捉えながら帰納的に「歴史神学としてのニーバー神学」を特質を解明する気鋭の書下ろし。　四六判上製本体四二七二円

単税太郎C・E・ガルスト
明治期社会運動の先駆者

工藤英一著

宣教師C・E・ガルストは、秋田への伝道を通して、農村地域の貧困を知り土地単税論を主張。みずから単税太郎をなのり、日本の社会運動家と交流し、多くの影響を与えた。　四六判上製本体二三三〇円

歴史としての啓示

W・パネンベルク編著
大木英夫
近藤勝彦ほか訳

神の啓示を客観的な歴史的事実の中に見ようとする「歴史の神学」の立場を明確にした論争の書。歴史の流れにおける神の働きを考察し終末論的希望をイエスの復活に根拠付ける。　四六判上製本体三一〇七円

キリスト教社会倫理

W・パネンベルク著
大木英夫・近藤勝彦監訳

われわれは、文化や社会の問題を倫理的諸問題を、その根底から再考しなければならない時代に生きている。本書はその課題に神学からの一つの強力な寄与を提示する（あとがきより）。　四六判上製本体二五二四円